이인호

고려대학교 중어중문학과를 졸업하고, 국립 대만대학교에서 석사,
국립 대만사범대학교에서 박사 학위를 받았다. 현재 한양대학교
ERICA 캠퍼스 중국학과 교수로 재직 중이다. 중국의 수많은 콘텐츠를
넓고 깊게 공부하여 일반인도 쉽고 편하게 접할 수 있는 인문교양서를
써 왔다. 지은 책으로 『사기 이야기』, 『인트로 차이나』, 『사기 본기』,
『e시대의 사기』, 『논어 – 사람의 길』, 『장자 – 분방한 자연주의자의 우화』,
『장자에게 배우는 행복한 인생의 조건』, 『나는 중국어도 인터넷으로
배운다』 등이 있고, 옮긴 책으로 『중국 문화사』, 『사기 교양강의』,
『영옥우화』 등이 있다.

하루 한자 공부

하루 한자 공부

(내 삶에 지혜와 통찰을 주는 교양한자 365)

이인호 지음

일러두기

1. 자주 사용하는 한자 위주로 선정했다.
2. 하루에 한 자씩 공부할 수 있도록 날짜 순으로 배열했다.
3. 계절, 기념일, 국경일에는 가급적 그와 관련된 한자를 소개했다.
4. 초창기 글꼴을 제시하여 본뜻과 파생된 뜻을 설명했다.
5. 해당 한자로 조합된 단어, 숙어, 성어를 예로 들었다.
6. 해당 한자와 관련된 중국 문화를 종종 언급했다.
7. 해설 용어는 편의상 흔한 명칭을 사용했다.
8. 현대 중국어는 한글 독음으로 표시했다.

하루에 한 자씩만 공부하자

우리가 살아가면서 배워야 할 것이 어디 한 둘인가. 한자(漢字)를 몰라도 별 지장이 없다면 굳이 시간과 정력을 투자하여 공부할 필요는 없다. 하지만 학교를 다닌다거나 사회생활을 하면서 한자를 몰라 불편했거나 불이익을 당했다면 언제까지 미룰 것인가. 결국 해야 할 '한자 공부'라면 당장 시작하겠다는 당신이 현명한 분이다.

어떻게 시작할까. 아래 세 가지만 삼가면 된다.

1. 눈으로 익히기
2. 한방에 끝내기
3. 억지로 외우기

우리는 다섯 가지 감각으로 사물을 인식한다. 시각, 청각, 미각, 후각, 촉각이 그것이다. 감각 기관을 다양하게 사용하면 할수록 인식률은 높아진다. 따라서 한자를 공부할 때도 감각 기관을 최대한 활용하는 것이 바람직하다. 눈으로 보고, 입으로 읽고, 귀로 듣고, 손으로 써 보는, 이러한 일련의 감각을 활용하면 상승 작용을 일으켜 학습 효과가 높아진다. 그러니 틈날 때마다 눈으로 반복하여 보시라. 다른 사람에게 방해가 되지 않는다면 거침없이 입으로 읽으시라. 메모지든 광고지든 빈 공간이 보일 땐 아낌없이 펜으로 써 보시라. 눈으로 훑어보고 지나가는 사람이 어떻게 미각, 청각, 촉각까지 활용하는 사람을 따라갈 수 있겠는가.

새해부터 한자를 공부하리라 작심했다면 부디 욕심내지 마시라. 하루에 한 자 이상은 공부하지 않는 게 좋다. 첫날부터 '파이팅'을 외치며 객기를 부리는 분, 하루 이틀 해 보니 공부가 잘된다고 마구 속도를 내는 분, 그런 사람 치고 연말까지 계속하는 경우를 본 적이 없다. 아무리 맛난 음식도 일단 과식하면 그다음 날 또 먹고 싶겠는가. 그러니 꾸준히 하기 위해서라도 하루에 한 자씩만 공부하는 게 좋다. 뭔가 아쉬움이 남아야 그다음 날 또 하게 된다. 그렇게 꾸준히 하는 습관이 들면 비단 한자 공부뿐 아니라 무슨 일을 해도 결국 끝까지 하게 된다.

한자를 억지로 외우려면 잘 외워지지 않는다. 설령 어떻게 외웠다 하더라도 금세 까먹는다. 왜 그럴까? 우리가 현재 보는 한자는 옛날 모습이 아니기 때문이다. 수천 년 세월이 흐르며 '성형 수술'을 많이 했고 '화장'마저 진해져 본모습이 거의 사라졌기 때문이다. 얼굴이 너무 변했는데 어떻게 알아보겠는가. 그러니 한자 공부를 제대로 하려면 초창기 '민낯'을 봐야 한다. 한자의 초창기 글꼴을 보면서 유래를 살펴면 본뜻이 무엇이고 그로부터 무슨 뜻이 어떻게 나왔는지 순리대로 이해할 수 있다. 이렇게 한자의 뿌리를 찾아가는 공부는 돌아가는 것 같지만 실은 질러가는 길이다. 억지로 외울 일이 아니라 순리대로 이해하면, '시간이 약'이니 하나둘씩 자연스럽게 기억될 것이다.

지금까지 무슨 일을 해도 작심삼일(作心三日)이라고 무던히도 놀림 받았던 당신, 이제 이 책으로 초지일관(初志一貫)의 의지력도 회복하고, 아울러 한자 공부에도 많은 성과 거두시기 바란다.

한양대학교 ERICA 캠퍼스 중국학과 교수 이인호

（ 차례 ）

1|1　새로운-신(新)

1|2　처음-시(始)

1|3　밸-태(台)

1|4　지을-작(作)

1|5　처음-초(初)

1|6　작을-소(小) / 적을-소(少)

1|7　찰-한(寒)

1|8　공경-경(敬)

1|9　굳셀-강(剛)

1|10　강할-강(强)

1|11　곧-즉(卽) / 이미-기(旣)

1|12　같을-유(猶)

1|13　길-도(道)

1|14　덕-덕(德)

1|15　견딜-내(耐)

1|16　가장-최(最)

1|17　사냥-렵(獵)

1|18　기이할-기(奇)

1|19　꿈-몽(夢)

1|20　기쁠-희(喜)

1|21　옛-고(故)

1|22　옛-고(古)

1|23　이제-금(今)

1|24　예-석(昔)

1|25　가운데-앙(央)

1|26　가선-연(緣)

1|27　쫓을-추(追)

1|28　없을-막(莫)

1|29　그리워할-모(慕)

1|30　가릴-선(選)

1|31　들-거(擧)

2|1 좋을-호(好) ①	3|1 홀로-독(獨)
2|2 좋을-호(好) ②	3|2 군사-군(軍)
2|3 설-립(立)	3|3 움직일-운(運)
2|4 봄-춘(春)	3|4 움직일-동(動)
2|5 없을-무(無)	3|5 먼저-선(先)
2|6 넓을-관(寬)	3|6 뒤-후(後)
2|7 얼굴-용(容)	3|7 손-객(客)
2|8 쉬울-이 · 바꿀-역(易)	3|8 다할-극(極) / 빠를-극(亟)
2|9 귀할-귀(貴)	3|9 다할-진(盡)
2|10 근심-우(憂)	3|10 많을-다(多)
2|11 근심-환(患)	3|11 끊을-절(絶)
2|12 미칠-급(及)	3|12 풍류-악(樂)
2|13 급할-급(急)	3|13 약-약(藥)
2|14 다행-행(幸)	3|14 셀-수(數)
2|15 변할-변(變)	3|15 배울-학(學)
2|16 사모할-연(戀)	3|16 학교-교(校)
2|17 사랑-애(愛)	3|17 바랄-망(望)
2|18 빛깔-색(色)	3|18 웃을-소(笑)
2|19 뜻-정(情)	3|19 살-매(買) / 팔-매(賣)
2|20 멀-원(遠)	3|20 빠를-신(迅)
2|21 가까울-근(近)	3|21 늦을-지(遲)
2|22 무릇-범(凡)	3|22 오른쪽-우(右)
2|23 물결 부딪쳐 흐를-격(激)	3|23 왼쪽-좌(左)
2|24 뒤집을-반(反)	3|24 그럴-연(然)
2|25 살필-성(省)	3|25 아름다울-미(美)
2|26 제사-제(祭)	3|26 성-강(姜)
2|27 살필-찰(察)	3|27 열-계(啓)
2|28 대할-대(對)	3|28 부드러울-유(柔)
2|29 어질-현(賢)	3|29 약할-약(弱)
	3|30 귀신-귀(鬼)
	3|31 어리석을-우(愚) / 원숭이-우(禺)

4|1 일만-만(萬)	5|1 부지런할-근(勤)
4|2 잠글-폐(閉)	5|2 일할-노(勞)
4|3 꽃-영(榮)	5|3 바-소(所)
4|4 심을-식(植)	5|4 얻을-득(得)
4|5 나무-목(木)	5|5 아이-아(兒)
4|6 그루-주(株)	5|6 아이-동(童)
4|7 지킬-보(保)	5|7 아버지-부(父)
4|8 튼튼할-건(健)	5|8 어머니-모(母)
4|9 가운데-중(中)	5|9 동녘-동(東)
4|10 나라-국(國)	5|10 서녘-서(西)
4|11 글월-문(文)	5|11 남녘-남(南)
4|12 될-화(化)	5|12 북녘-북(北)
4|13 임할-임(臨)	5|13 같을-약(若)
4|14 바를-정(正)	5|14 늙을-로(老)
4|15 정사-정(政)	5|15 스승-사(師)
4|16 편안할-안(安)	5|16 갈-지(之)
4|17 온전할-전(全)	5|17 고칠-경·다시-갱(更)
4|18 정할-정(定)	5|18 이룰-성(成)
4|19 가죽-혁(革)	5|19 해-년(年)
4|20 막힐-애(礙) / 거리낄-애(碍)	5|20 이룰-취(就)
4|21 과정-과(科)	5|21 지아비-부(夫)
4|22 알릴-보·갚을-보(報)	5|22 며느리-부(婦)
4|23 책-책(冊)	5|23 술-주(酒)
4|24 글-서(書)	5|24 드릴-헌(獻)
4|25 법-법·본받을-법(法)	5|25 태어날-탄(誕)
4|26 알-지(知)	5|26 때-신·별-진(辰)
4|27 과녁-적(的)	5|27 각각-각(各)
4|28 충성-충(忠)	5|28 같을-여(如)
4|29 굳셀-무·용맹스러울-무(武)	5|29 감히-감(敢)
4|30 공평할-공(公)	5|30 금할-금(禁)
	5|31 연기-연(煙)

6|1	이길-승(勝)	7|1	바람-풍(風)
6|2	이로울-리(利)	7|2	사례할-사(謝)
6|3	무거울-중(重)	7|3	무리-중·많을-중(衆)
6|4	풀-해(解)	7|4	드물-희(稀)
6|5	베낄-사(寫)	7|5	드물-한(罕)
6|6	나타날-현(顯)	7|6	놈-자(者)
6|7	기약할-기(期)	7|7	더울-서(暑)
6|8	클-태(泰)	7|8	뜻-의(意)
6|9	가지런할-등(等)	7|9	뜻-지(志)
6|10	집-궁(宮)	7|10	벗-우(友)
6|11	반드시-필(必)	7|11	세울-건(建)
6|12	은혜-혜(惠)	7|12	두려울-공(恐)
6|13	바를-단(端)	7|13	엎드릴-복·숨을-복·
6|14	지킬-수(守)		굴복할-복(伏)
6|15	사나울-학(虐)	7|14	부채-선·사립문-선(扇)
6|16	가죽-위(韋) / 둘레-위(圍) /	7|15	어두울-혼(昏)
	지킬-위(衛)	7|16	절제할-제(制)
6|17	어긋날-위(違)	7|17	법-헌(憲)
6|18	클-위(偉)	7|18	지을-제(製)
6|19	임금-왕(王)	7|19	버금-차(次)
6|20	임금-황(皇)	7|20	벼슬-관(官)
6|21	여름-하(夏)	7|21	받을-수(受) / 줄-수(授)
6|22	이를-지(至)	7|22	반-반(半)
6|23	집-가(家)	7|23	더울-열(熱)
6|24	갖출-구(具)	7|24	띠-대(帶)
6|25	싸울-전(戰)	7|25	밤-야(夜)
6|26	다툴-쟁(爭)	7|26	낮-주(晝)
6|27	칠-벌(伐)	7|27	햇볕쪼일-폭·사나울-포(暴)
6|28	죽일-살(殺)	7|28	불꽃-염(炎)
6|29	잃을-실(失)	7|29	붉을-적(赤)
6|30	깨뜨릴-패(敗)	7|30	당길-원(援)
		7|31	더욱-우(尤)

8|1 베풀-선(宣)	9|1 있을-유(有)
8|2 병-질(疾)	9|2 부끄러울-수·바칠-수(羞)
8|3 물건-물(物)	9|3 직분-직(職)
8|4 독-독(毒)	9|4 부끄러울-치(恥)
8|5 대-세(世)	9|5 평평할-준(準)
8|6 어려울-난(難)	9|6 욕되게 할-욕(辱)
8|7 한수-한(漢)	9|7 이미-이(已)
8|8 떠날-리(離)	9|8 흰-백(白)
8|9 모일-집(集)	9|9 일백-백(百)
8|10 평미레-개(槪)	9|10 일천-천(千)
8|11 말씀-설(說)	9|11 완전할-완(完)
8|12 말-사(辭)	9|12 밖-외(外)
8|13 마땅할-의(宜)	9|13 쓸-용(用)
8|14 느낄-감(感)	9|14 통할-통(通)
8|15 빛-광(光)	9|15 넉-사(四)
8|16 돌아올-복·다시-부(復)	9|16 다섯-오(五)
8|17 겹옷-복(複) / 배-복(腹)	9|17 여섯-육(六)
8|18 시호-시(諡) ①	9|18 일곱-칠(七) / 열-십(十)
8|19 시호-시(諡) ②	9|19 여덟-팔(八)
8|20 복-복(福)	9|20 아홉-구(九)
8|21 법-식(式)	9|21 들을-청(聽)
8|22 다-개(皆)	9|22 흩을-산(散)
8|23 곳-처(處)	9|23 채찍-책·지팡이-책(策)
8|24 거스를-역(逆)	9|24 잇닿을-연(連)
8|25 나눌-별(別)	9|25 돌아갈-귀(歸)
8|26 저-피(彼) / 이-차(此)	9|26 시골-향(鄕)
8|27 착할-선(善)	9|27 가을-추(秋)
8|28 버금-아(亞) / 악할-악·미워할-오(惡)	9|28 저녁-석(夕)
8|29 스스로-자(自)	9|29 서울-경(京)
8|30 모양-상·문서-장(狀)	9|30 대신할-대(代)
8|31 용-용(龍)	

10|1 소리-음(音)	11|1 나아갈-진(進)
10|2 소리-성(聲)	11|2 물러날-퇴(退)
10|3 열-개(開)	11|3 성-성(姓)
10|4 하늘-천(天)	11|4 성씨-씨(氏)
10|5 마디-절(節)	11|5 이름-명(名)
10|6 가르칠-교(敎)	11|6 글자-자(字)
10|7 모일-사(社)	11|7 부르짖을-호(號)
10|8 참-진(眞)	11|8 성품-성(性)
10|9 으뜸-종(宗)	11|9 매양-매(每)
10|10 보배-보(寶)	11|10 아내-처(妻)
10|11 씻을-세(洗)	11|11 닦을-수(修)
10|12 익힐-연·누일-연(練)	11|12 능할-능(能)
10|13 익힐-습(習)	11|13 슬플-애(哀)
10|14 인할-인(因)	11|14 빌-축(祝)
10|15 이길-극(克)	11|15 손윗누이-자(姉)
10|16 옷-복(服)	11|16 누이-매(妹)
10|17 아닐-불(不)	11|17 견줄-비(比)
10|18 서로-상(相)	11|18 아우를-병(幷)
10|19 시기할-질(嫉)	11|19 좇을-종(從)
10|20 사이-간(間)	11|20 나-아(我)
10|21 쉴-헐(歇)	11|21 옳을-의(義)
10|22 씩씩할-장(壯)	11|22 병사-병(兵)
10|23 살필-심(審)	11|23 부릴-역(役)
10|24 어지러울-란(亂)	11|24 날-출(出)
10|25 심할-극(劇)	11|25 쏠-발(發)
10|26 성낼-노(怒)	11|26 허물-죄(罪)
10|27 옳을-시(是)	11|27 길-장(長)
10|28 아닐-비(非)	11|28 콩-두(豆)
10|29 부유할-부(富)	11|29 짧을-단(短)
10|30 사귈-교(交)	11|30 기운-기(氣)
10|31 무리-유(類)	

12|1　물건-품(品)

12|2　고울-려(麗)

12|3　권세-권(權)

12|4　기-기(旗)

12|5　내릴-강 · 항복할-항(降)

12|6　할-위(爲)

12|7　푸를-청(靑) ①

12|8　푸를-청(靑) ②

12|9　터놓을-쾌(夬)

12|10　적을-전 · 나머지-잔(戔)

12|11　재주-재(才)

12|12　몸-신(身)

12|13　훔칠-도(盜)

12|14　절-배(拜)

12|15　그늘-음(陰)

12|16　볕-양(陽)

12|17　의사-의(醫)

12|18　죽을-사(死)

12|19　엄습할-습(襲)

12|20　장사 지낼-장(葬)

12|21　일-업(業)

12|22　겨울-동(冬)

12|23　재앙-재(災)

12|24　해칠-해(害)

12|25　자리-석(席)

12|26　이불-피(被)

12|27　따뜻할-온(溫)

12|28　예-구 · 오랠-구(舊)

12|29　해-세(歲)

12|30　끝-말(末)

12|31　끝날-종(終)

（ 새로울 - 신 ）

新

새해가 밝았다. 근하신년(謹賀新年) 넉 자가 많이 보인다. '삼가 새해
를 축하 드린다'의 뜻이다. 새해 첫날이니 '새로울-신'(新)으로 시작
하자. 초창기 글꼴을 보면, 왼쪽 위에 '매울-신'(辛)이 있고, 그 아래
에 '나무-목'(木)이 있으며, 오른쪽에 '도끼-근'(斤)이 있다. 현재 글
꼴의 입(立)은 원래 신(辛)이었는데 세월이 흐르며 변형된 것이다.
신(辛)은 이 한자에서 발음을 표시했으나 입(立)으로 변형된 탓에 왜
'신'으로 발음하는지 아리송해졌다. 신(辛)을 제외한 나머지는 '쪼갤-
석'(析)이다. 도끼[斤]로 나무[木]를 쪼갠다는 뜻이다. 나무를 쪼갰
으니 '장작'이 아니겠는가. 따라서 신(新)의 본뜻은 '장작'이었다. 오
랜 옛날에는 부싯돌이나 장작을 비벼서 불을 지폈는데, 계절마다 다
른 나무를 사용했다. 이를 일컬어 신화(新火: 새 불) 혹은 개화(改火: 불
바꾸기)라 했다. 계절이 바뀌었으니 새롭게 시작한다는 뜻에서 새로운
장작에 새로운 불씨를 붙인 것이다. 이로부터 '새롭다'의 뜻이 나왔다.
신춘(新春), 신혼(新婚), 신선(新鮮), 신문(新聞)은 물론이고 혁신
(革新), 유신(維新)에도 사용한다. 이처럼 '새로운' 뜻이 널리 사용되
자 '장작'의 본뜻은 도리어 희미해졌다. 이에 '풀-초'(艹)를 붙여 '장
작-신'(薪)으로 복원했다. 와신상담(臥薪嘗膽)을 떠올리면 되겠다.

(처음-시)

始

태(台)

시(始)

새해가 시작(始作)되었다. 정초(正初)는 쉬고 이튿날부터 출근하는데, 대개 시무식(始務式)을 거행한다. 한해 업무를 시작한다는 뜻이니 오늘은 시(始)에 대해 알아보자. 여(女)와 태(台)가 결합했다. 태(台)는 세월이 흘러 모양이 변했지만 초창기 글꼴을 보면 위쪽이 다리, 아래쪽은 머리를 그린 태아의 모습이었다. 태(台)가 본디 태아라는 사실을 사람들이 잊자 '고기-육'(月=肉)을 덧붙여 '아이 밸-태'(胎)로 표시했다. 따라서 시(始)의 본뜻은 '잉태(孕胎)한 여자'이다. 이는 곧 또 다른 생명의 시작이자 시초가 아니겠는가. 이로부터 모든 일의 처음이나 근본(根本) 혹은 시초(始初)의 뜻이 나오게 된 것이다. 시원(始原), 창시(創始), 개시(開始), 시조(始祖) 등이 모두 그런 뜻이다. 진나라 초대 황제는 왕조를 자신부터 시작하여 자손만 대까지 잇겠다고 기염을 토했다. 본인이 그 시초이자 시작이니 시황제(始皇帝) 혹은 진시황제(秦始皇帝)가 아니겠는가. 시종여일(始終如一)이나 시종일관(始終一貫)이란 말도 있으니 새해 각오를 연말까지 이어 가도록 하자.

(밸-태)

台

태, 이, 대 등 여러 발음으로 읽는 이 글자의 초창기 글꼴은 위쪽이 다리 아래쪽이 머리, 즉 엄마의 배 속에 거꾸로 서 있는 태아의 모습이었다. 현재 글꼴 태(台)로 보면, 사(厶)가 곧 태아를 가리키고, 그 아래 구(口)는 여(女)가 변형된 것이다. 태아는 엄마의 사정을 헤아리지 않고 자기에게 필요한 영양분을 탯줄을 통해 양껏 섭취한다. 태아 사(厶)에 '벼-화'(禾)를 붙여 개인적인 욕심만 챙긴다는 뜻의 '사사-사'(私)를 만든 것도 결코 우연이 아니다. 어렵던 시절에 아기를 여럿 출산한 엄마가 대부분 늙기도 전에 허약해지는 이유가 이 때문이다. 태(台)가 여자 배 속의 태아임을 분명히 표시하고자 '고기-육'(月=肉)을 붙여 '아이 밸-태'(胎)로 만들었다. 태아가 잘못되면 위험해지기에 '부서진 뼈-알'(歹)과 합해 '위태로울-태'(殆)를 만들고, 태아를 낳으면 물로 씻겨 주기에 '물-수'(水)를 붙여 '다스릴-치'(治)를 만들었다. 출산 과정에서 산모는 힘들어 축 늘어지기에 '마음-심'(心)을 아래에 붙여 '약해질-태'(怠)를 만들고, 출산 과정을 유심히 지켜봐야 하기에 '눈-목'(目)을 추가하여 '눈여겨볼-치'(眙)를 만들었으며, 순산하면 기쁘기에 '마음-심'(心)을 옆에 붙여 '기쁠-이'(怡)를 만들었다. 아무튼 엄마[女] 덕분에 태아가 밖으로 나와 새로운 삶을 처음 시작했으니 '처음-시'(始)가 되겠다.

(지을 - 작)

作

초창기 글꼴은 좌측에 '사람-인'(人)이 없는 '지을-사'(乍)였다. 사
(乍)의 글꼴을 유심히 보면, '점칠-복'(卜)과 '칼-도'(刀)가 합했거
나, 혹은 '칼-도'(刀)로 흠집[丰]을 낸 모습이 보인다. 오랜 옛날 중
국인들은 난해한 일이 있을 때, 칼로 거북이 배껍데기에 구멍을 뚫고
불로 태운 뒤에 갈라지는 모양을 보고 길흉을 예측했다. 초창기 글꼴
은 그 모습을 그린 것이다. 따라서 점칠 도구를 마련하는 것으로부터
'시작하다'의 뜻이 나왔고, 구멍을 뚫고 불을 피우는 것으로부터 '만
들다'의 뜻이 나왔다. 인위적(人爲的)인 작업(作業)이라 훗날 '사람-
인'(人)을 추가하여 '지을-작'(作)으로 사용했다. 시작(始作), 제작
(製作), 조작(造作), 경작(耕作), 작물(作物), 작황(作況), 작품(作
品), 걸작(傑作), 작태(作態), 작곡(作曲), 작용(作用), 작동(作動),
작별(作別), 작심(作心) 등이 모두 그런 뜻이다. 한편 '불-화'(火)와
'지을-사'(乍)가 합한 '태울-작'(炸)을 보면 그 옛날 불로 태울 때 작
렬(炸裂)했을 모습이 그려질 것이다. 한자 공부를 오늘로 끝내면 작
심삼일(作心三日)이다.

(처음-초)

初

연초(年初)이니 초(初)에 대해 알아보자. 초(初)는 '옷-의'(衣)와 '칼-도'(刀)가 합했다. 옷을 만들려면 우선 옷감을 자르는 것으로부터 시작해야 하지 않겠는가. 바로 그 모습을 그린 것이다. 이로부터 '처음, 시작'의 뜻이 나오게 되었다. 첫걸음이 초보(初步)고, 처음 시기가 초기(初期)며, 맨 처음이 최초(最初)다. 지금 비로소 처음 듣는다면 금시초문(今始初聞)이다. 자초지종(自初至終)을 이실직고(以實直告)하라면 무슨 뜻이겠는가? 처음부터 끝까지 있었던 일을 사실대로 곧이곧대로 고백하란 뜻이다. 초유(初有)의 사태(事態)란 처음 벌어진 일의 상태를 말한다. 우리가 종종 사용하는 말투에 "초면에 실례가 많다"할 때 초면(初面)은 무슨 뜻일까? 처음으로 대면(對面)한다는 것이니 처음 뵙는다는 뜻이겠다. 연초에 한자(漢字)를 공부하기로 결심하여 처음 품은 뜻을 끝까지 밀고 나갔다면 당신은 초지일관(初志一貫)했으니 대단한 분이다. '처음-초'(初)와 '처음-시'(始)는 같은 뜻. 그러므로 처음부터 끝까지 관철(貫徹)하는 것을 시종일관(始終一貫)했다고 한다.

(작을-소)　(적을-소)

小 少

소(小)

소(少)

한글을 처음 배우던 시절, '작다'와 '적다'를 혼동하여 애먹었던 기억이 있다. 그 후 한자를 배우게 되었는데, 공교롭게도 소(小)와 소(少)가 또 비슷하여 고생했다. '작을-소'(小)의 초창기 글꼴은 짧은 선이나 작은 점이 세 개 모인 모양이었다. 미세한 돌멩이, 바꿔 말하면 '모래'의 모습을 그린 것이다. 선이 짧거나 점이 작으면 변별력이 떨어지므로 약간 길쭉하게 그린 글꼴이 현재 우리가 보는 소(小)이다. 따라서 소(小)의 본뜻은 '모래알'이며, 이로부터 '작다'의 뜻이 나왔다. 크고 작은 '대소'(大小)로 기억하면 되겠으나 인상적인 단어를 원하면 대소변(大小便)도 괜찮다. 한편 '적을-소'(少)의 초창기 글꼴을 보면, 소(小)의 위나 아래에 짧은 선을 달랑 하나 추가한 모습이다. 모래더미에 모래 한 알을 더해 봐야 흔적이나 있겠는가. 추가한 흔적조차 찾기 힘들 정도로 적은 수이다. 따라서 소(少)의 본뜻은 '추가된 모래 한 알'이며, 이로부터 '적다'의 뜻이 나왔다. 소(少)의 마지막 획이 우측에서 좌측으로 비스듬히 삐친 것은 소(小)의 글꼴과 명확히 구별하기 위해서다. 많은지 적은지 개수를 정확히 모를 때 '얼마쯤'이라 하는데, 이를 한자로 다소간(多少間)이라 한다. 중국어로 가격이 얼마냐고 물을 때도 다소(多少)라 한다. 소(小)는 '작다'로, 소(少)는 '적다'로 널리 쓰이면서 당초 '모래'의 개념이 사라졌다. 이에 물가나 해변에 있는 모래알은 '물-수'(水)를 추가하여 '모래-사'(沙)로 복원했고, 건조한 곳의 모래알은 '돌-석'(石)을 추가하여 '모래-사'(砂)로 복원했다. 오아시스가 있기에 사막(沙漠)이다. 황색의 미세한 돌먼지이기에 황사(黃砂)다.

(찰 - 한)

寒

초창기 글꼴을 보면, '집-면'(宀) 안쪽에 사방으로 '싹-철'(屮)이 있는데 이는 곧 지푸라기를 그린 것이며, 그 가운데에 사람이 있는 모습이다. 방 안에 지푸라기만 있어 썰렁한 모습을 그린 글자가 '찰-한'(寒)이다. 세월이 흐르며 지푸라기가 서로 붙었고 그 아래로 '사람-인'(人)이 위치했다. 우리가 현재 보는 글꼴은 썰렁함을 강조하고자 맨 아래에 '얼음-빙'(冫)까지 추가한 것이다. 한식(寒食)은 명절이고 한로(寒露)는 절기다. 엄동설한(嚴冬雪寒)에는 한랭(寒冷)한 기후에 한기(寒氣)를 느끼고 혹한(酷寒)이기에 방한(防寒)에 신경 써야 한다. "날씨가 추워져야 소나무, 잣나무가 늦게 시든다는 것을 안다." 이를 사자성어로 줄이면 세한송백(歲寒松柏)인데, 역경이 있을 때 비로소 사람됨이 드러난다는 비유이다. 순망치한(脣亡齒寒)이란 입술이 없어지면 이가 시리듯 이해관계가 밀접하다는 뜻이다. 한심(寒心)이란 본디 마음이 서늘해진다는 것으로 크게 두렵거나 실망스럽다는 뜻이었으나, 현재는 상황이 너무 가엾고 딱해 막막하다는 뜻으로 쓰인다.

敬

구(苟)와 복(攵＝支)이 합했다. 구(苟)의 초창기 글꼴을 보면, 무릎을 꿇고 다소곳이 앉아 있는 사람의 모습인데, 머리 쪽이 가관이다. 주체하지 못할 정도로 큰 것이 걸려 있는 모습이다. 글꼴에 따라 양(羊)의 머리 같기도 하다. 그렇다면 끌려 온 강족(羌族) 포로나 노예이므로 눈썹을 아래로 깔고 주인의 눈치를 보며 근신하는 모습일 것이다. 또 하나는 아이들이 머리카락을 양쪽으로 묶어 올려 뿔처럼 만든 '쌍상투-관'(卝) 같기도 하다. 그렇다면 천방지축 까불다가 어른에게 야단맞아 조심스러워하는 모습일 것이다. 한편 시간이 흐르면서 '입-구'(口)를 더한 글꼴도 보이는데, '말'조차 조심하는 것이므로 스스로 근신하고 자제한다는 뜻을 표시했다. 따라서 구(苟)의 본뜻은 '조심하고 근신하다'이다. 한편 '막대기를 든 손'의 모양인 복(攵＝支)은 '때리다, 혼내다'의 뜻이다. 이런 뜻이 구(苟)에 가미되자, 본인은 물론이고 남에게까지 조심하고 근신하기를 요구하는 모습이 되었다. 그러므로 경(敬)의 본뜻은 '언행을 삼가다, 예의가 바르다, 정중하다, 마음을 절제하다'이며, 이로부터 '공경하다, 삼가다'의 뜻이 나왔다. 존경(尊敬), 경의(敬意), 경례(敬禮), 경애(敬愛) 등이 그런 뜻으로 쓰였다. 안평중(晏平仲)은 사람들과 잘 사귄다고 공자(孔子)가 칭찬한 적이 있는데, 그 이유는 구이경지(久而敬之)였다. 오래 사귈수록 '그'를 공경했다는 것이다. 여기 대명사 그가 안평중인지 사람들인지는 확실하지 않다. 그러나 어느 쪽이든 간에 대단하지 않은가.

(굳셀-강)

剛

강(剛)의 초창기 글꼴은 '그물-망'(网=罓=罔=網)과 '칼-도'(刀)가 합했다. 시간이 흐르면서 망(罓)은 아래에 '뫼-산'(山)이 추가되어 '산등성이-강'(岡)이 되었다. 바위가 마치 그물처럼 얽인 산등성이를 가리킨다. 돌산이니 쇳덩이를 연마할 수 있는 숫돌도 있다. 따라서 강(剛)의 본뜻은 '숫돌로 갈아 만든 쇠칼'이며, 이로부터 '단단하다, 굳세다'의 뜻이 나왔다. 일반 무쇠가 철(鐵)이고, 단단한 것이 강(剛)이므로 '단단한 쇠'를 강철(剛鐵)이라 한다. 이 강철을 한 자로 줄이면 강(鋼)이다. 중국어에 한철불성강(恨鐵不成鋼)이란 숙어가 있다. '무쇠가 강철이 되지 못함을 한스러워 하다'인데, '훌륭한 재목이 되지 못해 애태우는' 것을 비유한 말이다. 사람됨이 결단력이 있어 똑 부러지는 성격을 강단(剛斷)이 있다고 한다. 사람됨이 꼿꼿하고 바른 것을 강직(剛直)하다고 한다. 마음이 곧고 뜻이 굳세며 건전한 것을 강건(剛健)하다고 한다. 금속을 잡아당기어 끊으려 할 때 버티는 힘의 정도를 강도(剛度)라 한다. 매우 단단하여 결코 파괴되지 않는 것이 금강(金剛)이므로, 모든 번뇌를 깨뜨릴 수 있다는 뜻에서 불교 용어로 많이 사용한다. 지구상 광물 중에 표면 강도(剛度)가 최고인 물질이 다이아몬드다. 이 단단한 보석을 금강석(金剛石)이라 한다. 그렇다면 내유외강(內柔外□)의 □는 강(剛)이 맞겠는가? 강(强)이 맞겠는가? '부드러움'의 반대말은 '단단함, 딱딱함'인가 '끈질김'인가? 당연히 '단단함, 딱딱함'이니 강(剛)이 맞다. 한편 강(强)의 본뜻은 '끈질긴 쌀벌레, 곧 바구미'다. 강(强)에 대해서는 내일 다루자.

强

인(引)　　강(強)

홍(弘)　　강(彊)

강(强)은 속자이며 강(強)으로 쓰는 것이 바르다. 강(強)은 홍(弘)과 충(虫)이 합했다. 활을 뜻하는 궁(弓)은 활대의 모양을 그린 것이다. 활시위를 당기는 모습이 '끌-인'(引)이고, 넓게 당긴 모습이 '넓을-홍'(弘)이다. 따라서 강(強)의 본뜻은 '넓게 퍼지는 벌레'이다. 무슨 벌레이기에 이렇게 표현하는 것일까? 쌀에 잘 생기는 작고 까만 벌레, 곧 바구미를 가리킨다. 일단 생기면 아무리 잡아도 널리 퍼진다. 박멸이 불가능할 정도로 무척 끈질기고 강인하다. 이로부터 '끈질기다, 강인하다'의 뜻이 나왔다. 완강(頑強), 강인(強靭), 강화(強化), 강조(強調), 강력(強力), 강경(強硬), 강렬(強烈), 강적(強敵), 부국강병(富國強兵) 등이 그런 뜻으로 쓰인 것이다. 끈질기고 강인하면 당연히 힘이 있기에 '힘차다'의 뜻으로도 쓰인다. 강풍(強風), 강진(強震), 강국(強國), 강호(強豪) 등이 그러하다. 바구미는 나의 의도와 무관하게 제멋대로 번식하기에 '억지로, 자기 맘대로'의 뜻이 나왔다. 강제(強制), 강요(強要), 강행(強行), 강압(強壓), 강변(強辯), 강권(強勸), 강탈(強奪), 강매(強賣), 강간(強姦), 강도(強盜), 견강부회(牽強附會) 등이 모두 그런 뜻으로 쓰인 것이다. 그렇다면 강(強)과 강(剛)의 차이점은? 강(強)은 끈질긴 '강인함'이고, 강(剛)은 부러질지언정 휘지 않는 '단단함'이다. 따라서 강(剛)의 반대말은 '부드러울-유'(柔)이기에 내유외강(內柔外剛)으로 쓴다. 강(強)의 반대말은 '쇠해질-약'(弱)이기에 약육강식(弱肉強食)으로 쓴다.

(곧-즉) (이미-기)

即 旣

즉(卽)

기(旣)

即(卽)과 기(旣)는 왼쪽에 모두 '고소할-급'(皀)이 있다. 급(皀)의 위쪽은 '흰-백'(白)으로 '막 지은 쌀밥'의 모습이고, 그 아래 '수저-비'(匕)는 초창기 글꼴로 보면 밥그릇의 모양이 분명했으나 시간이 흐르면서 변한 것이다. 따라서 급(皀)은 그릇에 담긴 막 지은 쌀밥의 모습이며, 향긋한 밥내로부터 '고소하다, 구수하다'의 뜻이 나왔다. '곧-즉'(卽)은 급(皀)과 절(卩)이 합했다. 절(卩=㔾=卩)은 무릎을 꿇고 앉아 있는 사람의 모습이다. 그렇다면 구수한 밥그릇에 무릎을 꿇고 가까이 다가선 사람의 모습이 즉(卽)으로, 곧 식사를 하려는 것이다. 이로부터 '곧, 바로, 가까이 가다'의 뜻이 나왔다. 즉각(卽刻), 즉시(卽時), 즉석(卽席), 즉답(卽答), 즉흥(卽興), 즉사(卽死), 즉결심판(卽決審判), 일촉즉발(一觸卽發), 색즉시공(色卽是空) 등이 곧 그런 뜻으로 쓰였다. 즉(卽)은 간략히 즉(即)으로 쓰기도 한다. 이런 것을 속자(俗字)라 한다. 한편 '이미-기'(旣)는 급(皀)과 기(旡)가 합했는데, 기(旡)는 입을 크게 벌려 트림하는 모습이다. 그렇다면 구수한 밥공기를 이미 다 비웠다는 뜻이다. 이미 식사를 완료한 것으로부터 '이미, 벌써, 다하다, 끝내다'의 뜻이 나왔다. 기왕(旣往), 기왕지사(旣往之事), 기존(旣存), 기득권(旣得權), 기정사실(旣定事實), 기성복(旣成服), 기성세대(旣成世代) 등이 그런 뜻으로 쓰였다. 기(旣)는 간략히 기(既)로 쓰기도 한다.

(같을 - 유)

時 猷 猶 猶

猶

유(猶)는 왼쪽이 '개-견'(犭=犬)이므로 개과 동물일 텐데 무엇인지는 알 수 없다. 전설에 따르면, 이 동물은 의심이 많아 무슨 일이든 망설인다고 한다. 우리말에서 홀로 쓰이는 예는 없고 대개 '미리-예'(豫)와 함께 유예(猶豫)로 사용한다. 예(豫)는 오른쪽에 '코끼리-상'(象)이 있듯 앞일을 예지하는 코끼리의 특성으로부터 '미리'의 뜻이 나왔다. 다만 코끼리도 무척 신중한 동물이라 매사에 상당히 주저하며 망설인다. 유예(猶豫)는 그런 동물의 특성으로부터 무슨 일을 할 때 속전속결(速戰速決)이 아니라 날짜나 시간을 미루거나 늦춘다는 뜻이다. 기소 유예, 선고 유예, 집행 유예 등은 기소나 선고 혹은 집행을 미룬다는 뜻이다. 한편 일부 동물은 자연계에 존재하는 알코올을 즐겨 마신다는 보고가 있다. 유(猶)의 오른쪽에 술병[유(酉)] 모양이 삽입된 것으로 보아 이 동물이 그런 듯하다. 인간이든 동물이든 과음하면 정신이 혼미하여 보이는 것마다 비슷하지 않겠는가. 비슷하거나 같다는 뜻은 아마 이로부터 나왔을 것이다. 과유불급(過猶不及), 지나침은 미치지 못함과 같다는 뜻이다.

（길-도）

道

道 逍 燈 燈 燈

초창기 글꼴은 사거리에서 앞장서 길을 안내하는 모습이다. 따라서 '앞장서 길을 안내하다'가 본뜻이다. 점차 '길'의 뜻으로만 사용되자, 손목 아래 맥박을 표시한 '마디-촌'(寸)을 그 밑에 추가하여 따로 '손잡아 이끌-도'(導)를 만들었다. 도로(道路), 궤도(軌道), 철도(鐵道), 인도(人道), 차도(車道), 횡단보도(橫斷步道), 상수도(上水道), 하수도(下水道) 등이 모두 '길'의 뜻으로 사용된 것이다. 길이 있으면 편히 갈 수 있다. 좋은 수단이기에 도구(道具)로 쓰기도 한다. 그런 길은 누구에게나 공통적으로 적용되므로 모두가 따라가야 할 보편적인 진리를 뜻하게 되었다. 그런 도리(道理)를 추구하는 자가 도사(道士)이고, 안빈낙도(安貧樂道)하며 수도(修道)하는 도사는 득도(得道)가 목표이다. 운동의 세계도 경지에 이르려면 누구나 거쳐야 할 길이 있기에 태권도(跆拳道), 유도(柔道), 검도(劍道) 등으로 부른다. 부모님께 효성을 다하는 것도 응당 해야 할 도리(道理)이므로 효도(孝道)다. 그렇다면 전라도(全羅道), 경상도(慶尙道)의 도(道)는 무슨 뜻일까? 전주와 나주로 가는 길, 경주와 상주로 가는 길, 그 도로망(道路網)을 따라 행정구역을 정한 것이다.

（덕-덕）

德

德

덕(德)의 초창기 글꼴은 사거리에서[行] 행선지를 정하고 똑바로 [直] 걸어가는[彳] 모습이다. '길-도'(道)를 따라 각자 성품대로 작심 (作心)하고 직진(直進)하는 모습을 표현하고자 '마음-심'(心)을 추 가하였다. 이로부터 덕(德)은 개개인이 지닌 품성(品性)을 뜻하게 되 었다. 도(道)와 덕(德)을 합쳐 도덕(道德)이라 쓰지만 한자에서 '도' 와 '덕'은 엄연히 구별되는 개념이다. 도는 보편적인 법칙이나 진리, 덕은 개인적인 품성이나 소신을 뜻한다. 그러기에 도는 변하지 않지 만 덕은 얼마든지 변할 수 있다. 덕이 변하는 것을 변덕(變德)이라 하 는데, 흔히 변덕스럽다고 하면 이랬다저랬다 변(變)하기를 잘하는 성 질(性質)이나 태도(態度)를 말한다. 개인적으로 좋은 품성을 일컬어 미덕(美德)이라 하고, 그 반대는 악덕(惡德)이다. 비양심적인 상인 을 흔히 악덕 상인이라 하지 않는가? 상대방에게 좋은 말을 해 주는 것이 덕담(德談)이다. 어떤 이가 후덕(厚德)하여 모두 우러러본다면 덕망(德望)이 있는 분이다. 남의 은혜를 입는 것이 덕택(德澤)인데, 그런 은덕(恩德)을 감지덕지(感之德之)하지 않고 저버리는 것을 배 은망덕(背恩忘德)이라 한다.

（ 견딜 - 내 ）

彫 胹 耐

耐

내(耐)는 이(而)와 촌(寸)이 합했다. 이(而)는 얼굴에 길게 난 수염의 모습이고, 촌(寸)은 '팔꿈치-주'(肘)의 본래 글자로서 팔로 하는 모든 동작을 가리킨다. 그렇다면 내(耐)는 손가락으로 수염을 잡아당겨 뽑는 모습을 그린 것이다. 이것은 가벼운 죄를 지은 자에게 시행했던 옛날 형벌 중 하나인데, 처음에는 '구레나룻 깎을-내'(彫)로 쓰기도 했다.● 따라서 내(耐)의 본뜻은 '수염이나 구레나룻이 깎이는 형벌'이었다. 신체발부(身體髮膚)는 부모로부터 받은 것이라 감히 훼손하지 않는 것이 효도의 시작이라고 생각했던 옛날 사람들이다. 그러니 머리카락이 잘리는 형벌 곤(髡)만큼이나 큰 모욕(侮辱)은 아니겠지만 그래도 구레나룻이나 수염이 깎인다는 것 자체가 체면상 수치스러운 일이었다. 하지만 죄를 지었다면 그에 따른 죗값을 치르는 것이니 참고 견디지 않을 수 있겠는가. '견디다'의 뜻은 이로부터 나왔을 것이다. 인내(忍耐), 감내(堪耐), 내성(耐性), 내구성(耐久性), 내한작물(耐寒作物) 등이 모두 '견디다'의 뜻이다. 내핍(耐乏)이란 궁핍(窮乏)을 참고 견디는 것이니 흔히 하는 말로 '헝그리 정신'을 말한다.

●내(彫)는 이(而)와 삼(彡)이 합한 것이다. 이(而)는 얼굴에 길게 난 수염의 모습이고, 삼(彡)은 가지런히 드리운 머리카락의 모습이다.

(가장 - 최)

最

현재 글꼴은 '날-일'(日)과 '취할-취'(取)가 합했다. 그러나 초창기 글꼴을 보면, 일(日)은 본디 '쓰개-모'(冃)였는데 시간이 흐르면서 비슷한 모양의 '날-일'(日)로 변한 것이다. 취(取)는 '귀-이'(耳)와 '오른손-우'(又)가 합하여, 손가락으로 귀를 잡은 모습이다. 옛날 전쟁터에서 적군을 죽이면 귀를 잘라 전리품으로 가져왔고, 아울러 그것을 상신(上申)하여 개수에 따라 포상을 받았다. 이로부터 '취(取)하다'의 뜻이 나왔다. 그렇다면 '귀'도 다 같은 귀는 아닐 것이다. 일반 사병보다 장군의 귀가 더 귀할 것이다. 장군은 갑옷을 입고 투구를 썼다. '쓰개-모'(冃) 아래 '눈-목'(目)을 더하면 '무릅쓸-모'(冒)이고, 그 옆에 '수건-건'(巾)을 더하면 현재 우리가 모자(帽子)라고 하는 그 모(帽)이다. 따라서 최(最)의 본뜻은 '전쟁터에서 장군의 투구를 벗기고 그 귀를 잘라 손에 넣다'이다. 적장을 베고 그 귀를 얻었다면 그보다 더 큰 전과(戰果)가 어디 있겠는가. 이로부터 최상급을 뜻하는 '가장'의 뜻이 나왔다. 최상(最上), 최하(最下), 최고(最高), 최저(最低), 최근(最近), 최고(最古), 최초(最初), 최종(最終), 최대(最大), 최소(最小), 최다(最多), 최소(最少), 최적(最適), 최우선(最優先), 최후(最後), 최선(最善), 최악(最惡) 등이 모두 그런 뜻으로 쓰였다. 최(最)가 최상급을 뜻하는 '가장'의 뜻으로만 쓰이자, 본뜻을 살리고자 '손-수'(手)를 그 옆에 추가하여 '취할-촬'(撮)로 복원했다. 그런데 이 촬(撮)은 '모자'나 '귀'에는 관심이 없고 사진(寫眞)이나 영상(影像)만 얻으려는지 촬영(撮影)으로만 사용한다.

(사냥 - 렵)

獵 獵

獵

'개-견'(犭=犬)과 '목 갈기-엽'(巤)이 합했다. '갈기'란 말이나 사자 따위의 목덜미에 난 긴 털을 가리킨다. 따라서 엽/렵(獵)은 사냥개를 풀어 갈기가 있는 야수를 사냥하는 모습이다. 이로부터 '사냥(하다), (사로)잡다'의 뜻이 나왔다. 사냥할 때 사용하는 총이 엽총(獵銃)이 다. 사냥개를 풀어 짐승의 퇴로를 지키게[지킬-수(守)] 하는 것이 수 (狩)이고, 쫓아가서 잡는 것이 렵(獵)이므로 수렵(狩獵)은 곧 사냥 의 고풍스러운 말이다. 수렵기 이외 시간이나 법적으로 금지된 금수 (禽獸)를 몰래 사냥하는 것을 밀렵(密獵)이라 한다. 기괴(奇怪)한 일이나 물건에 호기심(好奇心)을 가지고 즐겨 찾아다니는 것을 엽기 (獵奇)라 하며, 변태적으로 분별없이 여색을 탐하는 짓거리를 엽색행 각(獵色行脚)이라 한다. 물을 건너는 것이 섭(涉), 사냥하는 것이 렵 (獵)이므로 섭렵(涉獵)이란 '물을 건너 찾아다닌다'가 본뜻이다. 편 한 길로만 가는 것이 아니라 여기저기 가리지 않고 두루 찾아다니며 다양하게 경험한다는 뜻이다. 마찬가지로 지식을 찾아 이런저런 책을 두루 읽는 것도 '섭렵'이라 표현한다. 미지의 지식 세계로 들어가는 것 은 마치 산 넘고 물 건너 사냥하는 것과 다를 바 없기 때문이다.

(기이할 - 기)

奇

奇

'사람-인'(人)이 팔다리를 양쪽으로 넓게 벌린 모습이 '큰-대'(大)이고, 그렇게 당당히 서 있음을 나타내고자 그 밑에 횡선(橫線)으로 땅을 표시해 만든 것이 '설-립'(立)이다. 한쪽 다리로만 서 있음을 그 밑 우측에 종선(縱線)으로 표시했고, 이를 보는 사람들이 기이(奇異)한 모습에 놀라는 소리를 '입-구'(口)로 표시했다. 따라서 '한쪽 다리로 서 있는 기이한 모습'이 본뜻이며, 이로부터 '기이하다, 특이하다, 남다르다'는 뜻이 나왔다. 기괴(奇怪), 기발(奇拔), 기묘(奇妙), 신기(神奇), 기습(奇襲), 호기심(好奇心), 엽기(獵奇), 기상천외(奇想天外) 등이 모두 그런 뜻이다. 기(奇)가 '기이하다'의 뜻으로 전용되자, '발-족'(足)을 붙여 '절뚝발이-기'(踦)로 복원했다. 그러나 본뜻은 여전히 관련 한자에 남아 있다. 다리 한쪽이 없으므로 다른 사람에게 의지하게 되기에 '의지할-의'(倚)가 되었고, 부족한 다리를 보충하여 걸음을 대신해 줄 수 있는 것이 기마(騎馬)이기에 '말 탈-기'(騎)를 만들었다. 소의 뿔이 한쪽은 하늘을 향하고 한쪽은 땅을 향하는 기이한 모습을 천지각(天地角)이라 하는데, 이에 '뿔-각'(角)을 붙여 '외짝 뿔/천지각-기'(觭)를 만들었다. 바다로 길쭉하게 내민 육지인 반도(半島)는 일본식 표현이다. 한자로는 곶[串]이나 갑(岬)으로 쓴다. 한쪽 다리를 쭉 내민 듯하므로 기(奇)에 '흙-토'(土)나 '뫼-산'(山)을 추가하여 '곶-기'(埼) 혹은 '곶-기'(崎)를 만들었다.

（꿈-몽）

夢

초창기 글꼴은 '평상-장'(爿), '사람-인'(人), '눈-목'(目) 혹은 '눈썹-미'(眉)로 구성되었다. 세월이 흘러 침상이 '저녁-석'(夕)으로 대체되었고, 눈을 가린 양손이 '덮을-멱'(冖)으로 변했다. 현재 글꼴의 맨 위 '풀-초'(艹)는 본디 눈썹이었다. 사람이 침상에 누웠다면 쉬거나 자는 것이고, 쉬거나 자면 대개 눈을 감는다. 그런데 눈이나 눈썹을 특별히 그린 이유는 무엇일까? 눈을 감고 누웠지만 눈으로 뭔가를 본다는 뜻이다. 그것은 '꿈'일 것이다. 이로부터 '꿈, 꿈꾸다'의 뜻이 나왔다. 길몽(吉夢), 악몽(惡夢), 해몽(解夢), 태몽(胎夢), 백일몽(白日夢), 동상이몽(同床異夢) 등이 모두 그런 뜻으로 쓰였다. 꿈은 헛되기에 몽상(夢想), 몽환(夢幻)처럼 헛되다는 뜻으로도 쓰인다. 호접몽(胡蝶夢)은 굉장히 유명한 이야기다. 장자(莊子)가 꿈에서 나비가 된 것인가, 나비가 꿈에서 장자가 된 것인가? 장자는 장자이고, 나비는 나비이므로 분명히 구분된다. 그러나 누구의 입장에서 무슨 기준으로 구별하겠는가. 여기서 셰익스피어의 희곡 『리어 왕』의 다음 구절이 떠오른다. "내가 누구인지 말할 수 있는 자는 누구인가?" 사는 것이 비몽사몽간(非夢似夢間)에 일장춘몽(一場春夢) 같기도 하다. 이에 장자가 말했다. "사물과 나의 경계가 사라져 물아일체(物我一體)가 되기를 바란다." 「제물론」(齊物論) '물아일체'를 쉽게 말하면 '한 몸'이다. 결국 꿈과 현실도 '한 몸'이므로 굳이 구별할 필요가 없다. 나비가 되었으면 열심히 나비의 날갯짓을 하고, 다시 장자로 돌아왔으면 열심히 장자의 생활을 하면 되는 것이니까.

(기쁠 - 희)

喜

초창기 '북-고'(鼓)의 글꼴을 보면, 타악기로 보이는 주(壴)를 양손으로 치거나 북채로 두드리는 모습이다. 북처럼 생긴 타악기 주(壴) 밑에 '입-구'(口)를 더한 것이 곧 '기쁠-희'(喜)다. 북을 치면서 입으로 노래까지 하고 있으니 마음이 즐겁고 기쁘지 않겠는가. 이로부터 '기쁘다'의 뜻이 나왔다. 희열(喜悅), 환희(歡喜), 희극(喜劇), 희비(喜悲), 희로애락(喜怒哀樂) 등이 그런 뜻으로 쓰였다. 기꺼이 자발적으로 재물을 기부했을 때 희사(喜捨)했다고 한다. 희색(喜色)이 만면(滿面)하다는 것은 곧 기쁜 기색이 얼굴에 가득하다는 것이니 무척 즐겁다는 뜻이다. 77세를 희수(喜壽)라 한다. 희(喜)를 초서체로 쓰면 언뜻 보아 칠칠(七七)로 보이기 때문이다. 세상만사 새옹지마(塞翁之馬)라 했기에 굳이 매사에 일희일비(一喜一悲), 즉 기뻐했다 슬퍼했다 할 건 없다는 것이 현인들의 가르침이지만 독자 여러분께는 희소식(喜消息)이 자주 있기를 바란다.

(옛 - 고)

故

고(故)는 고(古)와 복(攵)이 합했다. 고(古)는 아주 오래된 옛날이니 사람에 적용한다면 노인(老人)을 상징하겠다. 그 오른쪽에 '칠-복'(攵)이 변형된 등글월문[攵]은 도구를 손에 들고 공격하는 모습이다. 그렇다면 병든 노인이나 생산 활동을 못하는 노인을 안락사(安樂死)시키거나 혹은 고려장(高麗葬)처럼 내다 버려 인위적으로 죽였던 옛날의 악습을 묘사한 것이 아닌가 싶다. 자연사(自然死)가 아니라 인위적(人爲的)으로 작고(作故)하게 했으므로 고의(故意)란 뜻도 이로부터 나왔을 것이다. 고의로 사망에 이르게 한 것은 위와 같은 연유가 있기에 연고(緣故)의 뜻도 이로부터 나왔을 것이다. 이런 일은 사연(事緣)이 있으므로 사고(事故)라 하고, 무슨 사고가 있는 것을 유고(有故)라 한다. 사고가 없다면 곧 무고(無故)이다. 연고가 있는 나라이니 고국(故國)이고, 연고가 있는 시골이니 고향(故鄉)이다. 무슨 연유로 장애가 생긴 것이 고장(故障)이다. 죽마고우(竹馬故友)나 온고지신(溫故知新)의 고(故)는 '이미 지났지만 그리 오래되지 않은 옛날'의 뜻이다. 그러므로 작고하여 시간이 흐르긴 했으나 손을 꼽아 가며 충분히 회고할 수 있는 분을 고인(故人)이라 한다.

(옛 - 고)

古

초창기 글꼴이나 지금 글꼴이나 별로 변한 게 없다. 위쪽이 '열-십'(十), 아래쪽이 '입-구'(口)다. 여기서 십(十)은 극한(極限)을 뜻한다. 옛날 사람들이 손가락으로 숫자를 셀 때 열 손가락을 채우면 더 이상 꼽을 것이 없기 때문이다. 아래쪽 '입-구'(口)는 구전(口傳)을 상징한다. 그러므로 고(古)는 헤아릴 수 없을 만큼 많은 사람들의 입을 통해 전해지는 그 오랜 옛날의 이야기를 뜻한다. 이로부터 '옛날'의 뜻이 나왔다. 고대(古代), 고적(古蹟), 고전(古典), 고도(古都), 고찰(古刹), 고서(古書), 고문(古文), 고고(考古), 고인(古人), 고희(古稀), 만고불변(萬古不變) 등 '지금'이나 '현재'에 상대되는 개념으로 널리 사용되고 있다. 그렇다면 고(故)와 어떻게 다를까? 고(故)의 오른쪽에 '칠-복'(攴)이 변형된 등글월문[攵]은 손동작을 가리킨다. 손가락으로 헤아릴 수 있을 정도의 '옛날'이라면 그리 오래된 과거는 아닐 테니 그저 '이미 지나간 때' 정도일 것이다. 따라서 고인(古人)은 아주 오래된 옛날 분이라 우리가 실감하기 어렵지만, 고인(故人)은 생전의 음성이나 모습을 회고할 수 있는 분이라 하겠다.

（ 이제 - 금 ）

今

금(今)의 초창기 글꼴은 입[口]을 벌리고 혀를 아래로 내민 모습이었다. 입의 위쪽이 차츰 '사람-인'(人)의 모양으로 변했고, 입의 아래쪽은 횡선이 되었으며, 그 아래 내민 혀는 길쭉하게 아래로 처지면서 현재 우리가 보는 모습이 된 것이다. 입을 벌리고 혀를 아래로 내민 이유는 무엇일까? 무엇을 맛보거나 끙끙 앓아 신음(呻吟)하는 모습이 아닐까 싶다. 그렇다면 '마실-음'(飮)이나 '읊을-음'(吟)의 초기 모습이었을 것이다. 술을 담았는데 '이제' 익었을까 마셔 보는 것으로부터, 혹은 끙끙 앓다가 호전되어 '이제' 한숨을 돌리는 것으로부터, '이제'의 뜻이 나왔을 거라 억측해 본다. 금(今)이 '이제'의 뜻으로 널리 쓰이자, 마신다는 뜻은 '금(今: 혀)+유(酉: 술 단지)+흠(欠: 입을 벌림)'을 결합하여 '염(僉)+흠(欠)'이 되었고[歙(음)], 이것이 간략히 변해 '마실-음'(飮)이 되었다. 한편 신음한다는 뜻은 그 옆에 '입-구'(口)를 추가하여 끙끙대는 소리를 강조했다. 끙끙대거나 신음하는 것은 대개 혼잣말로 하는 것이라 훗날 중얼대거나 읊조릴 때도 이 음(吟)을 사용했다. 음창(吟唱), 음송(吟誦), 음풍농월(吟風弄月) 등이 그런 뜻이다. 따라서 입에 머금은 것이 '머금을-함'(含), 마음속으로 중얼거리는 것이 '생각할-염'(念)인 것도 '이제' 이해가 될 것이다. 지금(只今) 진귀한 술을 얻어 마시면서 혼잣말로 신음하듯 중얼거렸다면 바로 음미(吟味)의 본뜻이 아니겠는가.

昔

초창기 글꼴을 보면, '내-천'(川)의 본래 글자인 '개미허리변-천'(巛)을 가로로 뉘어 놓아 파도가 심하게 일렁이는 모양을 그리고, 그 위나 그 아래에 '해-일'(日)을 붙였다. 대홍수가 발생하여 지상의 모든 것을 삼키고 태양이 있는 하늘까지 차올랐거나 태양마저도 삼켜 버렸음을 표시했다. 세월이 흐르면서 일렁이는 파도 모양이 조금씩 변해 '(초두머리) 풀-초'(艹)가 되었고, 초(艹)가 상하좌우로 붙어 현재 우리가 보는 모습이 되었다. 따라서 석(昔)은 홍수와 범람에 대처하기 힘들었던 시대, 즉 그 옛날의 생활 환경을 표시했다. 이로부터 '옛날'을 뜻하게 되었다. 그렇다면 그 옛날이란 대략 언제쯤일까? 아마 하(夏)나라 이전이었을 것이다. 사마천(司馬遷)의 『사기』(史記)에 따르면, 하나라의 시조 우(禹)는 순(舜)임금의 지시로 치수 사업에 착수하여 성공했고 그 공로로 왕위를 물려받았기 때문이다. 역사 기록에서 사마천보다 훨씬 신중했던 공자는 요순(堯舜)까지 언급했고, 그 이후인 우(禹)의 치수에 대해서도 극찬한 바 있다. 그러므로 석(昔)이 가리키는 그 옛날이란 하나라 이전으로 봐도 괜찮을 것 같다. 고고학적 유물로 추측하면 대략 기원전 2000년 이전이니 석(昔)은 꽤 오래된 옛날이다.

(가운데 - 앙)

央

앙(央)의 초창기 글꼴은 죄를 지어 삭발한 사람의 목에 올가미를 걸어 놓은 모습이다. '큰-대'(大)의 머리쪽 일(一)이 머리카락을 잘랐다는 표시이고, 목 주변에 '입벌릴-감'(凵)은 올가미를 그린 것이다. 즉 교수형(絞首刑)에 처하는 모습이었다. 옛날에는 중대 범죄에 대해 일벌백계(一罰百戒) 차원에서 공개적으로 처형(處刑)했다. 장소는 물론 성읍(城邑)의 중심지였다. 이로부터 '중심지'의 뜻이 나왔을 것이다. 사방의 중심이거나 중요한 곳을 일컬어 중앙(中央)이라 한다. 지진의 중심지가 진앙(震央)이다. 올가미가 목을 조이면 생명도 끝난다. 이로부터 '끝나다'의 뜻이 나왔다. 따라서 끝나지 않음은 미앙(未央)이다. 중국 한나라 장락궁(長樂宮) 서편에 미앙궁(未央宮)이 있었다. 길게 이어지는 즐거움이 끝나지 않으리란 뜻을 담은 것이다. 중국 고전 에로소설『육포단』(肉蒲團)의 남자주인공 이름이 미앙생(未央生)이다. 엽색행각이 끊이지 않는다는 뜻일까, 백팔번뇌가 끝없이 이어진다는 뜻일까? 정력이 절륜하다는 뜻일까? 한편 교수형을 당하는 자는 원망할 수도 있다. 이에 '마음-심'(心)을 붙인 앙(怏)이 곧 원망한다는 뜻이며, 앙심(怏心)은 원한을 품어 앙갚음하려고 벼르는 마음이다. 교수형으로 삶이 끝난다면 본인은 물론이거니와 그 가족에게도 재'앙'(災'殃')이겠다.

縳 緣

緣

'실-사'(糸)와 단(彖)이 합했다. 단(彖)의 윗부분은 '돼지머리-계'(彑)이고, 그 아래는 '돼지-시'(豕)이다. 따라서 연(緣)은 끈으로 돼지를 묶은 모습인 것 같다. 다만 계(彑)의 초창기 글꼴이 돼지를 잡아 걸어 놓은 모습이므로 연(緣)의 본뜻은 '돼지를 잡아 끈으로 묶어 걸다'가 아닐까 추측한다. 시간이 흐르면서 '주위 혹은 둘레를 묶거나 감싸다'는 뜻만 남았다. 이로부터 일정한 범위로 묶인 관계를 가리키게 되었다. 혈연(血緣), 지연(地緣), 학연(學緣), 자매결연(姉妹結緣), 내연(內緣), 연분(緣分), 절연(絶緣) 등이 곧 그런 뜻으로 쓰인 것이다. 관계로 묶였다면 틀림없이 내력이나 이유 혹은 원인이 있을 것이기에, '이유, 까닭, 사유'의 뜻이 나왔다. 연고(緣故), 연유(緣由), 사연(事緣), 인연(因緣) 등이 그런 뜻으로 쓰였다. 주위나 둘레를 묶거나 감싸려면 그 가장자리를 따라가야 하기에, '따라가다'의 뜻도 나왔다. 연목구어(緣木求魚)는 나무를 따라가 물고기를 구한다는 것으로 목적을 달성하기 위한 수단이 터무니없거나 엉뚱함을 비웃는 말이다. '가선-연'(緣)의 '가선'이란 '가장자리를 다른 헝겊으로 가늘게 싸서 돌린 선(縇)'이다. 바느질로 연결시키는 것이니 우리가 흔히 말하는 그 '연줄'이다.

(쫓을-추)

追

추(追)는 착(辶=辵)과 시위[丨]와 활[弓]이 합쳐졌다. '달릴-착'(辶 =辵)은 '걸을-척'(彳)과 '발바닥-지'(止)가 합해 발동작을 표시한 것 이므로 '걸어가다, 달려가다'의 뜻이다. 시위[丨]와 활[弓]은 시위가 걸린 활대의 모습이다. 따라서 추(追)의 본뜻은 '화살을 겨누며 뒤쫓 아 가다'이며, 이로부터 '쫓다'의 뜻이 나왔다. 쫓아가 구하는 것이 추 구(追求)이며, 뒤를 쫓는 것이 추종(追從)이다. 끝까지 쫓는 것이 추 궁(追窮)이며, 끝까지 쫓아 공격하는 것이 추격(追擊)이다. 지난 뒤 에 쫓아가서 보태는 것을 추가(追加)라 하며, 지난 뒤에 쫓아가 징수 하는 것을 추징(追徵)이라 한다. 쫓아가 재끼는 것을 추월(追越)이라 하고, 과거로 돌아가 인정하는 것을 추인(追認)이라 한다. 추돌(追 突)은 앞서 가는 차를 쫓아가 박는 것을 가리킨다. 지난 일로 돌아가 생각하는 것이 추억(追憶)이며, 이미 죽은 자를 그리워하며 잊지 않 는 것을 추모(追慕)라 한다. 이미 성립된 본예산을 변경하여 다시 정 하는 것이 추경(追更) 예산이다. 추후(追後)란 '훗날로 쫓아가서'이 므로, 지금 당장이 아니라 '훗날' 혹은 '나중'이란 뜻이다.

(없을-막)

莫

초창기 글꼴은 사방의 '나무-목'(木)이나 '풀-초'(艹) 가운데에 '날-일'(日)이 있다. 해가 서쪽으로 기울어 햇빛이 숲속이나 풀밭 속으로 사라진 모습을 그린 것이다. 세월이 흘러 아래쪽의 '풀-초'(艹)가 대(大)로 변형되었다. 따라서 막(莫)의 본뜻은 '해가 져서 어둡다'이다. 어두우면 안 보이므로 마치 사물이 없는 것 같기에, 이로부터 '없다'의 뜻이 나왔다. 막중(莫重)은 '더 중요한 것은 없다', 막강(莫强)은 '더 강한 것은 없다'는 뜻이다. 막대(莫大), 막심(莫甚) 등도 그런 뜻으로 쓰였다. 한편 막급(莫及)은 '이를 수 없다'니 후회막급(後悔莫及)이란 '후회해도 돌이킬 수 없다'는 뜻이다. 막역(莫逆)이란 거스를 것이 없으니 매우 친숙한 사이를 뜻한다. 막상막하(莫上莫下)는 위도 없고 아래도 없으므로 거의 같다는 뜻이다. 우리 종종 쓰는 막무가내(莫無可奈)란 숙어가 있다. 글자 그대로 옮기면 '어찌할 수 없는 게 없다'이니 이상하지 않은가? 막(莫)과 무(無)는 모두 '부정사'이기에 둘 중에 하나만 사용하여 막가내하(莫可奈何) 혹은 무가내하(無可奈何)로 써야 맞을 것이다. '막무가내'의 '막'은 아마 우리말 '마구'를 한자로 표기한 것이 아닐까 억측해 본다. '마구[=앞뒤를 따지지 않고 함부로] 행동하니 어찌할 수 없다'는 뜻이 아닐까. 막(莫)이 '없다'의 뜻으로 널리 사용되자, 정작 본뜻은 사라졌다. 이에 햇빛이 사라졌음을 나타내고자 밑에 '날-일'(日)을 추가하여 '저녁-모'(暮)로 만들었다. 세모(歲暮)는 한 해의 저녁, 곧 연말(年末)이다. 조삼모사(朝三暮四)나 조령모개(朝令暮改)는 다 아는 성어일 테니 뜻풀이를 생략한다.

(그리워할 - 모)

慕

막(莫)과 심(心)이 합쳐졌다. 막(莫)의 본뜻은 '해가 져서 어둡다'이다. 어두우면 모습이 드러나지 않는다. 따라서 모(慕)는 드러내지 않고 마음속에 조용히 간직하는 것으로부터 '그리다, 그리워하다'의 뜻이 나왔다. 추모(追慕), 사모(思慕), 흠모(欽慕), 연모(戀慕), 애모(愛慕) 등이 모두 그런 뜻으로 쓰였다. 막(莫)의 본뜻이 살아 있는 한자를 몇 개 소개한다. '수건-건'(巾)과 결합하면 '막-막'(幕), 장막(帳幕)을 치면 가려서 안 보인다. '흙-토'(土)와 결합하면 '무덤-묘'(墓), 흙으로 매장하면 가려져 안 보인다. '물-수'(水)와 결합하면 '사막-막'(漠), 물이 보이지 않는다. '말씀-언'(言)과 결합하면 '꾀-모'(謨), 은밀히 꾸미니 말소리가 안 들린다. '집-면'(宀)과 결합하면 '쓸쓸할-막'(寞), 집에 사람이 없기 때문이다. '날-일'(日)과 결합하면 '저녁-모'(暮), 햇빛이 안 보이는 저녁이다. '힘-력'(力)과 결합하면 '모을-모'(募), 드러내고 강제로 모으는 것이 아니라 마음에서 우러나와 조용히 모으는 것이다. '손-수'(手)와 결합하면 '더듬어 찾을-모'(摸), 안 보이니 손가락으로 더듬는 것이다. '나무-목'(木)과 결합하면 '모호할-모'(模), 나무 거푸집이 쉽게 닳아 윤곽이 흐릿하기에 분명하지 않다는 뜻이다. 모호(模糊)로 기억하면 되겠다.

(가릴 - 선)

選

초창기 글꼴은 병(幵)과 착(辶)을 합했다. 병(幵)은 두 사람이 앞뒤로 서서 걸어가는 모습이고, 착(辶)은 길을 걷는 모습이다. 또 다른 초창기 글꼴은 두 사람이 나란히 앉아 있는데['병부-절'(卩)], 그 밑의 '='는 두 명 중에 한 명을 가려 뽑아 보낸다는 표시다. 세월이 흐르면서 '='이 '丌'(기)로 변했고, 또 다시 '共'(공)으로 변하여 현재 우리가 보는 선(選)이 되었다. 따라서 '가려 뽑아 보내다'가 본뜻이며, 이로부터 '가리다, 뽑다'의 뜻이 나왔다. 경선(競選), 인선(人選), 선별(選別), 선발(選拔), 선택(選擇), 선출(選出), 선정(選定), 선거(選擧), 총선(總選), 당선(當選), 낙선(落選), 선호(選好), 입선(入選), 선수(選手) 등이 모두 가리거나 뽑는다는 뜻이다. 취사선택(取捨選擇)이란 취할 것은 취하고 버릴 것은 버려서, 가려 뽑아 택한다는 뜻이다.

（들-거）

舉 舉

舉

여(與) 밑에 '손-수'(手)를 추가했다. 여(與)의 옛 글꼴을 보면, '절구-저'(臼)처럼 보이는 것이 실은 왼손[ㄨ]과 오른손[又]을 그린 것이며, 그 가운데에 있는 '더불-여'(与)는 악수하듯 서로 손을 잡은 모습이었다. 그 아래 '받들-공'(廾)도 역시 양손인데 세월이 흐르면서 붙어 버렸다. 따라서 여러 사람이 손을 잡은 모습이 여(與)이고, 그 밑에 또 '손-수'(手)를 추가하여 거(舉)를 만든 것이다. 따라서 거(舉)는 서로 힘을 합쳐 무거운 물건을 들어 올리는 모습이며, 이로부터 '들다'의 뜻이 나왔다. 거수(舉手), 거명(舉名), 거행(舉行), 거동(舉動), 거론(舉論), 열거(列舉), 선거(選舉), 천거(薦舉), 검거(檢舉), 행동거지(行動舉止) 등이 모두 그런 뜻이다. 한편 생각이 동작으로 옮겨지는 것은 마치 잠복된 행동을 위로 들어 올려 표면화하는 것과 같으므로, 이로부터 '행동, 행위'의 뜻도 나왔다. 일거(一舉), 쾌거(快舉), 폭거(暴舉), 경거망동(輕舉妄動), 일거양득(一舉兩得) 등이 모두 그런 뜻으로 쓰인 것이다. 거(舉)의 아래쪽 '손-수'(手)는 간혹 'ㆍ'를 사용하여 '舉'로 쓰기도 하는데, 글꼴이 간단해졌을 뿐이지 실은 모두 손가락 모양이다.

(좋을 - 호) ①

好

자(子)

여(女)

호(好)에 대한 해석은 분분하다. 글꼴로 보면 지금이나 초창기나 다를 바 없다. 여(女)와 자(子)가 합했다. 여기서는 졸견만 밝힌다. 자(子)는 성별의 특징이 전혀 드러나지 않은 갓난이의 모습을 그린 것이다. 초창기 글꼴을 보면, 몸집에 비해 머리통이 훨씬 크고 양팔을 짧게 벌렸으며 다리는 포대기에 싸여 하나로 보인다. 따라서 자(子)의 본뜻은 '갓난이'이며, 이로부터 '어리다'의 뜻이 나왔다. 갓난이는 그저 달랑 몸 하나 핏덩이로 나오기에 적자(赤子)라 하며, 순수하고 깨끗한 아기의 마음을 맹자(孟子)가 적자지심(赤子之心)이라 한 것도 이 때문이다. 그렇다면 호(好)의 본뜻은 '어린 여자'를 뜻하며, 이로부터 여자는 어릴수록 '좋고', 또한 어릴수록 '예쁘며', 그와 동시에 어릴수록 사람들이 '좋아한다'의 뜻이 나오게 되었다. 여(女)에 '적을-소'(少)를 합하면 '젊을-묘'(妙)가 된다. 나이 어린 여자를 묘령(妙齡)이라 한다. 여(女)에 '어릴-요'(夭)를 합하면 '아리따울-요'(妖)가 된다. 어리고 예쁘기에 요염(妖艶)하다고 하는 것이다. 호(好)나 묘(妙)나 요(妖)는 기본적으로 같은 뜻이다. 모두 '여자가 어리다'는 뜻이기 때문이다.

(좋을 - 호) ②

好

앞에서 호(好)를 해설하며, 본뜻은 '어린 여자'라 했다. 오해의 소지가 있으니 보충하고자 한다. 중국 전국 시대 양혜왕은 자신이 정치를 잘 한다고 생각하는데 왜 다른 나라 백성이 자기 나라로 이주하지 않느 냐고 투덜댔다. 이에 맹자는 오십보백보(五十步百步)로 답했다. 당 신이 하는 정도의 정치는 다른 나라도 하고 있다는 뜻이다. 양혜왕이 원했던 '백성'은 노인이 아니었다. 양혜왕도 그 당시 다른 나라처럼 부 국강병(富國强兵)을 추구했는데, 가장 기본적인 조건은 양곡과 병졸 의 충분한 공급이었다. 이를 계속 원활하게 공급해 줄 수 있는 '백성' 은 누구인가? 당연히 어린 여자였다. 어린 여자일수록 자식을 많이 낳 아 노동력과 군사력을 지속적으로 공급할 수 있기 때문이다. 이런 여 자가 좋지 않을 수 있겠는가? 이런 여자를 좋아하지 않을 수 있겠는 가? '쾌락'의 관점이 아니라 '생산력'의 관점에서 이해하면 되겠다. 호 (好)라는 글자는 기원전 1000년 이전에 이미 만들어졌는데, 그 당시 의 분위기나 조건도 대략 500년 후의 전국 시대와 큰 차이는 없었을 것이다.

(설 - 립)

인(人) 대(大) 요(夭) 역(亦) 부(夫)

입(立)

立

입춘(立春) 전후이니 오늘은 입(立)에 대해 살펴보자. 서 있는 사람의 측면을 그린 자가 '사람-인'(人)이다. 팔다리를 벌리고 서 있는 정면 모습을 그린 자가 '큰-대'(大)이다. 팔을 흔들며 춤추는 모습이 '예쁠-요[외]'(夭)다. 다리를 교차시킨 모습이 '사귈-교'(交)다. 겨드랑이를 표시한 자가 '또-역'(亦)이다. 머리에 상투를 묶어 비녀를 꽂은 모습이 '지아비-부'(夫)다. 땅이나 바닥을 상징하는 일(一)을 밑에 그어 주어 서 있음을 표현한 자가 입[립](立)이므로, 이로부터 '서다, 세우다'의 뜻이 나왔다. 나라를 세우는 것이 입국(立國), 비석 따위를 세우는 것이 입석(立石), 증거를 세우는 것이 입증(立證), 뜻을 세우는 것이 입지(立志), 3차원의 부피를 가지고 있는 것이 입체(立體), 후보로 이름을 내세우는 것이 입후보(立候補)다. 세운다는 것은 만들거나 이루어 준다는 뜻이므로 법을 만드는 것이 입법(立法), 헌법을 만드는 것이 입헌(立憲)이며, 혐의 사실을 인정하여 사건을 성립시키는 것을 입건(立件), 관청에 서류 따위를 등록하는 것을 입안(立案)이라 한다. 그럼 입춘(立春)은? 봄의 입구에 서 있으니 곧 봄이 온다는 뜻이다.

（봄-춘）

春

봄이 기다려지니 춘(春)에 대해 살펴보자. 초창기 글꼴은 초목(草木) 밑에 '날-일'(日)이 있고, 그 옆에 둔(屯)이 있었다. 둔(屯)은 싹이 움트는 씨앗의 모습이다. 세월이 흐르면서 초목(草木)과 둔(屯)이 결합되어 본래 모습이 크게 변하고 말았다. '날-일'(日)은 열기를 뜻하니 땅이 따뜻해지면서 초목에 싹이 트는 계절, 곧 '봄'을 표현한 것이다. 다시 젊어지거나 노환이 낫는 것을 일컬어 회춘(回春)이라 하며, 젊은이가 호르몬을 억제하지 못하고 날뛰는 시기가 사춘기(思春期)다. 봄은 좋지만 사고팔면 매춘(賣春)이니 위법이다. 입춘에 쓰는 글귀가 입춘대길(立春大吉)이지만 헛된 망상을 일장춘몽(一場春夢)이라 한다. 춘풍(春風)이 불면 영춘화(迎春花), 곧 봄맞이꽃 개나리가 피는데, 이 즈음하여 그간 움츠렸던 몸이 나른해지는 증세가 춘곤증(春困症)이다. 남의 아버지를 춘부장(春府丈)이라 한다. 여기 '봄-춘'은 '참죽나무-춘'(椿)을 빌려 쓴 것이다. 중국 춘추 시대『장자』란 책에 등장하는 장수(長壽)의 지존(至尊) 참죽나무는 3만 2천 년을 살아야 고작 우리의 1년에 불과하다. 그렇게 장수하는 권세 높은 집안의 어르신이란 뜻이다. 부(府)는 관청, 장(丈)은 지팡이 짚은 어른.

(없을-무)

無

무(無)의 초창기 글꼴을 보면, 양팔을 벌리고 서 있는 사람이[큰-대(大)] 양손에 꽃을 들고 흔드는 모습이다. 세월이 흐르면서 변한 글꼴 중에 '죽을-망'(ㄓ=亡)이 추가된 것으로 보건대, 아마도 영예롭게 죽은 자의 혼령을 춤으로 위로하는 모습이 아닐까 싶다. 죽은 자는 이 세상에 없기에 '없다'의 뜻이 나왔다. 무시(無視), 무조건(無條件), 무책임(無責任), 무관(無關), 무효(無效), 무능(無能), 무선(無線), 유비무환(有備無患) 등이 모두 그런 뜻으로 쓰였다. '없다'의 뜻이 널리 사용되자, '춤'의 뜻이 사라졌다. 이에 두 발이 어긋난 모양의 '어그러질-천'(舛)을 붙여 '춤출-무'(舞)로 복원했다. 한편 중국어 간체자에서는 무(無)를 간단히 줄여 무(无)로 사용하는데, 이 둘은 본디 다른 글자였다. 무(无)는 '큰사람-대'(大) 위에 머리카락이 모두 빠진 모습을 그린 것으로, 이로부터 '없을-무'(无)의 뜻이 나왔다. 올(兀)은 머리가 벗어진 모습, 무(无)는 머리카락이 없는 모습이다.

（넓을-관）

寬

옛 글꼴을 보면 지붕을 표시하는 '집-면'(宀) 아래에 '산양-환'(莧)이 있다. '환'은 물론 발음 역할도 한다. 환(莧)의 위쪽은 '풀-초'(艹)처럼 보이지만 실은 양(羊)의 뿔을 그린 것으로 시간이 흐르면서 변형되었다. 그 아래 '눈-목'(目)은 양쪽으로 넓게 벌어진 산양의 두 뿔이 산양의 머리에 위치함을 가리키고 있다. 맨 아래 '어진사람-인'(儿)과 작은 점 하나는 산양의 몸통과 다리를 그린 것이다. 따라서 관(寬)은 산양의 두 뿔이 양쪽으로 넓게 벌어진 것처럼 방 안이 넓다는 뜻이다. '방이 넓다'로부터 '통제가 느슨하다'거나 '마음이 넓다'로까지 뜻이 확대되었다. 마음이 너그럽고 클 때 관대(寬大)하다고 한다. 마음이 넓어 남의 말을 너그럽게 받아들이거나 잘못을 용서할 때 관용(寬容)을 베푼다고 한다. 관면(寬免)이란 단어는 생소할 것이다. 죄나 허물을 너그럽게 용서하는 것을 말한다. 천주교에서 신랑이나 신부 중한쪽이 신자가 아닌 경우에 부부로 인정해 주는 절차를 예전에는 관면혼배(寬免婚配)라 했는데, '혼배'란 용어가 너무 고풍스러워 지금은 '관면혼인'이라 부른다.

(얼굴 - 용)

容

초창기 글꼴은 내(內)와 구(口)가 합했다. 내(內)는 명사로 '안쪽', 동사로 '안쪽으로 받아들이다'인데, 동사의 뜻은 훗날 따로 납(納)을 만들었다. 구(口)는 안쪽으로 들어오는 입구(入口)를 가리켰다. 따라서 용(容)의 본뜻은 '안쪽으로 받아들이다'이며, 이로부터 '받아들이다'의 뜻이 나왔다. 용납(容納), 용서(容恕), 용인(容忍), 허용(許容), 수용(受容), 포용(包容), 관용(寬容), 수용(收容) 등이 모두 그런 뜻으로 사용된 것이다. 물론 안에 들어 있는 물건이나 그런 물건을 담는 그릇을 뜻하기도 한다. 내용(內容), 용기(容器), 용량(容量), 용적(容積) 등이 그러하다. 세월이 흐르면서 용(容)이 간략해져 공(公)이 되었고 그 옆에 '머리-혈'(頁)을 추가하여 송(頌)을 만들고 용모(容貌)의 뜻으로 쓰기 시작했다. 머리 쪽에 이목구비(耳目口鼻)가 들어 있고, 또 다양한 표정(表情)이 담겼기 때문일 것이다. 단아한 용모와 분위기에 알맞은 표정은 송찬(頌讚)할 만하기에, '찬미하다, 찬송하다'의 뜻만 송(頌)에 남고, 용모의 뜻은 용(容)이 담당하게 된다. 이로부터 '용모, 모양, 모습'의 뜻으로 사용하게 되었다. 용태(容態), 미용(美容), 형용(形容), 진용(陣容) 등이 그런 뜻으로 사용된 것이다.

易

이(易)의 초창기 글꼴을 보면, 손잡이가 있는 용기에 액체를 담아 그릇 모양의 거푸집에 주입하는 모습이다. 이 액체는 아마 주석(朱錫)일 것이다. 주석은 다른 금속보다 용융점이 낮아 주물(鑄物)로 다른 용기를 만들기 쉬웠다. 출토된 유물 중에 초창기 금속 용기는 대개 주석을 사용한 청동기였던 것도 다 이런 까닭이다. 세월이 흐르면서 글꼴이 간략해져 손잡이가 있는 용기의 옆이나 안쪽에 액체만 남았다. 다시 시간이 흘러 용기의 손잡이가 위쪽으로 올라가 '날-일'(日)로 변했고, 용기의 윤곽이 반쪽만 남은 데에 액체를 사선으로 표시하여 현재 우리가 쓰는 이(易)가 되었다. 따라서 이(易)의 본뜻은 '주석 용액을 주입하여 새 용기를 쉽게 만들다'이며, 이로부터 '쉽다'의 뜻이 나왔다. 주석 용액을 쉽게 받아들이는 것이 곧 용이(容易)다. 이 글자는 평이(平易), 난이(難易) 등으로 쓰인다. 주석의 뜻은 훗날 '쇠-금'(金)을 붙여 '주석-석'(錫)으로 만들었다. 또한 주석 용액을 주입하는 것은 거푸집에 주는 것이므로 '조개-패'(貝)를 붙여 '줄-사'(賜)로 만들었다. 주석 용액을 거푸집에 부어 새 용기로 바꿔었으니, 이로부터 '바꾸다, 바뀌다'의 뜻이 나왔다. 이때는 '역'으로 발음한다. 교역(交易), 무역(貿易), 역지사지(易地思之) 등이 그런 뜻으로 쓰였다.

(귀할-귀)

貴

초창기 글꼴은 두 손으로 흙을 쥔 모습이다. 이 흙이 제사(祭祀)에 사용될 것이라 귀하다는 뜻인지, 혹은 식량을 포함하여 온갖 물질을 품고 키워 주는 흙이어서 귀하다는 뜻인지 불분명하다. 그러나 양손으로 소중하게 보듬고 있는 모습으로부터 귀중하다는 뜻은 전달되었다. 세월이 흐르면서 귀하다는 뜻을 강조하고자 내륙 지역에 드문 '조개-패'(貝)를 아래에 덧붙여 '귀할-귀'(貴)를 만들었다. 이 과정에서 양손과 흙이 붙으며 현재 글꼴이 되었다. 지배층이 피지배층보다 드물기에 신분이 높다고 할 때도 귀하다는 표현을 쓴다. 귀공자(貴公子)나 귀부인(貴婦人)은 본디 귀족(貴族)을 높이는 말이었다. 존귀(尊貴)한 당신께 드린다는 개념에서 귀하(貴下), 상대국을 높여서 귀국(貴國), 금은방에 많은 귀금속(貴金屬), 손님을 높여서 귀빈(貴賓), 직업에는 귀천(貴賤)이 없다거나 귀중품(貴重品)을 도난당했다고 할 때도 모두 이 귀(貴) 자를 사용한다. 곤경에 빠진 나를 도와준 사람보다 더 소중한 분이 있을까. 그런 분을 귀인(貴人)이라 한다.

(근심 - 우)

憂

초창기 글꼴을 보면, 한 손 또는 양손으로 얼굴의 눈 부위를 감싼 모습이다. 그와 동시에 무릎을 꿇은 모습도 있고, 특별히 발바닥을 그려 넣어 무거운 발걸음을 표시하기도 했다. 세월이 흐르면서 눈 부위의 얼굴 부분인 '머리-혈'(頁)만 남고 그 아래에 '마음-심'(心)을 새롭게 추가하여 생각이 많다는 점을 표시했다. 시간이 흐르면서 무거운 발길을 표현하고자 천천히 '걸을-쇠'(夊)를 다시 살려서 혈(頁)+심(心)+쇠(夊)=우(憂)가 된 것이다. 현재 우리가 쓰는 우(憂)의 글꼴로 본다면, '마음-심'(心)과 '여름-하'(夏)의 결합으로 봐도 무방하다. 따라서 우(憂)의 본뜻은 '근심 걱정으로 생각이 많아져 얼굴을 감싸고 무겁게 발길을 옮기다'이며, 이로부터 '걱정하다, 근심하다'의 뜻이 나왔다. 그렇다면 무슨 일로 걱정하고 근심하는 것일까? 하(夏)의 본뜻으로부터 추론할 수 있다. 하(夏)는 장대한 남자가 도끼나 쟁기 같은 농기구를 들고 뭔가를 주시하며 농사를 짓는 모습이다. 농사를 지을 때 가장 중요하고 바쁜 계절은 단연 여름이다. '여름'의 뜻은 이로부터 나온 것이다. 농작물이 가장 왕성하게 성장하는 계절이 여름이지만 이때는 홍수나 가뭄도 잦기에 농부로서는 걱정이 태산이다. 그렇다면 우(憂)는 여름철 농부의 마음을 표현했다고 봐도 괜찮을 것 같다. 우수(憂愁), 우려(憂慮), 우울(憂鬱), 내우외환(內憂外患), 기인우천(杞人憂天) 등으로 쓴다.

患

현재 글꼴로 보면, '꿸-천'(串)과 '마음-심'(心)이 합했다. 천(串) 은 꼬치구이를 만들 때 고기를 쇠꼬챙이로 꿴 모습이다. 그렇다면 환 (患)은 심장이 꼬챙이에 찔린 모습이다. 초창기 글꼴 중에는 좌우로 네 개의 손이 꼬챙이를 함께 잡고 심장을 찌르는 모습도 있다. 그런데 초창기 또 다른 글꼴을 보면, '집-면'(宀)이나 '문-문'(門) 안쪽에 양 손과 눈썹이 있기도 하고, 눈썹과 심장이 있기도 하다. 눈썹이 벌어진 것으로 보아 찡그리는 모습 같다. 그렇다면 아파서 힘들어하는 사람 을 집으로 데려와 마음을 써 주거나 양손으로 안마해 주는 모습일 것 이다. 따라서 환(患)의 본뜻은 '아파서 고생하다'이며, 이로부터 '근 심, 걱정'의 뜻이 나왔다. 환난(患難), 병환(病患), 질환(疾患), 환자 (患者), 우환(憂患), 내우외환(內憂外患) 등이 모두 그런 뜻으로 쓰 였다. 식자우환(識字憂患)은 '아는 게 병'이란 뜻이다. 그렇다면 '미 리 대비(對備)한다면 걱정할 일이 없다'를 넉 자 숙어로 어떻게 표현 할까? 유비무환(有備無患)이다.

（ 미칠 - 급 ）

及

초창기 글꼴을 보면 무슨 뜻인지 첫눈에 감이 잡힌다. '사람-인'(人) 아래에 '오른손-우'(又)가 있는데, 손으로 뒷다리를 잡은 모습이다. 지금은 우(又)를 '또-우'로 쓰지만 본디 오른손을 벌린 모양으로 손가락으로 잡거나 쥐거나 던지거나 하는 '손동작'을 대표한다. 세월이 흘러 오른손은 아래로 내려갔고, 또한 허리를 굽히고 무릎을 꿇은 사람이 손가락과 붙어 버려 당초 모습을 짐작하기 어려워졌다. 따라서 급(及)의 본뜻은 '쫓아가 손으로 잡다'이며, 이로부터 '닿다, 미치다, 이르다, 도달하다'의 뜻이 나왔다. 화제가 어떤 문제에 이르렀으니 언급(言及)이다. 역류하듯 지난 일로 거슬러 올라가 닿았으니 소급(遡及)이다. 널리 퍼져 두루 도달하게 하는 것이 보급(普及)이다. 물결처럼 점점 퍼져 광범위하게 영향을 끼치는 것이 파급(波及)이다. 결국 거기까지 도달했다 하여 급기야(及其也)다. 커트라인에 닿았으니 급제(及第)다. 후회해도 원상으로 복귀하지 못하니 후회막급(後悔莫及)이다. 지나침은 미치지 못함과 같다는 것이 과유불급(過猶不及)이다.

（급할-급）

急

혐의자나 범인을 잡으려면 빨리 움직여야 하고, 마음도 조급하지 않을 수 없다. 세모 그룹 전 회장 유아무개 씨를 쫓았던 경찰이나 검찰의 마음을 가장 잘 표현한 한자가 급(急)이다. '사람-인'(人), '오른손-우'(又), '마음-심'(心)이 합했으니 손으로 혐의자나 범인을 빨리 잡으려 마음이 급한 모습을 표현한 것이다. 이로부터 '급하다, 빠르다'의 뜻이 나왔다. 급하게 증가하는 것을 급증(急增), 그 반대를 급감(急減)이라 하고, 급하게 오르는 것을 급등(急騰), 그 반대를 급락(急落), 또한 변화가 빠르고 격렬한 것을 급변(急變)이라 한다. 빨리 가는 것이 급행(急行), 중요하고 급한 것이 긴급(緊急), 위험하고 급한 것이 위급(危急), 상황이 빨리 진행되는 성질이 급성(急性), 일이 바짝 닥쳐서 매우 급한 것이 다급(多急), 초조할 정도로 다급하게 구는 것이 조급(躁急), 사물의 가장 중요한 곳 혹은 목숨에 관계되어 반응이 무척 빠른 곳을 급소(急所)라 한다. 지금 당장 해야만 하는 일이 급선무(急先務)이니 시급(時急)한 일이다. 그 반대는 불요불급(不要不急)한 일이다.

幸

행(幸)의 초창기 글꼴은 족쇄(足鎖)와 수갑(手匣)이 연결된 모습이었다. 흔히 말하는 차꼬와 쇠고랑, 즉 질곡(桎梏)이다. 꼼짝 못하게 손발을 묶는 도구가 바로 행(幸)이었던 것이다. 그러므로 '잡을-집'(執)은 범인(犯人)을 잡아 도망가지 못하게끔 차꼬나 쇠고랑을 채운 모습이다. 행(幸) 옆의 환(丸)은 본디 두 손을 앞으로 내민 모습이었는데, 시간이 흐르면서 지금 모습으로 변형된 것이다. 범인(犯人)을 잡았으면 상부에 보고하고 심문(審問)을 하게 된다. 바로 그 모습을 그린 자가 '알릴-보'(報)다. 행(幸) 옆의 '이를-급'(及)은 본디 '사람-인'(人)과 '오른손-우'(又)의 결합으로 혐의가 있는 자를 붙잡아 보고하고 조사한다는 뜻이다. 여하튼 족쇄와 수갑까지 차게 된 자는 대개 중형(重刑)을 당하여 불구(不具)가 되거나 심지어 목숨을 잃을 수도 있다. 그러므로 혐의(嫌疑)가 풀린다거나 명예가 회복될 확률은 무척 낮아 그저 요행(僥倖)을 바라는 수밖에 없다. 우여곡절 끝에 그렇게만 된다면 얼마나 다행(多幸)이겠는가. 다행의 행(幸)은 본디 족쇄와 수갑이고, 요행의 행(倖)은 본디 누명이 풀렸다는 뜻이라 의미상 명백히 다르지만, 초창기 외형적인 글꼴이나 훗날의 내적인 의미로나 서로 통하는 점이 있기에 지금은 혼용한다.

變

상단 양쪽의 '실-사'(糸)는 베틀에서 짜고 있는 종횡 실올을 가리키며, 중간의 '말씀-언'(言)은 실올이 엉키는 것을 보고 소리치는 모습을 표현했다. 엉키는 것으로부터 '무질서'를 뜻하게 되었고, 이에 속히 조치하라 소리치는 것으로부터 '바꾸다, 고치다' 등의 뜻이 나왔을 것이다. 하단의 등글월문[夊]은 '칠-복'(支)의 변형으로 손에 도구를 들고 문제가 생긴 부분을 고치고 있다는 표시다. 사변(事變), 변란(變亂), 봉변(逢變) 등이 '무질서'를 뜻하고, 변화(變化), 변환(變換), 변동(變動), 변경(變更), 변질(變質), 변모(變貌), 변형(變形), 변천(變遷), 가변(可變), 급변(急變), 격변(激變), 불변(不變), 변심(變心), 변색(變色), 변종(變種), 변태(變態) 등은 '바뀐다'의 뜻이다. 천재지변(天災地變), 임기응변(臨機應變), 천변만화(千變萬化), 변화무쌍(變化無雙), 고정불변(固定不變) 등도 자주 쓰는 용어다. "막히면 변해야 하고, 변하면 통하고, 통하면 오래갈 수 있다"는 옛말이있다. 원문은 '궁즉변(窮則變), 변즉통(變則通), 통즉구(通則久)'지만, 간단히 줄이면 변통(變通)이다. 우리는 임시변통(臨時變通)으로 많이 쓴다. 한편 실올이 마구 꼬이고 있어 그것을 바로잡거나 고치려면 손가락이 마비될 지경일 것이다. 그 모습을 표현한 것이 '쥐날-련'(攣)인데, 경련(痙攣)을 떠올리면 되겠다.

(사모할 - 연)

戀 戀 戀 慕 恋

戀

연(戀)은 '변할-변'(變)의 생략형 아래에 '마음-심'(心)이 있다. 실올이 꼬여 바로잡으라고 소리치는 모습 아래에 '마음-심'(心)이 있는 것이다. 누군가를 그리워하거나 사랑하게 되면 마치 종횡으로 엉킨 실올처럼 마음이 질서를 잃어 갈피를 못 잡게 되는데, 바로 그런 상태를 표시한 것이다. 연애(戀愛), 연가(戀歌), 연정(戀情), 연서(戀書), 연모(戀慕) 등이 모두 사모(思慕)의 뜻이다. 사모나 사념(思念)의 '생각-사'(思)가 '실-사'(絲)와 발음이 같아 전통 문학가들은 종종 그리움과 실올을 교차시켜 읊기도 했다. 중국 남북조 시대 남조에 이런 민가가 있었다. "始欲識郎時(시욕식랑시), 兩心望如一(양심망여일), 理絲入殘機(이사입잔기), 何悟不成匹(하오불성필)." 한글로 옮기면, "처음에 임을 알았을 때, 두 마음이 하나이기를 바랐지요. 실올 매만지고 짜던 베틀에 오르지만, 한 필도 못 짤 줄 그 누가 알았겠어요." 그런데 실올을 뜻하는 사(絲)를 동음이의어(同音異義語)인 사(思)로 간주하고, 마지막 글자 필(匹)도 베의 길이 단위가 아니라 배필(配匹)의 뜻으로 해석하면 다음과 같아진다. "그리움을 누르며 남은 기회 잡았지만, 결합되지 못할 줄 그 누가 알았겠어요." 예나 지금이나 연애(戀愛)는 쉽지 않은 모양이다.

(사랑 - 애)

愛

초창기 글꼴은 비교적 간단한 모습이다. '하품할-흠'(欠) 아래에 '마음-심'(心)이 있다. '흠'은 사람이 입을 크게 벌린 모습으로부터 '하품하다'의 뜻이 나왔다. 물론 잠이 부족할 때 하품이 나오기에 '부족하다'의 뜻도 있다. 좋아하는 '마음'이 충분히 전달되지 못하자 입을 크게 벌리고 호소하는 모습이다. 어떤 글꼴은 '손가락-우'(又)로 '마음-심'을 감싼 모습도 있다. 좋아하는 마음을 소중히 간직하고 있다는 표시다. 따라서 애(愛)의 본뜻은 '마음속으로 무척 좋아하다'이며, 이로부터 '사랑(하다)'의 뜻이 나왔다. 그런데 세월이 흐르면서 글꼴이 많이 변했다. 흠(欠)의 위쪽 '벌린 입'은 '손톱-조'(爪)로, 아래쪽 '사람-인'(人)은 '덮을-멱'(冖)으로 바뀌었다. 또한 '마음'을 감쌌던 '손가락'마저 비슷한 모양의 '뒤져서 올-치'(夊)로 변해 현재 우리가 보는 '사랑-애'(愛)가 되었다. 애정(愛情), 우애(友愛), 자애(慈愛), 박애(博愛), 친애(親愛), 경애(敬愛), 애호(愛好), 애증(愛憎), 애처가(愛妻家), 애인(愛人), 애칭(愛稱), 애지중지(愛之重之) 등이 모두 '사랑(하다)'의 뜻이다. 할애(割愛)는 아끼는 것을 떼어 주는 것이고, 겸애(兼愛)는 묵자(墨子)의 무차별 박애주의 사상이었다.

(빛깔 - 색)

色

초창기 글꼴은 남녀가 접근하는 모습이다. 여자는 무릎을 꿇고 있고, 남자가 고개를 돌려 쳐다보고 있다. 세월이 흐르면서 두 사람의 접촉을 노골적으로 그렸는데, 엎드린 여자를 뒤에서 손으로 잡거나 올라탄 모습이며, 몸의 아래쪽에 횡선을 짧게 그려 성기의 위치를 표시하기도 했다. 따라서 색(色)의 본뜻은 성교(性交)이며, 구체적으로 배후체위(背後體位), 영어로 'Doggie Style'을 보여주고 있다. 현재 우리가 쓰는 색(色)은 아래쪽이 '꼬리-파'(巴), 위쪽은 '사람-인'(人) 같기도 하고 '칼-도'(刀) 같기도 하다. 아래 파(巴)는 본디 사람이 무릎을 꿇은 모습을 표시한 '병부-절'(卩)이었고, 위는 인(人)이었는데 시간이 흐르면서 지금의 모습으로 변해 버린 것이다. 색정(色情), 색욕(色慾), 호색(好色), 남색(男色), 색골(色骨) 등에 본뜻이 담겨 있다. 이로부터 뜻이 확대되어 성적 욕구를 일으킬 만한 용모를 가리키기도 한다. 미색(美色), 여색(女色), 절색(絶色) 등이 그러하다. 용모는 시각적인 색깔로 드러나기에 '색깔'의 뜻이 나왔다. 색채(色彩), 색소(色素), 색조(色調)는 물론이고 안색(顔色), 청일색(靑一色) 등이 모두 '색깔'의 뜻이다. 그 밖에 음색(音色)처럼 '느낌'을 표시하기도 하고, 각양각색(各樣各色)처럼 '종류, 스타일'을 뜻하기도 한다. 한편 불교에서 색계(色界)란 욕망의 세계를 벗어난 깨끗한 물질의 세계를 가리킨다.

(뜻 - 정)

情

청(靑)

정(情)

정(情)은 청(靑)과 심(心)이 합했다. 청(靑)의 초창기 글꼴은 '싹 날-철'(屮) 밑에 '우물-정'(井)이었다. 싹이 나듯 우물처럼 생긴 갱도(坑道)에서 무엇이 생산되고 있다는 뜻이다. 세월이 흐르면서 철(屮)은 '날-생'[生=屮+土]으로 변해 우물처럼 생긴 수직갱(垂直坑)에서 광석(鑛石)이 생산된다는 점을 분명히 표현했다. 어떤 광석일까? 훗날 쓰이는 뜻으로 보건대 틀림없이 청색의 광석일 것이며, 그런 광석을 분말로 만들어 청색 안료로 사용했을 것이다. 이로부터 '푸르다'는 뜻이 나왔다. 현재 우리가 보는 청(靑)은 형태가 약간 변한 것이다. 위쪽의 생(生)은 나란히 펴졌고, 아래쪽의 정(井)은 단(丹)처럼 변했다가 다시 월(月)로 변했다. 현재 인쇄체로는 단(丹)과 비슷한 모양의 '둥글-원'(円)을 쓰고 있으나 필기체에서는 종종 월(月)로 쓰기도 한다. 청색은 맑고 깨끗한 느낌을 주기에 정(情)의 본뜻은 '맑고 깨끗한 마음'이며, 이로부터 다양한 '마음의 상태'를 표현하게 되었다. 인정(人情), 감정(感情), 애정(愛情), 우정(友情), 순정(純情), 동정(同情), 다정(多情), 박정(薄情), 냉정(冷情), 열정(熱情), 격정(激情) 심지어 선정(煽情)까지 다채로운 마음의 상태를 엿볼 수 있다.

(멀 - 원)

遠

'옷 길-원'(袁)과 '걸어갈-착'(辶)이 합했다. 물론 원(袁)은 발음 역할
도 한다. 초창기 글꼴을 굳이 확인하지 않더라도 현재 글꼴인 원(袁)
을 유심히 살피면 '옷-의'(衣)가 보인다. 중간에 '입-구'(口)가 들어
있고 그 위로 '흙-토'(土)가 있는데, 실은 세월이 흐르면서 변형되거
나 위치가 이동한 것이다. 초창기 글꼴을 확인하면 구(口)는 원래 동
그란 모양으로 목이 들어가는 '옷깃'을 나타냈으며, 토(土)는 '오른
손-우'(又)가 변형된 것이다. 그렇다면 원(袁)의 본뜻은 '옷깃을 손으
로 들다'이며, 여기에 '걸어갈-착'(辶)이 합한 것이 원(遠)이다. 따라
서 원(遠)의 본뜻은 '옷을 들고 나서다'이다. 당일 돌아올 수 있는 거
리라면 도시락은 준비할지언정 굳이 옷을 따로 준비할 필요는 없을
것이다. 옷가지를 챙겨 상당히 먼 곳으로 나서는 모습으로부터 '멀다'
의 뜻이 나왔다. 요원(遙遠), 원근(遠近), 원격(遠隔), 영원(永遠), 원
정(遠征), 소원(疏遠), 경원(敬遠), 원시(遠視), 원대(遠大), 원양(遠
洋), 심원(深遠), 원심력(遠心力), 망원경(望遠鏡), 불원천리(不遠千
里) 등이 모두 그런 뜻이다. 『논어』 첫머리에 이런 구절이 있다. "유붕
자원방래, 불역락호!"(有朋自遠方來, 不亦樂乎!) 물론 다른 일로도
즐겁겠지만, 어릴 적 함께 공부했던 친구가 원방(遠方)에서 찾아왔다
면 무척 즐거울 것이다. '원방'은 먼 지방이다.

(가까울 - 근)

近

'도끼-근'(斤)과 '걸어갈-착'(辶)이 합했다. 물론 근(斤)은 발음 역할
도 한다. 도끼를 들고 걷는 모습이다. 옛날, 도끼를 들고 나섰다면 장
작을 패거나 벌목을 하거나 싸우려는 것일 테다. 묵직한 도끼를 들었
으니 멀리 나가지는 못했을 것이다. 또한 싸운다고 할 때도 한 번 던
지고 말 무기가 아니기에 단단히 쥐고 근거리에서 접전을 벌였을 것이
이다. 이로부터 '가깝다'의 뜻이 나왔다. 접근(接近), 측근(側近), 최
근(最近), 인근(隣近), 부근(附近), 근처(近處), 근해(近海), 친근
(親近), 근시(近視), 근래(近來), 근자(近者), 근간(近間), 근교(近
郊), 근거리(近距離), 근사(近似) 등이 모두 '가깝다'의 뜻이다. 한자
는 자형이 변하지 않기에 문장의 위치나 역할에 따라 품사를 결정한
다. 따라서 형용사 '가깝다'의 뜻만 있는 것이 아니라 부사로 사용되어
'가깝게', 동사로 사용되어 '가까이하다'를 뜻하기도 한다. '먹을 가까
이 하면 검어진다'는 성어가 곧 근묵자흑(近墨者黑)이다. 나쁜 사람
을 가까이하면 그 버릇에 물들기 쉽다는 뜻으로, 주위 환경의 중요함
을 강조한 말이다.

(무릇-범)

凡

'무릇-범'(凡)의 초창기 글꼴은 무엇을 묘사한 것인지 속단하기 어렵다. 커다란 우물 입구를 '나무 덮개'로 덮은 모습 같기도 하고, 귀퉁이에 끈을 묶어 들었다 놓았다 하며 땅을 다지는 '달구' 같기도 하고, 또 어찌 보면 바람을 맞아 펼쳐진 배의 '돛' 같기도 하다. 나무 덮개든 달구든 돛이든 여럿이 모두 다 함께 협력해야 작업할 수 있는 대상이다. 이로부터 '모두, 다, 함께'의 뜻이 나왔을 것이다. 전반적으로 비슷비슷한 평범한 사람들을 범인(凡人)이라 한다. 범상(凡常)한 일을 범사(凡事)라 한다. 『성경』에 '범사에 감사하라'는 것은 일상사에 감사하라는 뜻이다. 책 첫머리에 참고사항 따위를 말해 놓은 글을 범례(凡例)라 하는 이유는 독자가 미리 읽어 놓으면 책의 전반적인 내용이나 형식을 파악하는 데 유익하기 때문이다. 예의범절(禮儀凡節)이란 예의에 관한 전반적인 절차를 말한다. 전반적으로 비슷비슷한 사람들과는 다르게 누군가 낭중지추(囊中之錐)나 군계일학(群鷄一鶴)처럼 특출(特出)하다면 뭐라고 할까? 비범(非凡)하다고 한다. 김구(金九)의 호가 백범(白凡)이다. 백정(白丁)처럼 천하고 평범(平凡)한 범부(凡夫)일지라도 모두가 선생만큼 이 나라와 민족을 사랑해 달라는 뜻이었으니 비범한 호다.

激

격(激)은 '물-수'(水), '흰-백'(白), '놓을-방'(放)이 합했다. 따라서 물이 세차게 흐르다가 물길을 막는 바위나 바닥의 돌멩이에 부딪혀 흰색의 포말(泡沫)을 격하게 방출(放出)한다는 뜻이다. 물길이 막혀 순조롭게 흘러가지 못해 물이 거칠게 튀는 것을 표현한 한자가 곧 격(激)이다. 이로부터 인간의 감정이 거칠게 드러날 때도 이 한자를 사용한다. 격동(激動), 격렬(激烈), 격분(激憤), 격앙(激昂), 격정(激情) 등은 과격(過激)한 감정이다. 풀이 죽어 있을 때는 격려(激勵)가 필요하다. 그렇기에 스스로 격려하는 것을 자격(自激)이라 한다. 그러나 세상 일이 어디 뜻대로 다 되겠는가. 격려가 지나쳐 자신을 너무 닦달하면 오히려 자책(自責)하게 되고, 자책이 심해지면 열등감(劣等感)에 빠질 수도 있다. 그것을 자격지심(自激之心)이라 한다. 거친 물결을 일컬어 격랑(激浪)이라 하는데, 랑(浪)은 착한 물결이니 '잔물결'을 뜻한다.

（ 뒤집을 - 반 ）

反

초창기 글꼴을 보면 암벽 등반을 연상시킨다. '벼랑-엄'(厂)은 온통 암벽인 낭떠러지를 표시하고, 그 밑에 우(又)는 손가락을 그린 것이다. 따라서 반(反)은 몸을 뒤집으며 암벽을 타는 모습이다. 이로부터 '뒤집다'의 뜻이 나왔다. 반영(反映), 반사(反射), 반면(反面), 반목(反目), 배반(背反), 여반장(如反掌), 적반하장(賊反荷杖) 등이 그런 뜻으로 쓰였다. 또한 뒤집었다가 다시 뒤집으면 되돌아오는 셈이니 '되돌리다'의 뜻도 나왔다. 반성(反省), 반응(反應), 반복(反復), 반격(反擊), 반문(反問), 반포보은(反哺報恩), 출필고반필면(出必告反必面) 등이 그런 뜻으로 쓰인 것이다. 한편 이쪽을 향하다가 저쪽으로 돌리면 반대가 되므로 '반대하다'의 뜻도 나왔다. 반박(反駁), 반대(反對), 반발(反撥), 위반(違反), 찬반(贊反), 반론(反論) 등이 모두 그런 뜻으로 사용된 것이다.

(살필 - 성)

省

초창기 글꼴을 보면, '눈-목'(目) 위에 '싹-철'(屮)이 있다. 눈에 새싹이 나듯 뭔가 돋았으니 요즘으로 말하면 '다래끼'가 생긴 것이다. 원래는 철(屮)을 '날-생'(生)으로 바꾸어 '눈 흐릴-생'(眚)을 만들었다. 그런데 시간이 흐르면서 생(生)이 '적을-소'(少)로 변하여 성(省)이 되었다. 왜 이렇게 되었을까? 옛 글꼴의 모양이 서로 비슷하여 잘못 변했을 수도 있고, 혹은 다래끼가 생겨 눈을 크게 뜰 수 없거나 초점을 맞추려다 보니 눈을 가늘게 떠서 그랬을 것이다. 이때부터 실제 눈병이 난 것은 아니지만 외부 사물을 자세히 살피거나 내부 마음을 돌아볼 때도 성(省)을 사용하게 되었다. 성묘(省墓), 귀성(歸省), 반성(反省), 성찰(省察) 등이 모두 그런 뜻이다. 눈을 작게 뜨면 시야가 좁아져 일부 사물을 놓칠 수 있다. 생략(省略)이 바로 그런 뜻으로 쓰였다. 한편 궁중(宮中)은 면밀히 살펴야 할 금기사항이 많아 금중(禁中)이라 했는데, 중국 한나라 원제(元帝)의 장인 이름에 금(禁)이 있어 '살필-성'으로 대체해 성중(省中)이라 불렀다. 이로부터 관서(官署) 명칭에도 이 성(省)이 사용되어 상서성(尙書省), 중서성(中書省) 등으로 쓰였다. 현재 중국의 일급 행정구역인 성(省)도 이로부터 유래한 것이다.

祭

초창기 글꼴을 보면, 좌측 위쪽으로 '고기-육'(月=肉)이 있고 그 밑에 떨어지는 핏방울이 보이며 오른쪽에는 '손가락-우'(又)가 있다. 오른손가락으로 피가 떨어지는 생고기를 들고 있는 모습이다. 살아 있는 짐승을 잡아 천지신명(天地神明)이나 조상(祖上)께 제사를 올리는 모습일 것이다. 세월이 흘러 의미를 확실히 하고자 그 밑에 '보일-시'(示)를 추가했다. 시(示)는 본디 제단(祭壇)의 모습인데 제사를 올리면 귀신이 길흉(吉凶)을 제시(提示)하므로, 이로부터 '보이다'의 뜻이 나온 것이다. 무릇 시(示)가 들어가면 제사나 조상과 관련 있다. 따라서 제(祭)의 본뜻은 '짐승을 잡아 제사를 올리다'이며, 이로부터 '제사, 제사를 지내다'의 뜻이 나오게 되었다. 축복(祝福)에 감사하며 제사(祭祀)를 올리고 아울러 흥겹게 즐기는 행사가 축제(祝祭)다. 기우제(祈雨祭)처럼 제사를 지내지는 않지만 많은 사람이 참가하는 흥겹고 성대한 잔치에도 제(祭)를 붙인다. 영화제(映畵祭)가 그러하다.

(살필 - 찰)

察

집을 뜻하는 '집-면'(宀) 아래에 '제사-제'(祭)가 있다. 제사 전에 집
안이 청결한지, 준비가 순조로운지 자세히 점검하는 것이 필요하고,
또한 제사를 지내면서 신령이 어떤 계시(啓示)를 내리는지, 제사 후
에 어떤 변화(變化)가 있는지도 모두 주의 깊게 살펴야 한다. 제사 전
후는 물론이고 제사 중에도 살필 것이 많은 모습을 표시한 글자가 곧
'살필-찰'(察)이다. 사물이나 현상을 유심히 살피는 것이 관찰(觀察)
이고 이어서 심사숙고(深思熟考)까지 하면 고찰(考察)인데, 그렇게
하여 본질을 파악하면 통찰(洞察)이다. 스스로 살펴보고 자신을 반성
하는 것을 성찰(省察)이라 한다면, 남의 잘못된 행동을 살펴 바로잡
도록 인도하는 것이 규찰(糾察)이다. 의사는 환자를 진찰(診察)하고
감사원은 비리를 감찰(監察)한다. 경범죄라면 경찰(警察)로 그치겠
으나 중대 범죄라면 검찰(檢察)까지 가게 될 것이다. 시찰(視察), 순
찰(巡察), 정찰(偵察)은 '살피다'는 점에서는 같으나 구체적으로는
뜻이 다르니 사전을 찾아 확인해야 한다.

（대할 - 대）

對

초창기 글꼴을 보면, 오른쪽은 '마디-촌'(寸)이며, 왼쪽의 상단은 톱니 모양의 날, 하단은 도끼 모양의 날이 있는 거대한 무기의 모습이다. '촌'(寸)은 '오른손-우'(又)의 손목 1촌 아래에 맥박이 뛰는 곳을 점으로 표시한 것이다. 한의사들이 진맥할 때 바로 그곳을 정확히 짚는다. 이로부터 촌(寸)은 '신중하게 규정대로 잡는다'는 뜻이 되었고, 또 '규정이나 법도에 맞게 처리한다'는 뜻을 지니게 되었다. 인도(引導)의 '이끌-도'(導), 장군(將軍)의 '장수-장'(將), 약관(弱冠)의 '갓-관'(冠) 등 촌(寸)이 들어간 글자는 규정과 법도에 따라 행동하거나 진행한다는 뜻을 담고 있다. 따라서 대(對)는 완전 무장(武裝)한 양쪽 진영(陣營)이 규정과 법도에 따라 진(陣)을 치고 대치(對峙)하고 있는 모습을 묘사한 것이라 추측해 본다. 양군 대치로부터 '마주하다'는 뜻이 나왔다. 대적(對敵)할 때 옳게 대응하지 않을 수 없으므로 '옳다, 맞다'는 뜻이 나왔다. 또한 적군(敵軍)의 동향에 대하여 허실을 파악해야 하므로 무엇에 '대하여'란 뜻도 나왔다. 질문에 답(答)할 때는 적절한 말로 대구해야 하므로 '대답(對答)하다'는 뜻도 나왔다.

（어질-현）

賢

초창기 글꼴을 보면, 신(臣)과 우(又)만 있었다. 신(臣)은 본디 '눈-목'(目)의 변형인데, 한쪽 눈동자가 이상하리만치 돌출된 모습이다. 눈동자 바로 앞에 '손가락-우'(又)가 있거나 손가락이 눈동자에 닿은 것으로 보아 포로나 노예의 눈을 찔러 그들을 장악하는 모습이다. 옛날, 전쟁의 포로나 노예는 한쪽 눈을 멀게 하여 정복자나 주인에게 굴복시켰다. 군주를 섬기는 신하(臣下)의 뜻은 이로부터 나온 것이다. 따라서 현(臤)은 '포로나 노예를 장악하다'가 본뜻이다. 포로나 노예는 지정된 토지에 갇혀 단단히 통제되었기에 '흙-토'(土)를 붙여 '굳을-견'(堅)을 만들기도 했다. 이런 포로나 노예가 많을수록 노동력이 증가하여 이익이 증대된다. 재물을 상징하는 '조개-패'(貝)를 훗날 추가하여 현(賢)을 만든 것도 이 때문이다. 따라서 현(賢)의 본뜻은 '재물을 장악하다'이며, 이른바 현인(賢人)은 본디 '재테크의 달인'이었던 것이다. 돈은 아무나 벌겠는가. 능력이 있어야 한다. 현(賢)에 다재다능(多才多能)의 뜻이 담긴 것도 이런 연유다. 공자가 말하길, "가난하면서 원망하지 않기는 어렵다. 부유하면서 교만하지 않기는 쉽다"고 했다. 사마천은 「화식열전」(貨殖列傳)에서 "군자가 부유하면 덕을 쌓기 좋다"고 주장했다. 넉넉한 곳간에서 인심 나듯, 돈 많은 현인은 좋은 일을 하면서도 겸손하지 않겠는가. 너그럽고 덕행이 높다는 뜻의 '어질-현'(賢)은 이로부터 나왔을 것이다.

三月

(홀로-독)

獨

견(犬)

촉(蜀)

오늘은 삼일절, 독립운동 기념일이니 독(獨)에 대해 살펴보자. '개-견'(犭=犬)과 '누에-촉'(蜀)이 합했다. 우선 견(犬)의 초창기 글꼴을 보면, 꼬리가 긴 개과의 동물 모습으로 부수로 쓸 때 사용하는 견(犭)의 모습에 가깝다. 견(犭)이 들어가면 대부분 짐승의 이름이거나 그 짐승의 특성을 나타낸다. 이어서 촉(蜀)의 초창기 글꼴을 보면, '눈-목'(目) 아래로 '벌레-충(훼)'(虫)이 있다. 눈은 머리 부분을 상징한다. 마디진 몸체를 웅크리고 머리를 열심히 움직여 뽕잎을 뜯어 먹는 누에의 모습을 그린 것이다. 중국 사천성 일대에 누에가 많기에 그 지역을 촉(蜀)이라 부르기도 했다. 위·촉·오 삼국 시대의 '촉'의 근거지가 바로 그 일대다. 그렇다면 독(獨)의 본뜻은 '웅크린 개'이다. 양끼리는 사이좋게 무리를 이루기에 '무리-군'(群)을 만들었지만, 개끼리는 만나기만 하면 싸우려고 몸을 웅크리기에 '홀로-독'(獨)을 만든 것이다. 이로부터 '홀로'의 뜻이 나왔다. 독립(獨立)이란 홀로 선다는 뜻이니 남의 속박이나 지배를 받지 않음을 뜻한다. 단독(單獨), 독특(獨特), 독창(獨創), 독점(獨占), 독재(獨裁), 독단(獨斷) 등이 모두 그런 뜻으로 쓰였다. 외로움을 고독(孤獨)이라 하는데, 옛글에서는 부모가 없으면 고(孤), 자식이 없으면 독(獨)이라 했다. 사병 없는 장군 노릇을 독불장군(獨不將軍)이라 한다.

(군사 - 군)

軍

초창기 글꼴을 보면, '두루-균'(勻)과 '수레-거'(車)가 합했다. 균(勻)은 팔을 벌려 둥그렇게 감싸는 모습이다. 거(車)는 수레를 위에서 내려 본 모습인데, 양쪽 바퀴가 상하 일(一) 자로 나란히 그려져 있고, 그 사이에 수레의 몸체가 있다. 세로로 그어진 '뚫을-곤'(丨)은 바퀴 축을 그린 것이다. 따라서 군(軍)은 수레로 둥그렇게 둘러쳐 진지를 만들고 주둔한 모습이다. 중국 춘추 시대 이전에는 귀족만이 무장할 수 있었고, 귀족들은 기본적으로 전차(戰車)를 타고 싸웠다. 전쟁이 나서 야영(野營)할 때 진지를 구축하려면 시간이 걸리므로 마차를 부대 주변으로 빙 둘러 담장으로 삼고 그 안에 주둔하게 된다. 군(軍)은 바로 그런 모습을 그린 것이다. 그러므로 군(軍)의 본뜻은 '전차를 둥그렇게 둘러쳐 진지를 구축하고 주둔하다'이며, 이로부터 '군대, 부대, 진지, 사병' 등의 뜻이 나오게 되었다. 군대(軍隊), 군사(軍事), 국군(國軍), 육군(陸軍), 공군(空軍), 해군(海軍) 등이 그런 뜻으로 쓰였다. 군(軍)에 삽입된 수레는 전차이므로 기동력이 생명이다. '달릴-착'(辶=辵)을 추가하여 '움직일-운'(運)으로 만든 것도 이런 이유 때문이다.

(움직일 - 운)

運 運 轉

運

착(辶=辵)과 군(軍)이 합했다. '달릴-착'(辶=辵)은 '걸을-척'(彳)과 '발바닥-지'(止)가 합해 발동작을 표시한 것이므로 '걸어가다, 달려가다'의 뜻이다. '군사-군'(軍)의 본뜻은 '전차를 둥그렇게 둘러쳐 진지를 구축하고 주둔하다'이며, 이로부터 '군대, 부대, 진지, 사병' 등의 뜻이 나왔다. 군(軍)의 아래쪽에 있는 '수레-거'(車)는 전차(戰車)이므로 기동력(機動力)이 생명이다. 그러므로 '수레-거'(車)에 '달릴-착'(辶=辵)을 추가하여 '움직일-운'(運)으로 만든 것은 참으로 적절하다. 운동(運動), 운전(運轉), 운행(運行), 운반(運搬), 운송(運送) 등이 모두 그런 뜻으로 쓰였다. 우리는 태어날 때부터 부모나 집안처럼 어쩔 수 없이 고정된 명(命)이 있고, 물레방아처럼 길흉화복(吉凶禍福)이 돌고 돌아 누구에게나 공평하게 적용되는 운(運)도 있다. 이를 합쳐 운명(運命)이라 한다. 현재 불행(不幸)하다면 고생스럽고 힘들겠지만 절망할 필요는 없다. 또한 누가 잘나간다고 부러워할 필요도 없다. 메뚜기도 한철이기 때문이다. 꾹 참고 할 일을 하면서 기다리면 결국 운(運)은 돌고 돌아 온다. 때가 되어 운수(運數)가 통하면 자연스럽게 행운(幸運)이 찾아오기 때문이다.

動

초창기 글꼴을 보면, 신(辛), 목(目), 동(東), 토(土)가 합한 모습도 있고, 척(彳), 지(止), 동(東), 토(土)가 합한 것도 있다. 두 글꼴 모두 흙을 담아 묶은 무거운 자루[重]를 옮기는 모습이다. 전자는 신(辛)과 목(目)이 있으므로 눈이 찔린 노예가 중노동을 한다는 데 중점이 있고, 후자는 척(彳)과 지(止)가 있으니 곧 '달릴-착'(辶=辵)으로 자루를 나른다는 데 중점이 있다. 두 글꼴 모두 무거운 자루를 옮긴다는 점에서는 일치한다. 무거운 자루를 처리하려면 힘이 필요하기에 '힘-력'(力)이 들어오면서 현재 우리가 보는 동(動)이 된 것이다. 따라서 동(動)의 본뜻은 '무거운 자루를 옮기다'이며, 이로부터 '움직이다, 일하다'의 뜻이 나왔다. 이동(移動), 운동(運動), 노동(勞動), 활동(活動), 난동(亂動), 선동(煽動), 자동(自動), 수동(手動), 연동(聯動), 생동(生動) 등이 모두 그런 뜻이다. 실제 행동(行動)만이 아니라 심적인 움직임에도 사용하여 감동(感動), 충동(衝動), 격동(激動) 등으로 쓰인다. 일거일동(一擧一動)에 경거망동(輕擧妄動)하니 차라리 확고부동(確固不動)할 때까지는 요지부동(搖之不動)함이 낫겠다.

(먼저 - 선)

先

초창기 글꼴을 보면, 위쪽에 발바닥을 그린 지(止)가 있고, 중간에 일(一)로 땅을 표시했고, 아래쪽에는 '어진사람-인'(儿)이 있다. 따라서 나보다 앞에서 걸어가는 사람을 그린 글자가 선(先)이다. 앞서 가고 있으니 무엇이든 먼저 할 수 있기에 '먼저'의 뜻이 나왔을 것이다. 먼저 출생했으니 선생(先生)이고, 앞선 연배니 선배(先輩)다. 앞선 예가 선례(先例), 먼저 손을 썼으니 선수(先手), 앞서 나간 나라가 선진국(先進國)이다. 우리 몸에서 머리가 가장 위에 있기에 선두(先頭)라고 하면 가장 앞이란 뜻이다. 급히 먼저 해야 할 업무가 급선무(急先務)며, 실제로 겪기도 전에 먼저 들어온 견해를 선입견(先入見)이라 한다. 앞을 먼저 내다보는 현명함을 선견지명(先見之明), 앞장서서 먼저 시범을 보이는 것이 솔선수범(率先垂範)이다. 모내기를 마치고 추수까지는 한참 기다려야 하지만 돈이 궁한 농민이 헐값에 먼저 파는 것을 입도선매(立稻先賣)라 한다. 염파(廉頗)와 인상여(藺相如)의 고사로부터 유래한 선공후사(先公後私)는 유명한 이야기이니 생략한다.

(뒤 - 후)

後

초창기 글꼴을 보면, 요(幺)와 치(夂)가 합했다. 요(幺)는 '실-사'(糸)의 일부만 남았기에 '작을-요'(幺)로 새기지만 이 글꼴에서 보면 실로 동여맨 모습이다. 한편 치(夂)는 '발바닥-지'(止)를 뒤집은 모양인데, 밖을 향하던 발바닥이 뒤집히면 발가락이 안쪽으로 향하므로 이쪽으로 오고 있다는 뜻이다. 세월이 흐르면서 '네거리-항'(行)으로부터 비롯된 '갈-행'(行)의 생략형인 '걸을-척'(彳)이 추가되어 현재 우리가 보는 글꼴 후(後)가 되었다. 따라서 후(後)의 본뜻은 '오랏줄로 범인이나 죄인을 묶어 끌고 오다'이다. 포박(捕縛)된 자는 뒤따라오거나 잡혀가기 싫어 뒤처지기에, 이로부터 '뒤, 뒤지다, 뒤떨어지다' 등의 뜻이 나오게 되었다. 후배(後輩), 후손(後孫), 후예(後裔), 후반(後半), 후퇴(後退), 후회(後悔), 후유증(後遺症), 낙후(落後), 최후(最後), 전후(前後) 등이 모두 그런 뜻으로 쓰였다. 앞서 가는 것이 선(先), 뒤처지는 것이 후(後)이다. 이제 선공후사(先公後私)나 후생가외(後生可畏)가 무슨 뜻인지 확실히 아실 것이다.

客

'집-면'(宀)은 지붕과 벽을 그린 것으로 '집'을 뜻한다. 그 밑에 각(各)은 치(夂)와 구(口)가 합한 것이다. 치(夂)는 '발바닥-지'(止)가 180도 돌려져 밖에서 안으로 들어오는 것을 표시했고, 구(口)는 집으로 들어오는 입구(入口)이니 문으로 생각해도 되겠다. 가족이 집에 들어오는 것은 당연한 일이다. 그러나 가족 이외의 다른 사람이 집에 들어온다면 따로 불러야 한다. 따라서 '손님'을 객(客)이라 했던 것이다. 물건을 사러 자주 오는 손님을 고객(顧客), 차를 타는 손님을 승객(乘客), 연극이나 영화를 보러 오는 손님을 관객(觀客), 축하하러 오신 손님을 하객(賀客)이라 하지만, 자객(刺客)처럼 불청객(不請客)도 있을 것이고, 취객(醉客)처럼 객기(客氣)를 부리는 군손님도 있을 것이다. 주인과 손님의 입장이 뒤바뀌면 주객전도(主客顚倒)인데, 이는 사물의 경중(輕重), 선후(先後), 완급(緩急) 따위가 서로 뒤바뀜을 비유하는 말이다.

（다할-극） （빠를-극）

極 亟

極 亟 亟 亟 亟
극(亟)

極 極 極
극(極)

극(極)은 목(木)과 극(亟)이 합했다. 한편 극(亟)의 초창기 글꼴을 보면, 위아래가 막힌 좁은 공간에 사람이 끼어 꼼짝 못하는 모습이다. 세월이 흐르며 '입-구'(口)가 추가되었다. 위급한 상황을 알리고 구호를 요청하는 모습이다. 여기에 '손가락-우'(又)나 '칠-복'(攴)까지 붙어 빠져나오려는 손동작을 표시했다. 그러므로 극(亟)의 본뜻은 '사람이 위기 상황에 처하다'이며, 이로부터 '(상황이) 급하다, 절박하다, 심하다' 등의 뜻이 나왔다. 옛날, 집을 지을 때 지붕을 올리는 일은 높이 올라가야 하므로 매우 위험했다. 지붕에서도 특히 가장 높이 있는 용마루를 올리는 일이 더욱 위험했다. 그런 용마루 끝에서 작업한다면 얼마나 위험하겠는가. 극(極)은 곧 '용마루 끝'이며, 이로부터 '끝, 가장, 매우'의 뜻이 나왔다. 극단(極端)이란 용마루 끝 부분에 서 있는 것이므로 행동이나 생각이 한쪽으로 크게 치우쳤다는 뜻이다. 북극(北極)은 북쪽의 끝, 남극(南極)은 남쪽의 끝이다. 상황이 대단히 심할 때 극심(極甚), 심한 상황까지 이르는 것을 지극(至極), 끝까지 다하는 것을 극진(極盡)하다고 한다. 더 이상의 즐거움이 없다면 곧 극락(極樂)이다. 양쪽 끝을 향해 점차 차이가 벌어지는 것이 양극화(兩極化)다. 망극(罔極)은 끝이 없다는 뜻이므로 부모님의 은혜를 기릴 때 높은 하늘처럼 끝이 없다 하여 호천망극(昊天罔極)이라 했다.

盡

초창기 글꼴을 보면, 솔처럼 생긴 물건을 손가락으로 잡고 그릇 안쪽에 집어넣은 모습이다. 세월이 흐르며 뜻을 확실히 하고자 튀는 물방울을 추가했는데, 넉 점의 물방울이 세월이 흐르며 '불-화'(灬=火)가 되었다. 현재 글꼴로 보면, 위쪽이 '붓-율'(聿), 중간에 넉 점은 물방울, 아래쪽은 '그릇-명'(皿)이 합했다. 따라서 진(盡)의 본뜻은 '식사를 마친 후 그릇을 깨끗이 씻다'이다. 깨끗이 씻었으니 남은 것이 없다. 이로부터 '다하다, 끝나다, 비었다, 없다' 등의 뜻이 나왔다. 매진(賣盡), 소진(消盡), 탕진(蕩盡), 극진(極盡), 탈진(脫盡), 기진맥진(氣盡脈盡) 등이 모두 그런 뜻으로 쓰인 것이다. 힘을 다하는 것이 진력(盡力)인데, 진력하지 못했다면 미진(未盡)이다. 고진감래(苦盡甘來), 일망타진(一網打盡), 진인사대천명(盡人事待天命) 등은 비교적 익숙한 숙어일 것이다. 다함이 없는 것이 무진(無盡)이므로, 무진장(無盡藏)이란 너무 많이 담겨 있어 아무리 써도 끝이 없다는 뜻이다. 중국 송나라 때 대문호 소동파(蘇東坡)는 하늘과 땅 사이의 물건은 각기 주인이 있어 나의 것이 아니면 터럭 한 올도 탐하지 않겠지만 강 위의 맑은 바람과 산간의 밝은 달빛은 얼마든지 즐겨도 다함이 없으니 조물주의 '무진장'이라 했다.

(많을 - 다)

多

다(多)의 현재 글꼴은 '저녁-석'(夕)이 위아래로 나란히 포개진 모습이다. 초창기 글꼴도 현재 글꼴과 비슷하다. 그러나 석(夕)은 본디 '고기-육'(月=肉)인데, 모양이 비슷하여 변형된 것이다. 따라서 다(多)의 본뜻은 '고기 두 덩이'이며, 이로부터 '많다'의 뜻이 나왔다. 고기 두 덩어리가 뭐 대단하다고 '많다'의 뜻이 나왔을까? 이 한자가 정확히 언제 만들어졌는지는 알 수 없다. 그러나 적어도 지금으로부터 3천 년 이전에 만들어진 것만은 확실하다. 초창기 인류가 그러했듯, 중국인도 처음에는 공동으로 음식물을 채집 혹은 수렵하고 분배했을 것이다. 특히 야생 동물이라도 포획하면 귀한 고기이므로 지도자나 장로가 책임지고 공평하게 분배하지 않았을까. 한(漢)나라 초기에 승상까지 지낸 진평(陳平)이란 이가 있다. 토지신께 제사를 지내고 마을 주민들끼리 제수(祭需)로 올렸던 고기를 나눠먹을 때 진평이 책임자였다. 진평이 어찌나 고기를 공평하게 나누는지 동네 어른들의 칭찬이 자자했다고 사마천이 『사기』에 기록했다. 진평으로부터 다시 1천 년 이상 거슬러 올라가면 고기를 나누는 일이 더욱 중요했을 것이다. 모두에게 한 덩이씩 분배될 때 두 덩이를 차지했다면 많이 가졌다고 할 수 있다. 다양(多樣), 다행(多幸), 다수(多數), 다복(多福), 다정다감(多情多感), 다다익선(多多益善) 등이 모두 '많다'는 뜻으로 쓰였다. 참고로 고기를 공평하게 분배하는 것이 의(宜), 혼자 2인분을 차지하는 것이 다(多), 독점하여 잔뜩 쌓아 놓은 것이 첩(疊)이다.

(끊을 - 절)

絶

초창기 글꼴은 두 가닥 실의 중간에 가로선을 짧게 그어 실올을 끊는 모습이다. 그 뒤로 시간이 흐르면서 가로선은 '칼-도'(刀)로 변해 자른다는 뜻을 확실히 했다. 다시 시간이 흘러 현재 우리가 보는 절(絶)의 모습이 되었지만 '실-사'(糸) 옆의 '빛깔-색'(色)은 잘못 변한 것이다. 원래 모습은 인(人)이 아니라 도(刀)이고, 또한 '꼬리-파'(巴)가 아니라 '무릎을 꿇은 사람의 모습'을 표시한 '병부-절'(卩)이었다. 사람이 무릎을 꿇고 칼로 '실올을 끊다'는 뜻으로부터 '끊거나 단절하다'는 뜻이 나왔다. 절단(絶斷), 근절(根絶), 거절(拒絶), 두절(杜絶), 사절(謝絶), 절교(絶交), 절망(絶望), 기절(氣絶), 혼절(昏絶), 절벽(絶壁), 포복절도(抱腹絶倒) 등이 모두 끊거나 끊어진다는 뜻이다. 비교되거나 대비될 만한 것이 끊어지면 그보다 더한 것은 없으므로 최상급이다. 절경(絶景), 절색(絶色), 절묘(絶妙), 절정(絶頂), 절륜(絶倫) 등이 모두 최고의 뜻이다. 이 세상에 더 이상 없는 것이니 절세(絶世), 이 세대에 더 이상 없으니 절대(絶代), 대비될 게 없으니 절대(絶對)다. 절세가인(絶世佳人)은 곧 절색(絶色)이다.

樂

악(樂)의 초창기 글꼴은 현악기(絃樂器)의 모습이다. 아래쪽은 나무 탁자이고, 위쪽은 '실-사'(絲)의 모양이 완연한 현악기의 모습을 그린 것이 분명하다. 세월이 흐르며 현(絃) 사이에 '흰-백'(白)이 삽입되었 다. 백(白)은 떠오르는 햇살이거나 쌀알이거나 혹은 손톱 모양이거나 입을 여는 모양이다. 여기서는 후자일 것이다. 그렇다면 손톱으로 현 악기를 탄다든지 혹은 현악기에 맞춰 사설을 읊거나 노래하는 모습을 추가한 것이다. 이렇게 하여 '현악기'로부터 일반적인 '악기' 및 '음악' 까지 뜻하게 되었다. 타악기(打樂器), 관악기(管樂器)는 물론이고 음 악(音樂), 악보(樂譜), 악장(樂章), 성악(聲樂), 교향악(交響樂) 등 으로 쓰인다. 악기를 타며 노래하면 즐겁기에 '즐겁다'는 뜻도 나왔다. 쾌락(快樂)을 비롯하여 낙관(樂觀), 낙천(樂天), 오락(娛樂), 동고동 락(同苦同樂), 희로애락(喜怒哀樂), 안빈낙도(安貧樂道) 등이 그러 하다. 즐거운 일은 누구나 좋아하기에 '좋아하다'는 뜻도 나왔다. 요산 요수(樂山樂水)가 대표적이다. 연관된 뜻이지만 뜻에 차이가 있기에 '악/락/요'로 달리 발음하여 구분한다.

藥

‘풀-초’(艹)와 ‘즐거울-낙’(樂)이 합했다. 질병에 걸리면 아프고 괴로
운데, 완쾌된다면 얼마나 즐겁겠는가. 병을 낫게만 해 준다면 개똥도
약으로 쓴다지만 옛날 약재(藥材)는 대개 풀이었기에 당시 사람들은
그런 풀을 당연히 좋아했다. ‘환자를 즐겁게 해 줄 풀’의 개념에서 초
(艹)와 낙(樂)을 합해 약(藥)으로 만들었을 것이다. 물론 약초를 고
약으로 만들어 붙이거나 쑥뜸처럼 뜨기도 했다. 또한 환부(患部)에
밀착시켜야 하기에 ‘동이다’는 뜻의 ‘묶을-약’(約)을 ‘풀-초’(艹)와
묶어 약(葯)으로 쓰기도 했다. 약(藥)과 약(葯)은 본디 다른 뜻이지
만 약(藥)의 획수가 복잡하므로 중국에서는 간체자로 약(葯)을 사용
하고 있다. 일본 한자에서는 약(薬)으로 쓴다. 백약무효(百藥無效)
가 무슨 뜻인지 알 것이다. 그런데 ‘백 가지 약 중에서 으뜸’을 백약지
장(百藥之長)이라 한다. 무엇을 가리켰던 것일까? 현대인은 아마도
‘웃음’이라 하겠지만 옛사람에겐 ‘술’이었다. 이 말에 공감하시는 분은
원샷!

數

'파이' 하면 우리는 입맛을 다시지만 수학자는 십중팔구 '원주율'을 떠올릴 것이다. 원의 둘레를 지름으로 나눈 값인데, 3.14159…… 무한히 계속되며 π(파이)로 표시한다. 수학자들은 π를 기념하여 3월 14일 1시 59분부터 재미있는 행사를 벌인다. 오늘이 그 '파이 데이'이고, 또한 '수학의 날'이기도 하니 수(數)에 대해 살펴보자. 초창기 글꼴을 보면, 위쪽은 양손 사이에 '사람-인'(人)과 '눈-목'(目)이 있고, 아래쪽에는 '말씀-언'(言)이 있다. 눈은 얼굴을 상징한다. 따라서 수(數)는 양손가락으로 하나둘 세면서 누군가를 나무라는 모습이었다. 시간이 흐르면서 누군가는 '여자'가 되었다. 왼쪽의 '여자-녀'(女) 위쪽은 양손가락[臼]과 사람[人] 그리고 중얼거림[厶]의 생략형인데 세월이 흐르면서 붙어 버려 지금의 모습이 된 것이다. 오른편 등글월문[攵]은 '칠-복'(攴)의 변형으로 막대기 같은 것을 들고 때리거나 공격하는 모습이다. 그러므로 수(數)의 본뜻은 '(여자의) 잘못을 손가락으로 세면서 질타하다'이고, 이로부터 '나무라다, 숫자, 수를 헤아리다' 등의 뜻이 나왔다. 중국어는 위 세 개 뜻을 구분하여 사용하나 우리는 '숫자' 이외에 거의 사용하지 않는다.● 옛날엔 사주팔자가 운명을 결정한다고 생각하여 운수(運數)란 말이 나왔고, 각각의 운수를 분수(分數)라 했기에, 분수를 알라든가 분수를 지키라고 나무라기도 했다. 하긴 분수를 모르면 원주율도 계산할 수 없다.

●숫자가 많기에 '자주'의 뜻일 때는 '삭'으로 읽고, 촘촘하다고 할 때는 '촉'으로 읽어 구분하나 요즘에 사용할 일은 거의 없다.

學

학(學)의 초창기 글꼴은 매우 간단했다. X자형 아래에 육(六)이 있었다. X자는 훗날 겹쳐서 효(爻)로 썼는데, 점을 칠 때 사용했다는 시초(蓍草)를 포개어 놓은 모습이다. 숫자를 계산하는 것이기에 흔히 '산가지'라 부른다. '산'은 물론 계산(計算)의 뜻이다. 한편 숫자 '여섯'을 뜻하는 육(六)은 본디 '집'이었다. 유심히 보면 지붕과 벽면의 모습이 완연하다. 현재는 '덮을-멱'(冖)으로 글꼴이 변했다. 따라서 학(學)의 초창기 뜻은 '계산을 배우는 집'이었다. 시간이 흐르면서 산가지 양쪽으로 손가락을 추가했다. 직접 손으로 가르쳐 주면 보고 따라서 배운다는 뜻이다. 누가 이런 집에 가서 배울까? 시간이 흐르면서 집 안에 자(子)를 추가하여 '어린아이'가 배운다는 점을 표시했다. 그 과정에서 산가지가 늘어나 위아래로 겹쳐 효(爻)가 되었다. 어린아이는 주의가 산만하기에 종종 '사랑의 매질'도 있었는가 보다. 글꼴에 따라서는 '막대기를 든 손'의 모양인 복(攵=攴)이 우측에 붙기도 했으나 지금은 없어졌다. 따라서 학(學)의 본뜻은 '계산을 가르치는 집에서 어린이가 배우다'이며, 이로부터 동사로 '배우다'의 뜻이 나왔다. 학생(學生), 학습(學習), 학업(學業), 유학(留學) 등이 그런 뜻으로 쓰였다. 물론 명사로 '배우는 곳'의 뜻도 있다. 학교(學校), 학원(學院), 진학(進學), 휴학(休學) 등이 그러하다. 배우는 것은 '지식'이므로 '학문'의 뜻도 있다. 학술(學術), 문학(文學), 과학(科學), 철학(哲學) 등이 그러하다. 박학다식(博學多識)은 좋으나 곡학아세(曲學阿世)는 나쁘다.

校

양팔과 양다리를 벌리고 서 있는 사람을 정면에서 그린 모습이 '큰-대'(大)이고, 이 사람이 다리를 교차하고 서 있는 모습이 교(交)이다. 교차한 다리를 나무로 고정하면 움직일 수 없게 된다. 옛날에 죄인을 묶었던 족쇄(足鎖)가 곧 교(校)이다. 죄인을 묶어 가두는 이유는 바르게 만들려는 것이다. 이로부터 '바로잡다'는 뜻이 나왔다. 원고를 교열(校閱)한다거나 교정(校正)한다는 것은 틀린 글자를 바로잡는다는 뜻이다. 궁술을 연습하거나 가르치는 곳을 옛날에는 교(校)라 부르기도 했다. 틀린 자세나 잘못된 방법을 교정해 주었기 때문이리라. 그런 곳의 교사가 장교(將校)였다. 지금은 군대의 소위(少尉) 이상의 무관을 뜻하는데, 사병(士兵)을 가르치고 통솔한다는 뜻이 여전히 남아 있다. 이처럼 뭔가를 배우고 고치는 장소가 곧 학교(學校)다. 학교 가는 것이 등교(登校), 졸업한 학교가 모교(母校)이고, 학교를 상징하는 노래가 교가(校歌)인데, 학교마다 교가(校歌)와 교훈(校訓)이 있다.

(바랄-망)

望

초창기 글꼴은 '신하-신'(臣)과 '클-임'(壬)이 합했다. 신(臣)은 '눈-목'(目)의 측면 변형으로 눈동자가 앞으로 튀어나와 전방을 주목하는 모습이다. 주인 혹은 상관을 주목하며 지시를 기다리는 모습으로부터 '신하'의 뜻이 나온 것이다. 임(壬)은 '사람-인'(人)과 '흙-토'(土)가 합한 것으로 흙더미나 언덕 위에 서서 키가 커진 모습이다. 따라서 망(望)의 초창기 본뜻은 '높이 올라 멀리 바라보다'이다. 세월이 흘러 '달-월'(月)이 우측에 추가됐고, '객지로 떠돌다'는 뜻의 '달아날-망'(亡)이 신(臣)을 대체했으며, 임(壬)이 왕(王)으로 변형되기도 했지만 전체 뜻은 '객지에서 달을 바라보다'이니 본뜻과 큰 차이는 없다. 이로부터 '바라보다'의 뜻이 나왔다. 망원경(望遠鏡), 망루(望樓), 망향(望鄕), 조망(眺望), 관망(觀望), 전망(展望), 일망무제(一望無際) 등이 모두 '바라보다'의 뜻이다. 바라보는 것으로부터 '바라다, 기대하다'의 뜻이 나왔다. 소망(所望), 희망(希望), 갈망(渴望), 선망(羨望), 야망(野望), 욕망(慾望), 지망(志望), 가망(可望), 대망(待望), 실망(失望), 절망(絶望) 등이 모두 '바라다'의 뜻이다. 명성과 덕망이 있으면 사람들이 우러러 바라보기에 명망(名望)의 뜻도 나왔다. 덕망(德望), 신망(信望), 물망(物望) 등이 그런 뜻이다. 끝으로 퀴즈 하나. 원망(怨望)이나 책망(責望)의 망(望)은 어떻게 해석해야 할까? '탓할-망'(=言+望)의 뜻이다.

（웃을-소）

笑

초창기 글꼴은 '웃을-소'(咲)로 썼다. '입-구'(口)와 '웃을-소'(关)가 합한 것이다. 소(关)의 아래쪽은 '굽힐-요'(夭)로서 '큰-대'(大)에서 고개가 옆으로 기울어 키가 작아진 모양이다. 그 위쪽은 '나눌-분'(分)의 옛 글꼴인 팔(八)로 눈썹이 나뉜 모양이다. 그렇다면 소(咲)는 입으로 소리를 내며 크게 웃자, 눈썹이 움직이고 고개가 옆으로 기울어 키가 작아진 모습을 그린 것이다. 그 이후의 글꼴을 확인하면, '입-구'(口)가 사라진 대신에 파안대소(破顔大笑)로 얼굴에 잔주름이 진 모습으로 변했고, 무엇보다 눈썹이 크게 상하로 움직이는 모습이 강조되기 시작했다. 현재 우리가 보는 소(笑)는 위쪽에 '대-죽'(竹)이 있다. 폭소를 터뜨리자 눈썹이 상하로 물결처럼 요동치는 모습[灬]이 세월이 흐르면서 비슷한 모양의 죽(竹)으로 변한 것이다. 웃으며 이야기를 나누면 담소(談笑)다. 살짝 웃으면 미소(微笑), 크게 웃으면 대소(大笑), 웃음이 터지면 폭소(爆笑)다. '썩소'도 있으니 한자로는 조소(嘲笑), 냉소(冷笑), 실소(失笑) 정도일까? 집 안의 액자에 종종 보이는 소문만복래(笑門萬福來)는 웃는 집에 만복이 깃든다는 뜻이다.

(살-매)   (팔-매)

買賣

매(買)

매(賣)

초창기 글꼴을 보면, 위쪽은 '그물-망'(网=罒=冖=罒), 아래쪽은 '조개-패'(貝)의 모양이다. 세월이 흐르면서 망(网)은 점점 간략해져 마치 '넉-사'(四) 혹은 '눈-목'(目)이 옆으로 누운 모양처럼 변해 버렸다. 따라서 매(買)의 본뜻은 '그물로 조개를 잡다'이다. 조개는 오랜 옛날 한때 내륙 지역에서 화폐로 사용되기도 했다. 화폐로 물건을 구입할 수 있기에 '사다'의 뜻이 나오게 되었다. 매수(買收), 구매(購買), 매식(買食) 등으로 쓴다. 한편 매(賣)의 초창기 글꼴은 '날-출'(出)과 '살-매'(買)가 합했다. 세월이 흐르며 출(出)의 양쪽에 위로 치켜든 '凵'이 납작해지면서 '선비-사'(士)로 변형되었다. 따라서 매(賣)의 본뜻은 '물건을 내놓고 사람들이 사도록 하다'이며, 이로부터 '팔다'의 뜻이 나오게 된 것이다. 매출(賣出), 매각(賣却), 판매(販賣) 등으로 쓴다. 물건을 팔고 사는 것이 매매(賣買)이다. 그렇다면 매점매석(買占賣惜)은 무슨 뜻일까? 가격이 오를 것을 예상하고 물건을 대량으로 매입(買入)하여 점유(占有)하며 가격이 오를 때까지 팔지 않고 아껴 두는 것을 말한다. 현대 중국어에서 매매(买卖)는 동사로 '사고팔다'의 뜻이지만, 뒤 글자를 약하게 읽으면 '사업'이나 '점포'를 뜻한다.

(빠를 - 신)

迅

신(迅)은 '깃-우'(羽)의 변형인 '빨리 날-신'(卂)과 '달릴-착'(辶=辵)이 합해 매우 빠르게 움직이는 모습을 표현했다. 따라서 신(迅)의 본뜻은 '동작이 빠르다'이며, 이로부터 '빠르다'의 뜻이 나왔다. 신속(迅速)은 일의 진행이나 움직임이 매우 빠르다는 뜻이다. 신속자산(迅速資産)이란 유동자산 중에서 현금화하기 쉬운 성질의 자산을 가리킨다. 현금, 예금, 유가증권 등이 이에 속한다. 이 글자가 이름에 들어간 인물 중에는 중국 근대 문학가인 노신(魯迅)이 가장 유명하다. 작품을 통해 낡은 도덕을 비판하고 사회악의 근원을 날카롭게 파헤쳐 중국 현대 문학의 기틀을 마련한 선구자다. 대표작 「아큐정전」(阿Q正傳)이나 「광인일기」(狂人日記)는 우리에게도 퍽 알려져 있다. 아큐(阿Q)는 소설의 주인공 이름이며, Q는 만주족의 헤어스타일, 곧 변발(辮髮)의 모습을 그린 것이다.

(늦을 - 지)

遲 遲 遲 遲 遲

遲

초창기 글꼴은 니(尼=尸+匕)에 행(行=彳+亍)의 왼쪽 부분 축(彳)
이 있었다. 어른이 어린이를 데리고 천천히 걷는 모습이다.[尸와 匕
는 모두 허리를 굽힌 사람 모습] 어린이는 걸음이 느릴뿐더러 주의가
산만하거나 호기심이 많아 여기저기 기웃거리는 탓에 빨리 걸을 수가
없다. 이로부터 '느리게 걷다'의 뜻이 나왔을 것이다. 초창기 다른 글
꼴 중에는 시(尸) 아래에 신(辛)이 그려진 것도 있다. '매울-신'(辛)
은 형을 집행하는 도구이다. 그렇다면 형장으로 느릿느릿 끌려가는 죄
인의 모습으로부터 '느리게 가다'의 뜻이 나왔을 것이다. 현재 글꼴 지
(遲)에서 시(尸)는 살아 있고 비(匕)가 이(二)로 변하면서 신(辛)과
결합해 수(氺)와 우(牛)의 조합으로 변형되었다. 따라서 지(遲)의 본
뜻은 '행동이 느리다'이며, 이로부터 '늦다, 느리다'의 뜻이 나왔다. 지
연(遲延), 지체(遲滯), 지지부진(遲遲不進) 등이 그런 뜻으로 쓰인
것이다. 정해진 시각에 늦으면 지각(遲刻)이라 하는데, 여기서 '새길-
각'(刻)을 쓴 이유는 해시계든 물시계든 모래시계든 시간을 눈금으로
새겼기 때문이다. 한편 과거의 극형 중에 능지처참(陵遲處斬)이 있
다. 온몸의 살을 발라내고 마지막으로 참수(斬首)하여 고통 속에 천
천히 죽이는 것이다. 죽음에 서서히 접근하는 것이 마치 가파른 구릉
(丘陵)을 천천히 오르는 것 같다 하여 능지(陵遲)라 했다. 능지의 능
(陵)은 능(凌)으로 쓰기도 하는데, 본뜻은 '물길을 거슬러 올라가는
것'이라 당연히 속도가 늦다.

(오른쪽 - 우)

右

지금 글꼴로 보면 아래쪽은 '입-구'(口)가 분명하다. 그런데 위쪽이 무엇인지 애매하다. 초창기 글꼴을 보면 우(又)였음을 확인할 수 있다. 우(又)를 대개 '또-우'로 새기지만 그것은 파생된 뜻이며 본뜻은 '오른손가락'이었다. 손가락 다섯 개를 모두 그린 모양이 '손-수'(手)이다. 한자의 좌측이나 아래쪽에 추가하려고 중지를 제외한 나머지 손가락을 가로로 잇대 쫙 펼친 모양이 '손-수'[扌: 재주-재(才)와 비슷하여 속칭 '재방변']이다. 오른손가락으로 무엇을 잡거나 잡으려는 모양이 우(又)이다. 우(又)의 손가락이 셋으로 보이는 것은 무명지와 새끼손가락이 중지에 가려 생략되었기 때문이다. 수(手)가 정적인 손가락이라면, 뭔가를 쥐거나 쥐려는 모습의 우(又)는 동적인 손가락이다. 동적이므로 '또, 다시'의 뜻이 나온 것이다. 그렇다면 우(右)는 오른손가락으로 무엇을 잡고 입으로 중얼거린다는 뜻이다. 그 무엇이란 제물(祭物)이나 술잔일 수도 있고, 왼손을 잡았으면 손바닥을 비비는 동작일 것이다. 중얼거리는 소리는 천지신령이나 조상께 도움을 요청하는 기도일 것이다. 따라서 우(右)의 본뜻은 '오른손으로 제물을 올리고 기도하며 도움을 청하다'이다. 그런데 '오른손가락'으로부터 '오른쪽'의 뜻이 파생되어 널리 쓰이자 정작 본뜻은 희미해졌다. 이에 '사람-인'(人)을 추가하여 '도울-우'(佑)로 복원했다. 애국가 "하느님이 '보우'하사 우리나라 만세"의 보우(保佑)가 그것으로, '보호하고 도와 주셔서'의 뜻이다.

(왼쪽-좌)

左

현재 글꼴로 보면 위쪽은 불분명하나 아래쪽은 '장인-공'(工)이 분명하다. 공(工)은 '엔지니어'이며, 엔지니어가 사용하는 다양한 공구(工具)나 도구(道具)도 가리킨다. 초창기 글꼴을 보면 위쪽은 '오른손가락-우'(又)를 180도 회전시킨 모양, 곧 '왼손가락'임을 알 수 있다. 그런데 아래쪽의 공(工)은 '입-구'(口)나 '말씀-언'(言)인 것도 있었다. 그렇다면 좌(左)는 왼손가락으로 어떤 도구를 잡고 중얼대는 모습을 그린 것이다. 아마 우(右)처럼 제사를 지내는 모습일 것이다. 오른손가락으로 제물이나 술잔을 올리고, 왼손가락으로 천지신명이나 조상신의 강림(降臨)을 간청하는 어떤 도구를 흔드는 것으로 짐작된다. 물론 축복을 기원하거나 재앙을 피하려는 목적일 것이다. 따라서 좌(左)의 본뜻은 '왼손가락으로 강신(降神)을 청하며 기도하다'이다. 그런데 '왼손가락'으로부터 '왼쪽'의 뜻이 파생되어 널리 쓰이자 정작 본뜻은 희미해졌다. 이에 '사람-인'(人)을 추가하여 '도울-좌'(佐)로 복원했다. 보좌(補佐), 보좌관(輔佐官), 왕좌지재(王佐之材) 등으로 쓰인다. 한의학 처방에서 자주 말하는 군신좌사(君臣佐使)에도 좌(佐)가 있다. 질병을 치료하는 핵심 약초를 군약(君藥)이라 하고, 군약의 부작용을 완화하는 약초를 좌약(佐藥)이라 한다. 군주가 실정(失政)하면 그 피해를 완화하는 직책이 있듯, 치병(治病)도 치국(治國)처럼 한 것이다.

（ 그럴 - 연 ）

然

초창기나 지금이나 글꼴에 큰 차이는 없다. 아래쪽 넉 점은 '불-화'(灬=火)의 변형이며, 위의 왼쪽이 '고기-육'(月=肉)의 변형, 오른쪽의 '개-견'(犬)은 앞발을 들고 덮치는 모습이다. 그렇다면 여기서 견(犬)은 사냥개를 가리킨다. 따라서 야생 동물을 사냥하여 고기를 굽는 모습이 연(然)이므로, 본뜻은 '사냥한 동물을 불로 굽다'이다. 알곡이든 고기든 음식물을 익혀 먹으면 소화와 흡수가 용이하여 인간의 생존 능력이 획기적으로 향상된다. 고기를 익혀 먹는 습관은 당연히 '그래야 할' 합리적이고 정확한 행동이므로, 이로부터 '그럴-연'의 뜻이 나왔다. 우연(偶然), 과연(果然), 막연(漠然), 천연(天然), 돌연(突然), 필연(必然), 숙연(肅然), 홀연(忽然), 미연(未然), 공연(公然) 등 접미사처럼 뒤에 붙어 다채로운 형용사, 부사, 명사를 만들어 준다. 일목요연(一目瞭然), 구태의연(舊態依然), 태연자약(泰然自若), 당연지사(當然之事), 호연지기(浩然之氣)처럼 넉 자로도 많이 활용한다. 이에 '불로 태우다'의 본뜻이 희미해지자 '불-화'(火)를 왼쪽에 추가하여 '탈-연'(燃)으로 복원했다. 연료(燃料), 연소(燃燒), 연비(燃費) 등이 그런 뜻으로 쓰였다.

(아름다울 - 미)

美

원로 트로트 가수 이미자 씨가 2009년 이날 대중가수로서는 처음 은 관문화훈장을 수상했다. 문화예술의 발전에 크게 공헌한 점을 정부가 공식적으로 인정한 것이니 아름다운 일이고, 또한 그분 성함에 미(美) 자도 있는지라 오늘은 '아름다울-미'(美)를 살펴본다. 미(美)의 초창기 글꼴을 보면, 아래쪽의 '큰-대'(大)는 양팔을 벌리고 서 있는 사람의 모습이며, 그 위로는 양(羊)의 머리를 그렸다. 이 양이 무엇을 뜻하는지 의견이 분분하다. 양의 뿔처럼 생긴 아름다운 장식인지, 양처럼 평화롭고 온화한 표정을 짓는 것인지 모르겠지만 여하튼 외형적으로 아름답게 꾸민 모습이거나 내면적으로 아름다운 품성이 드러나는 것만은 분명한 듯하다. 이로부터 '아름답다, 좋다'의 뜻이 나왔을 것이다. 미화(美化)는 아름답게 꾸민다는 뜻이고, 미모(美貌)는 아름다운 용모(容貌), 미덕(美德)은 아름다운 덕행(德行)이다. 미풍양속(美風良俗)이나 미사여구(美辭麗句)로도 많이 쓴다. 이미자 씨의 목소리를 간단히 뭐라고 하면 좋을까? 아름다운 소리니 곧 미성(美聲)이다.

(성 - 강)

姜

양(羊)과 여(女)가 합했다. 양 치는 여인을 그린 것이다. 양이 가축이 긴 하지만 중원(中原) 지역에 살았던 한족(漢族)이 흔히 키우던 짐승은 아니었다. 양은 주로 유목 민족이 키웠는데, 중원으로부터 보자면 특히 서북방 지역에 양을 키우는 민족이 많이 살았다. 그들을 통틀어 지칭하는 용어가 강(羌)이기에 흔히 강족(羌族)이라 불렀다. 강족의 강(羌)도 양(羊)과 '어진사람-인'(儿)이 결합한 글자로 '양을 치는 사람'이었다. 따라서 강(羌)은 '양을 치는 남자', 강(姜)은 '양을 치는 여자'였다. 이들의 거주지 근처로 흐르는 강의 이름이 강하(姜河)였다. 옛사람들은 거주지나 직업을 자연스럽게 성씨(姓氏)로 삼았다. 그렇다면 강씨의 원조(遠祖)는 중국 서북방 강하 유역에서 양을 치던 유목 민족이었을 것이다. 전설에 따르면 신농씨(神農氏)도 강(姜)씨였다고 한다. 신농씨는 화전(火田)으로 농업을 시작한 중국 최초의 부족 이름이다. 그렇다면 강씨도 신농씨 시절부터는 유목 생활에서 벗어나 점차 정착하여 농경 생활로 접어들었을 것이다. 현대 중국어에서는 발음이 같아 생강(生薑)의 강(薑)도 강(姜)으로 쓰니 주의해야 한다.

(열 - 계)

啓

문짝이 하나인 외짝 문이 '지게-호'(戶)다. 지게는 외짝 문을 가리키는 순수 우리말이다. 양쪽이 다 있는 '문-문'(門)의 왼쪽만 있는 모습이다. 사람이나 동물이 자유롭게 드나들기에는 다소 좁은 문이기에 초창기 글꼴을 보면 '오른손-우'(又)나 '칠-복'(攴)이 추가되어 손으로 밀치는 모습을 그렸다. 또한 비좁은 문이라 맞은편에서 오는 이와 충돌하지 않으려고 소리를 내기도 하는데, 그것을 아래쪽의 '입-구'(口)로 표시하여 계(启)로 만들었다. 현재 우리가 보는 글꼴은 '칠-복'(攴)이 약간 변형된 '등글월문-복'(攵)을 오른쪽에 붙여 '열-계'(啓)로 만든 것이다. 따라서 '소리 내며 외짝 문을 손으로 열다'가 본뜻이다. 이로부터 막힌 곳을 뚫어 주거나 몰랐던 것을 깨우쳐 주는 것까지 일컫게 되었다. 계발(啓發), 계시(啓示), 계몽(啓蒙), 계도(啓導) 등이 모두 그런 뜻이다. '개발'과 '계발'은 구분하여 사용한다. 개발(開發)은 미개지(未開地)를 개척하여 발전(發展)시키는 것이다. 계발(啓發)은 잠재된 슬기와 재능(才能)을 열어 깨우쳐 주는 것이다. 따라서 개발은 개척(開拓)과 통하고, 계발은 계몽(啓蒙)과 통한다. 새벽에 동쪽 하늘에서 반짝이는 별이 금성(金星)이다. 새벽에 빛나는 별이라 하여 우리말로는 '샛별'인데, 한자로는 '밝음을 열어 주는 별'이라 하여 계명성(啓明星)이다.

(부드러울 - 유)

柔

모(矛)　　목(木)　　유(柔)

창은 처음에 나무를 깎아 만들었다. 찌르거나 던져서 상처를 입히는 무기이므로 끝을 날카롭게 다듬었지만 재질이 나무여서 창끝이 쉽게 무뎌졌다. 그 뒤로 동물의 뼈나 쇠붙이를 날카롭게 만들어 창대 끝에 매거나 끼웠다. 초창기 '창-모'(矛)의 글꼴을 보면, 위쪽의 'ᄉ' 모양이 예리한 창날이고, 손잡이 부분의 고리는 줄을 매거나 손가락으로 잡아 미끄러지지 않게 하려는 장치였을 것이다. 세월이 흐르며 모(矛)의 글꼴이 복잡해진 것은 아마 고리에 맨 줄이 너풀대는 모습까지 그린 것이 아닐까 싶다. 창을 만드는 나무는 결이 곧고 묵직한 것이 더 위협적이지만, 단단한 재질이라고 꼭 좋은 것은 아니다. 쉽게 부러지기 때문이다. 따라서 창대는 유연성이 있는 비교적 부드러운 나무로 만든다. 유(柔)는 '창-모'(矛)와 '나무-목'(木)이 합했다. 따라서 본뜻은 '부드러운 나무 창대'이며, 이로부터 '부드럽다'는 뜻이 나오게 되었다. 유연(柔軟), 온유(溫柔), 유순(柔順), 유약(柔弱), 유도(柔道) 등이 모두 그런 뜻으로 쓰인 것이다. 동사로 '부드럽게 달래다'의 뜻도 있다. 회유(懷柔)가 바로 '품어서 달래 준다'는 뜻이다. 우유부단(優柔不斷)이란 인정이 많고 부드러워 딱 자르는 결단력이 없다는 뜻이다.

弱

궁(弓)

弱 弱 蒻

약(弱)

활대를 그린 자가 '활-궁'(弓)이다. 그런데 초창기 글꼴은 활대에 시위가 걸려 있는 모습이다. 시위를 끌어당긴 모습이 '끌-인'(引)이고, 시위를 잔뜩 끌어당긴 모습이 '넓을-홍'(弘)이다. 화살을 걸어 당겨서 발사하는 모습이 '쏠-사'(射)다. 사(射)의 왼쪽 '몸-신'(身)은 본디 고리가 부착된 궁(弓)이었는데 세월이 흐르며 변형된 것이다. 화살을 많이 발사하면 시위가 느슨해지거나 끊어진다. 따라서 약(弱)의 본뜻은 '시위가 약해 끊어져 너풀거리는 모습'이며, 이로부터 '약하다'의 뜻이 나왔다. 약자(弱者), 취약(脆弱), 유약(柔弱), 쇠약(衰弱), 연약(軟弱), 미약(微弱), 허약(虛弱), 노약(老弱), 병약(病弱), 약시(弱視) 등이 모두 그런 뜻으로 쓰였다. 약관(弱冠)이나 약육강식(弱肉強食)은 다 아는 숙어이니 생략하도록 한다. 약수(弱水)는 부력이 너무 약해 기러기의 털조차도 가라앉는다는 전설의 강이다. 이 강 너머엔 신선이 산다.

(귀신-귀)

鬼

초창기 글꼴을 보면, 아래쪽은 서 있거나 무릎을 꿇은 사람의 모습이고, 위쪽은 얼굴에 무서운 가면을 쓴 모양이다. 세월이 흐르자 제단(祭壇)을 뜻하는 시(示) 앞에 꿇어앉은 모습도 있고, 무엇인가를 손에 쥐고 때리는 모습도 있고, 창 같은 무기를 치켜든 모습도 있고, 일어나서 춤까지 추는지 '발바닥이 뒤집힌 치'(夂)까지 덧붙인 글꼴도 있다. 이렇게 본다면 귀(鬼)의 본뜻은 '무당이나 사제(司祭)가 무서운 가면을 쓰고 악귀를 쫓아내고자 굿을 하다'이며, 이로부터 '귀신'의 뜻이 나왔을 것이다. 현재 글꼴 귀(鬼)의 오른쪽 아래 귀퉁이에 붙어 있는 '사사로울-사'(厶)는 본디 발동작을 나타내던 치(夂)가 변형된 것이다. 마귀(魔鬼), 아귀(餓鬼), 귀신(鬼神) 등이 그런 뜻으로 쓰인 것이다. 귀신은 인간이 할 수 없는 일도 하기에 출중한 재주나 행적을 파악하기 힘들 정도로 재빠른 경우에도 귀(鬼)를 사용한다. 귀재(鬼才), 신출귀몰(神出鬼沒) 등이 그러하다. 제자가 지혜(智慧)에 대해 묻자 공자는 이렇게 대답했다. "민의(民意)에 따라 열심히 일하고, 귀신은 공경하되 멀리하는 것이 지혜다." 귀신의 존재를 부정하지는 않았지만 그보다 급선무가 인간사이므로 마땅히 해야 할 일을 먼저 열심히 하라고 당부했던 것이다. 중국 사상사에서 인본주의적 전통이 본격적으로 시작되는 순간이다. 해당 원문은 "경귀신이원지"(敬鬼神而遠之)이다. 경원(敬遠)은 이로부터 비롯되었다.

(어리석을 - 우)(원숭이 - 우)

우(禺)

우(愚)

愚 禺

우(愚)는 '원숭이-우'(禺)와 '마음-심'(心)이 합했다. 우(禺)의 초창기 글꼴을 보면, 위쪽은 갑(甲)처럼 생겼는데 꼬리가 길게 옆으로 굽었고, 중간에 '오른손-우'(又)가 있다. 따라서 오른손가락으로 '갑'처럼 생긴 것을 잡고 있는 모습이다. 갑(甲)처럼 생긴 것은 무엇일까? '귀신-귀'(鬼)의 모양과 비슷한 것으로 보아 흉측한 가면일 것이다. 따라서 우(禺)의 본뜻은 '무서운 가면을 들어 얼굴에 쓰다'이다. 이 우(禺)를 '긴 꼬리 원숭이'로 새기기도 하는 이유는 아마 원숭이의 얼굴이 보기에 따라 흉측하기도 하고, 또한 글꼴의 아래쪽이 마치 꼬리처럼 길게 늘어졌기 때문일 것이다. 세월이 흐르며 '가면'의 뜻이 희미해지자 옆에 '사람-인'(人)을 붙여 '인형-우'(偶)를 만들었다. 옛날 제사장이나 무당이 무서운 가면을 쓴 이유는 기본적으로 귀신과 소통하려는 것이었지만 일반 사람들은 가면의 모양이나 분위기에 겁먹어 순종했을 것이다. 가면에 겁먹은 '마음'이므로 '마음-심'(心)을 붙여 '어리석을-우'(愚)로 표현했다. 우롱(愚弄), 우둔(愚鈍), 우매(愚昧), 우직(愚直), 우문현답(愚問賢答) 등이 모두 그런 뜻으로 쓰인 것이다. 우공이산(愚公移山), 대지약우(大智若愚)는 다 아실 테니 생략한다.

四

月

萬

오늘은 만우절(萬愚節)이니 만(萬)에 대해 살펴보자. 만(萬)은 본디 '전갈'의 모습이었다. 맨 위 '풀-초'(艹)는 집게고, 중간의 '밭-전'(田)은 몸뚱이, 맨 아래 세모꼴의 '사사로울-사'(厶)는 꼬리였다. 일부 전갈의 꼬리 독침은 치명적이라 전갈을 포획할 때는 꼬리부터 제압한다. '덮을-멱'(冖)처럼 생긴 것이 바로 전갈의 꼬리를 잡아채는 '오른손가락-우'(又)가 변한 것이다. '전갈'이 어떻게 숫자를 세는 '일만-만'(萬)이 되었을까? 아직도 미지수다. 10,000을 세는 소리 '만'은 있었으나 해당하는 글자가 없던 차에 마침 '전갈'의 발음이 그와 같아 차용했다는 설이 있다. 이른바 가차(假借)다. 현실에서 '만'은 '많다'는 뜻으로 사용된다. 만복(萬福), 만수무강(萬壽無疆)은 물론이고 만사(萬事), 만물(萬物), 만능(萬能)처럼 말이다. 당시 중국의 중원 지역에 전갈이 많아 '많다'는 뜻으로 전용되었다고도 하고, 심지어 어미 전갈이 새끼를 많이 낳아 등에 잔뜩 업어 키우기에 '많다'는 뜻이 나왔다고도 한다. 혹시 전갈의 맹독에 많이들 당해 '많다'는 뜻이 나온 것일까? 여하튼 '전갈'이 '10,000'이나 '많다'로 전용되자 그 밑에 '벌레-충'(虫)을 붙여 '전갈-채'(蠆)로 복원했다.

(잠글 - 폐)

閂 閈

閉

문짝이 좌우로 두 개 달린 문이 곧 '문-문'(門)이다. 문을 잠그려면 빗장을 지른다. 빗장을 지른 모습이 곧 '문빗장-산'(閂)이다. 문을 단단히 잠그려면 우선 빗장을 지르고, 이어서 그 빗장을 고정시켜야 한다. 세로로 또 질러 주어 십(十) 자 모양으로 만들었는데 시간이 지나면서 재(才)로 변형되어 현재 우리가 보는 모습이 되었다. 따라서 '문을 잠그다'가 본뜻이다. 문을 잠그면 내부와 외부가 단절되므로 '끊어지다, 단절하다, 감추다'의 뜻이 나왔다. 개폐(開閉), 폐쇄(閉鎖), 폐문(閉門), 폐막(閉幕), 폐회(閉會), 폐업(閉業), 폐교(閉校), 밀폐(密閉), 폐색(閉塞), 자폐증(自閉症), 유폐(幽閉), 은폐(隱閉) 등이 모두 그런 뜻이다. 중국인의 과장법이 잘 표현된 고사성어로 폐월수화(閉月羞花)가 있다. 훤한 달도 숨게 만들고 아름다운 꽃도 부끄럽게 만들었다는 뜻이다. 달과 꽃을 무색(無色)하게 만들 정도의 미모였다는 것이다. 누구일까? 중국 역사상 사대 미녀 중의 두 명인 초선(貂蟬)과 양귀비(楊貴妃)를 가리킨다. 나머지 두 명은 서시(西施)와 왕소군(王昭君)으로 침어낙안(沈魚落雁)의 일화도 있으니 검색해 보시기 바란다.

(꽃 - 영)

榮

백화(百花)가 만발(滿發)하는 봄이 왔다. 꽃을 한자로 화(花)라 하
지만 처음에는 화(華)로 썼다. 그런데 꽃도 풀에서 피는 것과 나무에
서 피는 것을 구분했다. 초창기 글꼴로 보면, 나무에 핀 꽃을 화(華),
풀에 핀 꽃을 영(榮)으로 불렀다. 그런데 실제로 사용할 때는 오히려
그 반대로 풀에 핀 꽃을 화(華), 나무에 핀 꽃을 영(榮)으로 썼다. 현
재 우리가 보는 영(榮)은 위쪽에 '불-화'(火)가 나란히 두 개 있지만
초창기 글꼴은 꽃술이 흐드러지게 핀 모습으로 세월이 흐르며 지금
모습으로 변한 것이다. 꽃이 핀다고 꼭 열매를 맺는 것은 아니다. 열
매를 맺는다고 꼭 꽃이 피는 것은 아니다. 꽃만 피는 것을 영(英)이
라 하고, 열매만 맺는 것을 수(秀)라 했다. 목본 식물이든 초본 식물
이든 초목에 꽃이 만발한 것이 곧 영화(榮華)다. 인간 세상의 부귀(富
貴)는 초목의 꽃과 같지 않겠는가. 그러므로 합쳐서 부귀영화(富貴榮
華)라 하는가 보다. 그렇다면 영광(榮光)은 무슨 뜻인가? 꽃처럼 빛
나는 영예(榮譽)일 것이다. 더 나은 곳이나 지위로 옮기는 것이 영전
(榮轉)이다. 영(榮)이 들어가면 다 좋은데, 허영(虛榮)만은 아니다.

(심을-식)

植

内일이 식목일(植木日)이니 미리 '심을-식'(植)에 대해 알아보자. '나무-목'(木)에 '곧을-직'(直)을 합했으니 묘목(苗木)을 곧게 심는다는 뜻이다. 이로부터 땅에서 자라 움직이지 않는 풀이나 나무 전체를 일컬어 식물(植物)이라 한다. '묘목을 심는다'는 뜻으로부터 무엇이든 심는다고 할 때 식(植)을 사용한다. 가장 기본적인 식수(植樹)나 식재(植栽)는 물론이고 장기(臟器)를 옮겨 심는다고 할 때도 이식(移植)으로 쓴다. 다소 어려운 척식(拓植)이나 식민지(植民地)라는 용어도 있다. 국외의 영토나 미개지를 개척(開拓)하여 자국민을 그곳으로 이주시켜 심어 놓는 것을 '척식'이라 하고, 그렇게 하여 속국(屬國)으로 만든 지역을 '식민지'라 한다. 명목상으로는 개척하여 '키운다'는 개념이었기에 '척식'의 '식'을 '키울-식'(殖)으로 쓰기도 하지만 실은 자원을 약탈한 것이니 지탄받아 마땅하다.

(나무-목)

木

목(木)　　본(本)　말(末)　미(未)　주(朱)

'나무-목'(木)은 '뫼-산'(山)이나 '물-수'(水) 혹은 '불-화'(火)처럼 가장 기본적인 한자이니 모르는 분은 없으리라. 오늘은 식목일이므로 목(木)과 직접적으로 관련된 한자를 알아보자. 나무의 뿌리 부분에 점을 찍어 '뿌리'임을 표시한 자가 곧 '뿌리-본'(本)이다. 점은 그 뒤로 길게 그려 지금 모습이 되었다. 나무의 끝 부분에 점을 찍어 '끝'임을 표시한 자가 곧 '끝-말'(末)이다. 여기 점도 그 뒤로 길게 그려 지금 모습이 되었다. 나무줄기의 윗부분에 U형으로 그려 넣어 '무성한 가지'를 표시한 자가 곧 '아직 아닐-미'(未)다. U형은 그 뒤로 짧게 펴져 지금 모습이 되었다. 나뭇가지가 무성하지만 아직 열매를 맺지는 아니하였기에 '아직 아닐-미'(未)의 뜻이 나온 것이다. 나무줄기의 중간 부분에 점을 찍어 '나무 기둥'임을 표시한 자가 곧 '붉을-주'(朱)이다. 주(朱)는 본디 '나무 기둥'이었지만 나중에 속이 붉은 소나무, 곧 주목(朱木)을 가리켰다. 이로부터 '붉다'는 뜻으로 널리 쓰이자 다시 왼쪽에 '나무-목'(木)을 추가하여 '나무줄기-주'(株)를 만들었다. 지금은 줄기의 밑동, 즉 '그루터기'를 뜻하기도 한다. 수주대토(守株待兎)의 주(株)에는 나무 두 그루가 들어 있었던 것이다.

（ 그루 - 주 ）

株

나무를 세는 단위가 '그루'다. '그루터기'라고도 하는데 풀이나 나무 따위의 밑동을 가리킨다. 어제 언급한 '나무줄기-주'(株)가 곧 '그루 터기'다. 주(株)를 보면 무슨 생각이 드는가? 그루터기에 머리를 박고 혼절했다는 토끼를 떠올린다면 당신은 수주대토(守株待兎)를 아는 분이다. 주가(株價)나 주식(株式)을 생각했다면 당신은 'stock'의 유 래를 아는 분이다. 'stock'이 곧 나무 밑동이다. 중세 유럽에선 금·은 으로 거래를 했다. 그런데 금·은을 일단 금고 속에 넣어 두고 그것을 담보로 보관증을 주고받으며 거래를 한 것이다. 이 보관증이 화폐처 럼 사용됐다. 금·은은 금고에 나무 밑동처럼 뿌리박고, 대신 보관증 이 돌아다니면서 새끼를 쳐서 돌아온다고 하여 그 금고를 'stock'이라 불렀다. 개인이 아니라 여러 사람이 공동으로 투자하여 그 금고를 만 들었다면 훗날의 주식회사(株式會社)가 되겠고, 그 보관증은 'stock' 의 지분이므로 훗날 주식(株式)의 증권(證券)이 되는 것이다.

(지킬 - 보)

保

현재 글꼴은 '사람-인'(人)과 '어리석을-매'(呆)가 합했다. 초창기 글꼴을 보면, 인(人)과 자(子)가 결합했는데 사람의 등에 아기가 업힌 모습이다. 자(子)는 체구에 비해 머리가 훨씬 큰 아기의 모습을 그린 것이다. 네모나 세모 혹은 원형이 아기의 머리이며 짧은 양팔과 함께 다리 한쪽이 보인다. 다리가 한쪽인 이유는 포대기에 싸였기 때문이다. 아기를 품에 안지 않고 등에 업었던 이유는 무엇일까? 오랜 옛날의 생활상을 그려 보자. 맹수나 독충의 습격, 외적의 기습, 홍수나 화재의 위협이 도처에 산재했을 것이다. 부모가 그런 공격이나 위험에 맞서 싸우거나 재빨리 도피하려면 아기를 가슴에 품기보다는 등에 업고 포대기로 매거나 손을 뒤로 돌려 잡는 편이 훨씬 유리하지 않았을까. 매(呆)의 아래쪽에 팔(八)처럼 벌어진 두 획은 곧 부모의 양손이었던 것이다! 따라서 보(保)의 본뜻은 '아기를 등에 업고 팔을 뒤로 돌려 잡아 보호하다'이며, 이로부터 '보호하다, 지키다'의 뜻이 나왔다. 보호(保護), 보장(保障), 확보(確保), 안보(安保), 보험(保險), 보관(保管), 보전(保全), 보증(保證) 등이 모두 그런 뜻으로 쓰인 것이다.

(튼튼할 - 건)

健

巵 肃
건(建)

健
건(健)

'사람-인'(人)과 '세울-건'(建)이 합했다. 건(建)은 손가락으로 붓대를 잡고 있는 '붓-율'(聿)과 '천천히 걸을 착'(辶)에서 윗점이 빠진 '길게 걸을-인'(廴)으로 구성됐다. 그런데 초창기 글꼴을 보면 '붓-율'(聿) 아래에 '흙-토'(土)가 있고, 또한 '붓-율'도 '붓'이 아니라 '공이'처럼 생겼으며, 인(廴)도 언덕과 담장이 연결된 모습이다. 고고학적 발굴로 봐도 집터는 평지보다 항상 높았다. 그렇다면 언덕처럼 약간 높은 지대에 집터를 확보하고 담장을 계측하여 공이로 흙담을 구축(構築)하는 모습일 것이다. 구축이나 건축(建築)의 축(築)이 곧 판축(版築/板築 : 판자와 판자 사이에 흙을 넣고 공이로 다짐)할 때 사용하는 '공이'였다. 담장을 세운다는 것으로부터 '세우다, 일으키다'의 뜻이 나왔다. 황토를 단단히 다져 담장을 세우는 일은 신체가 튼튼한 사람이 아니면 할 수 없을 것이다. 따라서 건(健)은 황토를 판축할 수 있을 정도의 체력을 갖춘 튼튼한 사람, 혹은 그렇게 다져진 담장처럼 몸이 다부지다는 뜻이다. 이로부터 '튼튼하다'의 뜻이 나왔다. 건강(健康), 강건(康健), 건전(健全), 보건(保健), 온건(穩健), 건실(健實), 건재(健在), 건아(健兒) 등이 모두 그런 뜻으로 쓰였다. 한편 건망(健忘)은 무슨 뜻일까? 잘 먹는 것이 건담(健啖)이듯 잘 잊는 것이 '건망'이겠다.

(가운데 - 중)

中

초창기 글꼴은 바람에 나부끼는 상하 두 개의 깃발 모습이었다. 깃발을 꽂는 이유는 존재(存在)를 표시하려는 것이니, 곧 영역(領域)과 관련이 있을 것이다. 서로의 세력이 맞닿는 경계 지대에 깃발을 꽂아 각기 자신의 영역권을 주장했다. 글꼴 중에는 깃발 사이에 두꺼운 점을 찍고 좌우로 경계선을 긋기도 하고, 아예 네모 모양을 뚜렷이 그려 그곳이 곧 중간의 경계 지대임을 명확히 표시했다. 이로부터 세력의 중간(中間) 지대, 즉 '가운데'의 뜻이 나왔다. 과녁의 가운데를 맞히면 적중(的中)이며, 특히 치명적(致命的)인 적중을 명중(命中)이라 한다. 심장이 몸통의 가운데에 있으므로 한가운데를 중심(中心)이라 한다. 경계 지대는 양쪽 세력의 강약에 따라 경계선이 수시로 바뀌므로 결정되지 않은 미정(未定)의 영역이다. '미정의 영역'으로부터 동작이나 상태가 '진행 중'임을 표시할 때도 중(中)을 사용한다. 도중(途中), 회의 중(會議中), 운전 중(運轉中), 통화 중(通話中), 중지(中止), 중단(中斷) 등이 그런 뜻으로 쓰인 것이다. 쉬운 성어로는 십중팔구(十中八九), 백발백중(百發百中), 언중유골(言中有骨), 오리무중(五里霧中)이 있고, 다소 어려운 것으로는 자중지란(自中之亂), 낭중지추(囊中之錐) 등이 있다. 바쁜 중에도 한가할 틈은 있으니 곧 망중한(忙中閑)이다.

(나라-국)

國

초창기 글꼴은 '창-과'(戈)와 '입-구' 모양[口: 둘레-위(圍)의 초기 모습]이 합하여 '혹시-혹'(或)의 모습이었다. 사각형으로 구축한 성곽(城郭)처럼 일정한 영역(領域)을 무기로 지키는 모습이다. 간혹(間或) 수상한 자가 접근하거나 혹시(或是) 침입할 수도 있으므로 경계를 늦출 수 없었을 것이다. 이로부터 혹(或)이 혹시(或是)의 뜻으로 전용되기 시작했다. 또한 경계심이 지속되어 의혹(疑惑)이 깊어지자 그 아래에 '마음-심'(心)까지 붙여 '의심할-혹'(惑)을 만들었다. 일정한 영역을 한층 더 강조하고자 성곽 모양의 구(口) 위 아래로 횡선을 하나씩 그어 경계선을 표시했고, 또 일정한 지역(地域)을 강조할 목적으로 '흙-토'(土)를 좌측에 붙여 '지경-역'(域)을 만들었다. 또한 글자 전체의 주위를 네모꼴로 둘러싸 국경선을 표시하면서 지방자치를 뜻하는 '나라-국'(國)을 만들었다. 천하(天下) 관념이 강했던 중국에서 국(國)은 제후국(諸侯國)을 가리킨다. 이렇게 본다면 국(國)과 역(域)과 혹(或)은 어원이 같음을 알 수 있다. 중국(中國)의 본뜻은 '중심 지역'일 뿐 국가를 뜻하지 않았다. 국명(國名)으로 쓰인 것은 한나라 이후의 일이다.

(글월 - 문)

초창기 글꼴을 보면, 사람의 가슴에 문신을 새긴 모습이다. 문신을 새기려면 평평하고 넓은 가슴과 등이 적격이다. 세월이 흐르며 문신한 부위에 '마음-심'(心)이 있는 것으로 보아 가슴 쪽에 새긴 듯하다. 그 뒤로 일부 글꼴에는 '터럭-삼'(彡)이 추가되기도 했다. 삼(彡)은 머리 털이 보기 좋게 자란 모양이므로 문신이 화려하고 멋있다는 점을 강조하려는 뜻일 것이다. 따라서 문(文)은 '가슴에 새긴 문신'으로 '무늬, 문양, 그림'이 본뜻이었다. 한자(漢字)는 사물의 특징이나 모습을 사실적으로 그린 그림 문자였기 때문에 '그림'으로부터 '글'의 뜻이 나왔다. 문장(文章), 시문(詩文), 작문(作文) 등이 그런 뜻으로 쓰였다. 무늬나 문양은 화려하고 섬세하고 세련된 장식이므로 인간이 원시 상태로부터 벗어나 문명 세계로 접어들면서 점차 갖추게 되는 다양한 의식과 제도를 문(文)이라 했으며, 그런 모습으로 변화(變化)한 것을 문화(文化)라 한다. 화려하고 섬세하고 세련된 문(文)의 세계는 수수하고 촌스럽고 투박한 힘의 세계와 대비된다. 이로부터 '비군사적'인 것을 뜻할 때도 문(文)을 사용했다. 문무백관(文武百官), 문무겸비(文武兼備) 등이 그렇게 쓰인 것이다. 문(文)으로부터 파생된 뜻이 널리 사용되자 정작 '무늬, 문양, 그림'의 본뜻은 희미해졌다. 이에 '실-사'(糸=絲)를 좌측에 붙여 '무늬-문'(紋)을 만들었다. 문양(紋樣), 파문(波紋), 지문(指紋), 화문석(花紋席), 문장(紋章) 등이 그런 뜻으로 쓰였다.

(될 - 화)

化

초창기 글꼴을 보면, '사람의 측면 모습' 옆으로 '물구나무 선 사람의 측면 모습'이 있다. 동일한 사람인데 서 있는 모습이 바뀐 것이다. 따라서 화(化)의 본뜻은 '서 있는 사람의 모습이 바뀌다'이며, 이로부터 '(모습이) 바뀌다, 변하다'의 뜻이 나왔다. 강화(强化), 약화(弱化), 악화(惡化), 심화(深化), 둔화(鈍化), 격화(激化), 양극화(兩極化), 고령화(高齡化) 등은 모두 그렇지 않은 상태에서 그런 상태로 변했다는 뜻이다. 인간은 원시 상태에서 벗어나 점차 고정적인 음식물과 안정적인 주거지를 확보한 후 문명 상태로 접어들었다. 이때 갖추게 되는 다양한 의식(儀式)과 제도(制度)를 중국인들은 문(文)이라 했고, 그렇게 변화(變化)한 모습을 문화(文化)라 불렀다. 한편 자연은 천지만물을 생성하고 변화시키므로 조화(造化)라 하며, 교육과 사랑으로 사람이 변하는 것이기에 교화(敎化), 감화(感化)라 한다. 물질의 성질과 구조를 분석하고 그 변화를 연구하는 학문 분야가 화학(化學)이다.

臨

초창기나 지금 글꼴이나 별 차이가 없다. 신(臣), 인(人), 품(品)이 합했다. 신(臣)은 '눈-목'(目)의 측면 변형으로 눈동자가 앞으로 튀어 나와 주시하는 모습이다. 주인 혹은 상관을 주목하며 지시를 기다리는 모습으로부터 '신하'의 뜻이 나온 것이다. 현재 글꼴에서 품(品)은 '입-구'(口)가 위에 한 개, 아래에 두 개 놓여 있지만, 초창기 글꼴에서는 구체적으로 무엇인지 알 수 없으나 자잘한 물건이 세 개 늘어져 있다. 일반적으로 '셋'은 많음을 표시한다. 따라서 임(臨)의 본뜻은 '사람이 자잘한 물건을 유심히 들여다보다'이다. 자세히 보려면 가까이 접근해야 하므로 '다가서다, 다가가다, 직면하다'의 뜻이 나왔다. 왕림(枉臨), 군림(君臨), 임상(臨床), 임박(臨迫), 임종(臨終), 강림(降臨), 임계(臨界) 등이 모두 그런 뜻으로 쓰인 것이다. 한편 어떤 일이 예고 없이 닥치면 임기응변(臨機應變)으로 처리해야 할 때가 있는데, 그때를 임시(臨時)라 한다. 임시정부(臨時政府), 임시국회(臨時國會), 임시변통(臨時變通) 등이 모두 그런 뜻이다. 임전무퇴(臨戰無退)나 배산임수(背山臨水)는 다 아실 테니 생략한다.

(바를-정)

正

지(止)

정(正)

현재 글꼴은 일(一)과 지(止)가 합했다. 그러나 초창기 글꼴을 보면 위쪽의 일(一)은 본디 직사각형이거나 원점이었다. 담장이 있는 일정한 지역, 곧 부락(部落)이나 촌락(村落)을 상징하는 것으로 보인다. '발바닥-지'(止)는 발바닥 모양을 간략히 그린 것인데, 세월이 흐르며 변형되어 발바닥을 떠올리기 어려워졌다. 그러나 초창기 글꼴을 보면 발바닥이 분명하다. 또한 지(止)는 걷다가 멈출 때 발바닥을 땅에 박듯 '스톱'하므로 '그칠-지'(止)의 뜻도 나왔다. 이후 '그치다, 멈추다'의 뜻으로 널리 쓰이자, '발-족'(足)을 추가하여 '발가락(발자국)-지'(趾)를 새로 만들었다. 그렇다면 정(正)은 어떤 부락이나 촌락을 향해 걷는다는 뜻이다. 의롭지 못한 자들을 정벌(征伐)하고자 그 주거지를 향해 진군(進軍)하는 모습을 그린 것이 곧 정(正)이다. 잘못을 바로잡으려는 것으로부터 '바르다, 바로잡다'의 뜻으로 널리 쓰이자, '갈-행'(行)의 왼쪽인 '걸을-척'(彳)을 추가하여 '칠-정'(征)으로 복원했다. 정의(正義), 부정부패(不正腐敗), 개정(改正), 수정(修正), 정정(訂正) 등이 모두 그런 뜻으로 쓰였다. 물론 사필귀정(事必歸正)처럼 멋진 용어도 있다. 끝으로 퀴즈. 교정(校正)과 교정(矯正)의 차이점은?

政

政

'바를-정'(正)과 '칠-복'(攵=攴)이 합했다. 정(正)의 본뜻은 '불의를 응징하고자 정벌하다'이며, 이로부터 '바르다, 바로잡다'의 뜻이 나왔다. '막대기를 든 손'의 모양인 복(攵=攴)은 '때리다, 혼내다'의 뜻인데, 현재 우리가 보는 글꼴은 '칠-복'(攴)이 약간 변형된 '등글월문-복'(攵)이다. 따라서 정(政)의 본뜻은 '무력으로 정벌하여 폭력으로 통치하다'이며, 이로부터 '다스리다, 지배하다'의 뜻이 나왔다. 정치(政治), 정책(政策), 정당(政黨), 정략(政略) 등이 모두 그런 뜻으로 쓰인 것이다. 다스리거나 지배하려면 권력(權力)이 있어야 하므로, 이로부터 '권력'의 뜻이 나왔다. 선정(善政), 폭정(暴政), 집정(執政), 정권(政權), 정변(政變), 행정(行政), 재정(財政) 등이 그런 뜻으로 쓰였다. 권력 없는 정치는 없지만, 겉으로 드러난 권력자를 뒤에서 조정하는 사람도 있게 마련이다. 옛날에 어린 임금이 왕위에 오르면 친모나 친조모가 뒤에 발을 치고 왕을 도와서 정사(政事)를 처리하곤 했는데, 이를 일컬어 수렴청정(垂簾聽政)이라 한다. 지금도 공식적인 조직을 통해 합법적으로 권력을 행사하는 게 아니라 비선 조직으로 국정(國政)을 좌지우지한다면 그것 역시 옛날의 '수렴청정'과 다를 바 없다.

(편안할 - 안)

安

4월 16일은 세월호 참사가 발생한 날이다. 안전(安全)의 날로 정했
으니 오늘은 안(安), 내일은 전(全)에 대해 알아보자. 지붕과 벽을 그
린 '집-면'(宀) 아래 여자[女]가 있는 모습이다. 지붕과 벽은 고정적
인 주거지를 뜻하고, 여인은 신부(新婦)를 가리킨다. 예나 지금이나
남자가 집을 마련하고 아내까지 구했다면 마음이 이보다 더 안정적일
수는 없을 것이다. 이로부터 '마음이 편안하다'의 뜻이 나왔다. 안심
(安心), 안도(安堵), 안녕(安寧), 안전(安全), 편안(便安), 평안(平
安) 등으로 쓰인다. 자리 잡고 편안하게 사는 것을 안주(安住)라 하
고, 웃어른께 안부(安否)를 여쭙는 게 문안(問安)이다. 목적지에 무
사히 도착하거나 어떤 곳에 안정되게 정착했을 때 안착(安着)이라 한
다. 무사안일(無事安逸)은 탈 없이 지내다 보니 더 큰 목표를 위해 분
발하지 않고 현실에 안주한다는 뜻이다. 안빈낙도(安貧樂道)는 이상
을 추구할 때 느끼는 즐거움이 너무 커서 가난도 기꺼이 감수하고 즐
기게 된다는 뜻이다. 세월호 참사로 희생된 분들을 애도(哀悼)하며
안전한 곳에서 안식(安息)하시길 기도한다.

（온전할 - 전）

全

전(全)은 '들-입'(入) 아래에 '옥-옥'(玉)이 있다. 초창기 글꼴을 보면, 양손으로 땅속에 뭔가를 넣는 모습이다. 또 어떤 글꼴은 입(入) 아래에 옥(玉)이 있고, 그 밑으로 '바뀔-화'(化)가 있으며, 그 옆으로 '손가락'이 그려진 모습이다. 그 밖의 다른 글꼴은 이로부터 약간씩 생략된 모습이다. 여기서 화(化)는 사람의 모습이 변한 것이니 곧 사람의 죽음을 나타낸다. 그렇다면 귀한 분을 매장할 때 온전한 옥기(玉器)를 부장품으로 넣어 주는 모습이다. 따라서 '흠결 없는 순색의 완전한 옥을 넣다'가 본뜻이며, 이로부터 '온전하다, 완전하다'의 뜻이 나왔다. 편안하고 온전한 것이 안전(安全)이다. 빠진 게 없이 모두 갖춘 것을 전부(全部)라 하기에 전체(全體)는 곧 온몸이다. 온 나라는 전국(全國)이며, 온 세상은 전세계(全世界), 온 지역은 전역(全域), 모든 사람은 전원(全員), 건강하게 온전한 것이 건전(健全)이다. 온 마음과 힘을 다 기울이는 것이 전심전력(全心全力)이다. 흠 없이 온전한 상태를 완전무결(完全無缺)하다고 하며, 신(神)처럼 어떤 일이나 다 알아 행하는 절대적인 지능을 전지전능(全知全能)이라 한다.

(정할-정)

定

집[宀] 아래 필(疋)이 있다. '필'은 '바를-정'(正)의 변형인데, 여기서는 '칠-정'(征)의 뜻으로 보는 것이 좋겠다. 전쟁이 끝나고 고향집으로 돌아와 이제 더 이상 떠돌지 않고 한곳에 머물면서 편안히 사는 것을 표현한 글자가 곧 '정할-정'(定)이다. 한곳에 머문다는 뜻으로부터 '정해지다'의 뜻이 나왔다. 결정(決定), 규정(規定), 예정(豫定), 인정(認定), 확정(確定), 추정(推定), 지정(指定), 특정(特定), 잠정(暫定), 선정(選定), 측정(測定), 판정(判定), 협정(協定), 설정(設定), 가정(假定), 배정(配定), 단정(斷定), 고정(固定), 책정(策定), 검정(檢定), 감정(鑑定), 법정(法定), 긍정(肯定), 부정(否定) 등으로 넓게 쓰인다. 이렇듯 다양하게 쓰이지만 그렇다고 무작정(無酌定) 쓸 수는 없다. 작(酌)은 술독[酉]에서 술을 국자[勺]로 떠서 술잔에 붓는다는 뜻이다. 미리 짐작(斟酌)하지 않고 마구 붓다가는 흘리거나 넘쳐 난감해진다. 작정(酌定)하고 사용해야 할 것이다.

（가죽 - 혁）

革

오늘은 4·19 학생혁명 기념일이다. 그런 의미에서 혁명(革命)의 '혁'에 대해 살펴보자. 초창기.글꼴을 보면, 위는 짐승 머리, 아래는 꼬리, 중간의 수직선은 몸통을 간략히 그린 것이다. 중간의 길쭉한 네모는 세월이 흘러 모양이 많이 변했지만 원래는 사람의 양 손가락이었다. 따라서 '혁'은 손가락으로 짐승의 털을 제거한 '동물의 가죽'이 본뜻이다. 털을 깨끗이 뽑아 가죽을 새롭게 만들었으니 혁신(革新)이고, 그렇게 고쳐 바꾸었으니 개혁(改革)이다. 옛날에는 하늘이 정권의 잘 잘못을 평가하여 상벌을 내린다고 생각했다. 잘못이 있으면 천재지변(天災地變)을 일으켜 경고하고, 잘못이 계속되면 짐승의 털을 뽑듯 정권을 제거한다. 하늘의 명령(命令), 곧 천명(天命)을 받은 자가 무력으로 정권을 제거하니 그것이 곧 혁명(革命)이었다. 대개 다른 성씨의 인물이 정권을 제거하기에 왕조의 교체를 역성혁명(易姓革命)이라 했다. 물론 혁대(革帶)나 피혁(皮革)에 동물 가죽의 뜻은 여전히 남아 있다. 혁(革)은 동물 가죽, 피(皮)는 사람 가죽이다.

(막힐 - 애) (거리낄 - 애)

礙 碍

礙
애(礙)

碍
애(碍)

오늘은 장애인의 날이니 장애(障礙)의 '애'에 대해 알아보자. 애(礙)는 '돌-석'(石)과 '망설일-의'(疑)가 합했다. '암벽이나 절벽에 막혀어디로 가야 할지 망설이다'는 뜻이다. 한편 장(障)은 국경의 요새에구축한 작은 성벽이므로 이곳 역시 맘대로 왕래하기 힘든 장벽(障壁)이다. 따라서 장애(障礙)의 기본 뜻은 진출이 자유롭지 못한 지형이다. 이런 지형에서는 행동에 제약이 따르듯, 신체적으로나 정신적으로 자유롭지 못한 경우에도 '장애'라는 용어를 사용하게 되었다. 구애(拘礙)받지 말라는 것은 얽매이지 말고 자유롭게 행동하라는 뜻이다.방애(妨礙)하지 말라는 것은 순조롭게 진행되도록 앞을 막지 말라는뜻이다. 그런데 애(礙)의 필획이 복잡하여 간단히 애(碍)로 쓰기도한다. '돌-석'(石)을 뺀 나머지는 '얻을-득'(得)의 생략형이며, 위쪽의 단(旦)은 '조개-패'(貝)의 변형이다. 촌(寸)은 손가락으로 잡는다는 뜻이다. 내륙에서 조개는 귀한 물건이었다. 귀한 조개를 주우러 가는데 암벽이나 절벽의 장애물(障碍物)을 만나 지장(支障)이 있다는뜻을 담았다.

科

오늘은 과학(科學)의 날이니 과(科)에 대해 살펴보자. 과(科)는 '곡물-화'(禾)와 '말-두'(斗)가 합하여, '곡물의 무게나 양을 재다'가 본뜻이다. 곡물을 재려면 '기준이나 표준'이 있어야 한다. 금과옥조(金科玉條)의 '과'가 곧 기준이나 표준의 뜻이다. 또한 기준이나 표준에 따라 분류하면 자연히 '등급'이 매겨진다. 그렇게 인재를 뽑는 시험이 과거(科擧)였다. 학문이 발전하면 기준이나 표준에 따라 분야별로 나눌 필요성이 생긴다. '과학'이란 용어를 만든 일본인 학자 니시 아마네(西周 : 1829~1897)도 그 당시 전문화된 각 '분과(分科)의 학(學)'이란 개념으로 '과학'을 사용했다. 따라서 처음에는 문과(文科), 이과(理科)처럼 분류된 학문 분야를 일컬어 과학(科學)이라 했지만, 그 뒤로는 점차 자연과학(自然科學)만을 가리키게 되었다. 인문과학이니 사회과학이니 하지만 실은 과학만능주의에 현혹되어 갖다 붙인 명칭일 뿐, 분야별 학문의 뜻은 아니다. 물론 학과(學科)나 과목(科目)이란 용어에 초창기 분야별 분류의 뜻은 여전히 남아 있다.

報

초창기 글꼴을 보면 '사람-인'(人)과 '오른손-우'(又)가 합한 '미칠-급'(及)의 모양으로, 사람을 쫓아가 손으로 잡은 모습이다. 글꼴에 따라 뒷덜미를 잡은 것도 있고, 뒷다리를 잡은 것도 있다. 세월이 흐르자 잡힌 사람을 어떻게 처리했는지 나타내고자 왼쪽에 행(幸)을 추가했다. 행(幸)의 초창기 글꼴은 족쇄(足鎖)와 수갑(手匣)이 연결된 모습이었다. 흔히 말하는 차꼬와 쇠고랑, 곧 질곡(桎梏)이다. 꼼짝 못하게 손발을 묶는 도구가 바로 행(幸)이었던 것이다. 그렇다면 보(報)는 범인을 뒤쫓아 체포하여 손발을 묶은 모습이다. 범인을 잡았으면 상부에 보고하고 입건하는데, 이로부터 '알리다'의 뜻이 나왔다. 보고(報告), 보도(報道), 홍보(弘報), 정보(情報), 통보(通報), 첩보(諜報), 예보(豫報), 경보(警報), 대자보(大字報) 등이 모두 그런 뜻으로 쓰였다. 범인이 기소되고 형을 선고받으면 죗값을 치르게 된다. 죗값을 갚는 것이기에 '갚다'의 뜻이 나왔다. 보복(報復), 보답(報答), 보상(報償), 결초보은(結草報恩), 인과응보(因果應報) 등이 모두 그런 뜻으로 쓰인 것이다.

오늘은 유네스코가 정한 세계 책의 날이니, 책(冊)에 대해 살펴보자. 종이가 발명되기 전에는 비단을 이용하기도 했으나 워낙 귀했기에 비교적 저렴한 나무나 대나무를 일정한 규격으로 잘라 그 위에 글씨를 썼다. 그런 나뭇조각이나 대쪽을 간독(簡牘)이라 한다. 책(冊)은 곧 그 모습을 그린 것이다. 초창기 글꼴은 두 개의 횡선으로 엮어 묶은 모습인데, 현재 우리가 쓰는 글꼴은 간단히 하나로 줄인 것이다. 이런 책은 대개 펼쳐서 보고, 보관할 때는 돗자리 말듯 둘둘 말아서 둔다. 지금도 책을 세는 단위로 사용하는 권(卷)은 원래 '무릎을 안고 쪼그려 앉아 있는 사람'의 모습이었다. 이로부터 '말다, 두루마리'의 뜻으로 확대되고, 마침내 권수(卷數)로도 사용하게 되었다. 한우충동(汗牛充棟)이란 성어를 아실 것이다. 책이 어찌나 많은지 옮기려면 소가 땀을 뻘뻘 흘리고, 집 안에 쌓으면 용마루까지 가득 찬다는 뜻이다. 하지만 옛날 책은 나뭇조각이나 대쪽을 엮은 것이므로 설령 '한우충동'이라 해도 그리 많은 것은 아니다. 진시황제가 하루에 공문서를 120근 이상 처리했다거나 동방삭(東方朔)이 대나무 3천 조각으로 작성한 자기소개서를 한무제가 2개월에 걸쳐 독파했다는 전설이 있다. 내용이 많아서라기보다는 무겁고 번거로웠기 때문이다.

●이날을 '책의 날'로 정한 이유는 책을 사는 사람에게 꽃을 선물하는 스페인 카탈루냐 지방 축제일인 '세인트 조지의 날'(St. George's Day)에서 유래됐으며, 이 밖에 셰익스피어, 세르반테스가 사망한 날이기 때문이기도 하다.

(글-서)

書

초창기 글꼴은 '오른손가락-우'(又)로 필사 도구[포크처럼 생긴 것]를 잡고 벼루에 있는 먹[그릇처럼 생긴 것]을 묻히는 모습이다. 혹은 그릇 같은 대나무 조각에 글을 쓰는 모습으로 보기도 한다. 세월이 흐르며 위쪽은 손가락과 붓이 합해 '붓-율'(聿)이 되었고, 아래쪽의 그릇 모양은 '가로되-왈'(曰)로 변해 현재 우리가 보는 글꼴 서(書)가 되었다. 따라서 '글을 쓰다'가 본뜻이며, 이로부터 '글씨'나 '글' 혹은 '문서'의 뜻으로 확대되고, '글'로 이루어진 '책'을 뜻하기도 했다. 독서(讀書)나 서점(書店), 서생(書生)은 책의 뜻이다. 서신(書信), 서한(書翰), 추천서(推薦書), 보고서(報告書) 등은 편지 혹은 문서의 뜻이다. 서예(書藝)나 서법(書法)은 글씨를 뜻한다. 끝으로 퀴즈를 낸다. 신언서판(身言書判), 대서특필(大書特筆), 가서만금(家書萬金), 분서갱유(焚書坑儒)에 들어 있는 서(書)는 각각 무슨 뜻으로 쓰인 것일까? 답은 아래 각주에 있으니● 천천히 생각하여 맞혀 보시기 바란다.

●글씨, 크게 쓰다, 편지, 책.

法

오늘은 '법의 날'이니 법(法)에 대해 살펴보자. 초창기 글꼴을 보면, 우측에 '외뿔 양-치'(廌)가 있고, 좌측에 '갈-거'(去), 아래에 '물-수'(水)가 있다. 양 떼를 이끌고 물을 찾아 떠나는 모습을 그린 것이다. 한곳에 정착하지 못하고 떠도는 삶은 유목 민족에겐 어길 수 없는 법칙(法則)이었다. 현재 우리가 보는 법(法)의 글꼴은 양 떼가 생략되고 '물-수'(水)와 '갈-거'(去)만 남아 무척 간략해진 모습이다. '어길 수 없는 법칙'으로부터 지켜야만 하는 '법령'이나 '수단' 내지 '방법' 혹은 '본받아야 할 모범'의 뜻이 나왔다. 헌법(憲法), 법률(法律), 법령(法令), 방법(方法), 수법(手法), 기법(技法), 해법(解法), 편법(便法), 합법(合法), 적법(適法), 준법(遵法), 위법(違法) 등이 모두 그런 뜻을 담고 있다. 무법천지(無法天地)란 법이 지켜지지 않는 매우 혼란한 세상이다. 법고창신(法古創新)은 옛것을 본받아 새로운 것을 창조한다는 뜻이다. 춘추필법(春秋筆法)이란 공자가 지었다는 역사책『춘추』처럼 엄정하게 비판하는 글쓰기 스타일을 가리킨다.

(알 - 지)

知

'화살-시'(矢)와 '입-구'(口)가 결합했다. 시(矢)는 발음을 표시하지만 여기서는 뜻도 도와준다. 자고로 화살은 수렵(狩獵)과 전쟁(戰爭)에 필수적인 무기였다. 따라서 조직의 리더인 연장자나 경험자는 사냥이나 전쟁에서 어떻게 화살을 다루어야 하는지 젊은이나 초보자에게 입[口]으로 상세히 설명하여 '알게' 해 주었을 것이다. 이로부터 '알다'의 뜻이 나왔다. 통지(通知)는 통보하여 알려 주는 것이다. 무지(無知)는 모른다는 뜻이다. 미지수(未知數)는 방정식에서 답을 알기 전에는 알 수 없는 수이며, 또한 어떻게 될지 속셈을 모른다는 뜻이다. 지능(知能)이란 지적인 활동 능력이다. 지각(知覺)이란 알아서 깨닫는 능력이다. 온고지신(溫故知新)이란 옛것을 익히고 그것을 바탕으로 새것을 안다는 뜻이다. 나이 쉰을 일컬어 지천명(知天命)이라 하는데, 공자는 그 나이에 하늘이 자신에게 무엇을 명(命)했는지 알게 되었다는 고사에서 유래했다.

明 的

的

초창기 글꼴은 일(日)과 작(勺)이 합하여, 작렬하는 태양을 표시한
'밝을-적'(旳)이었다. '불사를-작'(灼)의 불[火]을 떼고 그 자리에 해
[日]를 붙인 것이다. 한낮의 햇빛은 너무도 밝게 빛나기에 거의 흰색
에 가깝다. 그러므로 세월이 흐르며 '흰-백'(白)이 '날-일'(日)을 대
체하여 적(的)이 되었다. 따라서 적(的)은 '태양처럼 분명하고 밝다'
가 본뜻이며, 이로부터 '분명하다, 밝다'의 뜻이 나왔다. 적확(的確)은
너무도 분명하여 확실하다는 뜻이다. 활을 쏠 때 과녁은 밝고 분명하
게 표시하기에 '과녁'의 뜻으로도 전용되었다. 적중(的中)이란 과녁
을 명중시켰다는 뜻이다. 목적(目的)이란 '과녁의 눈'으로 활을 쏠 때
맞춰야 할 목표(目標)이기에 '이루려 하는 일'이나 '나아가려고 하는
방향'을 뜻하게 되었다. 한자어에서 적(的)은 '분명하다'의 형용사나
'과녁'의 명사보다는 '접미사'로 쓰이는 경우가 압도적(壓倒的)이다.
사회적(社會的), 정치적(政治的), 경제적(經濟的), 적극적(積極的),
소극적(消極的), 구체적(具體的), 긍정적(肯定的), 근본적(根本的),
획기적(劃期的), 객관적(客觀的), 주관적(主觀的), 비판적(批判的),
회의적(懷疑的), 계획적(計劃的), 보편적(普遍的) 등으로 약방의 감
초처럼 뒤에 붙어 '관형사'나 '명사'를 이룬다. 물론 적(的)은 '~으로'
처럼 도구격(instrumental) 조사(助詞)로도 널리 사용되기에 무척 효율적
(效率的)인 품사이다.

中(中)

忠(忠)

忠

중(中)과 심(心)이 합했다. 중(中)은 본디 바람에 나부끼는 상하 두
개의 깃발 모습이었다. 깃발을 꽂는 이유는 존재(存在)를 표시하려
는 것이니, 곧 영역(領域)과 관련이 있다. 서로의 세력이 맞닿는 경계
지대에 깃발을 꽂아 각기 자신의 영역권을 주장했다. 세력의 중간(中
間) 지대로부터 '가운데'의 뜻이 나온 것이다. '가운데'라는 것은 어
느 한쪽에 치우치지 않고 공평무사(公平無私)하게 위치했다는 뜻이
다. 그러므로 충(忠)의 본뜻은 '마음을 공평무사하게 쓰다'이며, 이로
부터 '공평하다'의 뜻이 나왔다. 선공후사(先公後私)의 마음이 곧 충
(忠)이다. 개인의 사사로운 감정을 뒤로 하고 공의(公義)를 앞세우기
에 하는 일마다 정성을 다하게 된다. 이로부터 정성(精誠)의 뜻이 나
오게 되었다. 충성(忠誠)이란 공평무사한 정성이다. 충고(忠告)란 정
성 어린 타이름이다. 충실(忠實)이란 정성스럽고 성실하다는 뜻이다.
정성스러운 말에 거짓이 들어갈 수는 없다. 거짓말을 할 수 없으니 바
른말을 해야만 할 것이다. 그런데 바른말은 대개 귀에 거슬리지 않겠
는가. 충언역이(忠言逆耳)가 그 말이다.

武

과(戈)

무(武)

'창-과'(戈)와 '발바닥-지'(止)가 합했다. 과(戈)는 갈고리 모양의 무기(武器)인데, 자루 끝에 쌍날이 달렸고 또한 손잡이도 있는 창이다. '발바닥-지'(止)의 초창기 글꼴을 보면 발바닥이 분명하다. 따라서 발가락이 향하는 방향으로 발길을 옮긴다는 뜻이다. 그러므로 무(武)는 창을 어깨에 메고 보무(步武)도 당당히 걸어가는 모습을 그린 것이다. 창으로부터 '무기'의 뜻이 나왔다. 무장(武裝), 무관(武官), 무사(武士), 무예(武藝), 무림(武林) 등이 그런 뜻으로 쓰인 것이다. 무기를 들고 씩씩하게 걷는 모습에서 '굳세다, 용맹하다'의 뜻이 나왔다. 무협(武俠), 상무(尙武) 등이 그런 뜻으로 쓰였다. 무기는 곧 힘이므로, 권력을 바탕으로 마구 욱대긴다는 뜻으로도 사용한다. 무력(武力), 무단(武斷) 등이 그런 뜻으로 쓰였다. 문무겸전(文武兼全)이란 문인의 식견과 무인의 전략을 겸비했다는 뜻이다. 문무백관(文武百官), 무장봉기(武裝蜂起) 등은 다 아시는 숙어니 생략하기로 한다.

（ 공평할 - 공 ）

公

초창기 글꼴을 보면, 팔(八) 아래에 구(口)가 있다. 여기서 팔(八)은 훗날 빌려 쓰게 된 '여덟'이 아니다. 양쪽으로 갈라져 분리된 모습으로부터 '나눌-분'(分)을 뜻한다. 한편 구(口)는 음식을 먹는 '입'인데 세월이 흐르며 사(厶)로 변형되었다. 중국인의 먼 조상도 기타 문명권의 초기 인류와 마찬가지로 처음에는 채취와 수렵으로 연명하다가, 시간이 흐르면서 목축을 하거나 농경에 종사하며 점차 정착했을 것이다. 비록 그렇다 하더라도 생산력에 한계가 있으므로 음식물을 충분히 확보하기는 어려웠을 것이다. 그러므로 확보한 음식물을 공평하게 나누는 것은 그 조직을 유지하는 데 지극히 중요한 일이었다. 따라서 공(公)은 '음식물을 공평하게 나누어 먹다'가 본뜻이며, 이로부터 '공평하다'의 뜻이 나오게 되었다. 공정(公正), 공평(公平), 공명(公明), 공익(公益) 등이 그런 뜻으로 쓰였다. 모두에게 공개하여 공평하게 분배하는 것이므로 '공적인, 공개적인'의 뜻이 나오게 되었다. 공개(公開), 공천(公薦), 공공(公共), 공약(公約), 공포(公布), 공원(公園), 공인(公認), 공모(公募), 공휴일(公休日), 공청회(公聽會) 등이 모두 그런 뜻으로 쓰인 것이다. 매사에 투명하고 공평한 분이라면 존경받아 마땅하지 않겠는가. 존칭으로서도 공(公)이 쓰인다. 우공이산(愚公移山)의 우공이 곧 존칭이다.

五月

(부지런할 - 근)

근(堇)

역(力)

勤

근(堇)과 역(力)이 합했다. 근(堇)의 초창기 글꼴을 보면, 팔다리를 벌리고 서 있는 사람의 정면 모습을 그린 '큰-대'(大)의 위쪽으로 목에 칼이 채워져 있고, 중간에는 동그랗게 끈으로 묶인 모습이다. 아래쪽에는 '불-화'(火)가 있어서 혹형을 당하는 모습이기도 하다. 세월이 흐르며 아래쪽의 양다리와 화(火)가 붙어서 '흙-토'(土)처럼 변형되었다. 따라서 근(堇)은 행동의 자유가 없는 죄수(罪囚)가 고생하는 모습이다. 한편 역(力)은 농기구 중에 가래의 모양 같기도 하고, 팔에 힘을 주었을 때 불거지는 근육의 모양 같기도 하다. 어느 쪽이든 요컨대 힘을 써야만 하는 일이기에 '힘'의 뜻이 나왔다. 그렇다면 근(勤)의 본뜻은 '죄수가 노역(勞役)하다'이며, 이로부터 '부지런하다, 힘쓰다, 일하다'의 뜻이 나오게 된 것이다. 근로(勤勞), 근면(勤勉), 근무(勤務), 근검절약(勤儉節約), 출근(出勤), 퇴근(退勤), 결근(缺勤), 개근(皆勤), 근속(勤續) 등이 모두 그런 뜻으로 쓰였다.

勞

초창기 글꼴을 보면, 위쪽에 '불-화'(火)가 나란히 두 개 있고, 아래쪽에 '마음-심'(心)이 있다. 고민스럽거나 괴로워서 속이 타는 모습을 그린 것이다. 세월이 흐르면서 '힘-력'(力)이 '마음-심'(心)을 대체했고, 그 사이에 '덮을-멱'(冖)까지 삽입되었다. 정신적인 스트레스의 고통과 함께 육체적인 노동의 고통까지 덮친 것이다. 따라서 노(勞)의 본뜻은 '정신적으로나 육체적으로 고달프다'이며, 이로부터 '애쓰다, 지치다, 힘들이다' 등의 뜻이 나오게 되었다. 노동(勞動), 노역(勞役), 노고(勞苦), 피로(疲勞), 노곤(勞困), 공로(功勞) 등이 모두 그런 뜻으로 쓰인 것이다. 불로소득(不勞所得)을 노리려는 시도는 결국 도로(徒勞)로 끝날 것임을 잘 아는 당신, 가족의 생계를 책임지고자 지금도 노심초사(勞心焦思)하며 과로(過勞)하는 당신에게는 무엇보다 위로(慰勞)가 필요하다.

（ 바 - 소 ）

所 阺

所

'지게-호'(戶) 옆에 '도끼-근'(斤)이 있다. '지게'란 외짝 문을 가리 키는 순수 우리말이다. 양짝 문을 그린 것이 '문-문'(門)이다. '바- 소'(所)가 무엇을 뜻하는지 설이 분분하지만 여기서는 졸견만 밝힌 다. 문틀이 입구와 맞지 않아 도끼 같은 연장으로 찍고 깎고 다듬어 문을 내는 모습이다. '나무를 찍는 소리'라는 초창기 뜻은 여기에서 나 왔을 것이다. 또한 집을 지을 때 어느 '곳'에 문을 내느냐는 대단히 중 요한 일이다. 이로부터 '곳, 장소'의 뜻이 나왔을 것이다. 주소(住所), 숙소(宿所), 업소(業所), 명소(名所), 요소(要所), 급소(急所), 휴게 소(休憩所), 적재적소(適材適所) 등이 모두 '장소'의 뜻이다. 동사 (動詞)도 이 '장소'에서는 동작을 멈추고 명사(名詞)가 된다. '바라다' 가 소(所)를 만나면 '바라는 바'가 되어 소망(所望)이다. 소견(所見), 소문(所聞), 소중(所重), 소원(所願), 소유(所有), 소용(所用), 소위 (所謂), 소신(所信), 소지(所持), 소회(所懷), 소치(所致), 소감(所 感), 소정(所定), 소관(所管), 소속(所屬) 등이 모두 그러하다. 소원 성취(所願成就), 무소불위(無所不爲)도 같은 용법이다. "기소불욕, 물시어인"(己所不欲, 勿施於人)이란 내가 원치 않는 바를 다른 사람 에게 행하지 마라는 말이다. 사람 마음은 다 비슷하므로 내가 원치 않 는 것은 남도 싫어할 테니 그런 일은 하지 말라는 공자의 말씀이다.

(얻을 - 득)

得

오랜 옛날 중국의 중원(中原) 지역에서는 '조개'[貝]가 귀했기에 화폐로 사용되기도 했다. 내륙 지역을 떠나 멀리 호수나 해변으로 이동하여 조개껍질을 습득(拾得)했다면 크나큰 소득(所得)이다. 초창기 글꼴은 '조개를 손에 쥔 모습'이었다. 현재 글꼴 '얻을-득'(得)은 '걸을-척'(彳), '조개-패'(貝), '마디-촌'(寸)이 합한 것으로 곧 '멀리 가서 조개를 줍는 모습'을 그린 것이다. 우측 상단의 '아침-단'(旦)은 본디 '조개-패'(貝)가 변형된 것이다. 득(得)과 결합되는 대상물은 대개 좋거나 귀한 것이다. 득세(得勢), 득표(得票), 득음(得音), 득도(得道), 득의만만(得意滿滿), 득의양양(得意揚揚) 등이 그러하다. 손아귀에 들어오는 것이 득(得)이므로 동사 뒤에 붙어 그 동작이 성공했다는 뜻으로도 쓰인다. 설득(說得), 습득(習得), 납득(納得), 획득(獲得) 등이 그렇다. 한편 사람에게 '허리-요'(要=腰)와 '목-령'(領)은 매우 긴요한 부분이라 합쳐서 요령(要領)이라 한다. 요령을 터득(攄得)하지 못하면 요령부득(要領不得)이다. 우리 모두 좋아하는 일거양득(一擧兩得)도 있고, 우리 모두 싫어하는 자업자득(自業自得)도 있으니 인간만사가 새옹(塞翁)의 득실(得失)이다.

(아이 - 아)

兒

오늘은 어린이날. 어린이를 한자로 쓴다면 아동(兒童)이겠다. 오늘은
아(兒), 내일은 동(童)에 대해 살펴보자. 아(兒)의 아래쪽은 다리 한
쪽을 살짝 굽힌 '어진사람-인'(儿)이고, 위쪽은 '절구-구'(臼)이다.
그런데 초창기 글꼴을 보면 위쪽은 앞니가 두 개 난 모습 같기도 하
고, 머리 양쪽을 뿔처럼 묶어 놓은 모습 같기도 하여 '절구'로 보이지
않는다. 어떤 모습이든 간에 어린이의 특징을 표현한 것만은 분명하
며, 이로부터 '어린이'란 뜻이 나왔다.

유아(幼兒), 아명(兒名), 남아(男兒), 여아(女兒), 고아(孤兒), 미아
(迷兒), 육아(育兒), 소아과(小兒科) 등이 모두 어린이의 뜻이다. 또
한 갓난아이를 뜻할 때는 신생아(新生兒), 미숙아(未熟兒), 사생아
(私生兒), 혼혈아(混血兒), 영아(嬰兒) 등으로 쓰인다. 경우에 따라
서 젊은이나 성인에게도 사용한다. 아마 애칭(愛稱)일 것이다. 건아
(健兒), 총아(寵兒), 행운아(幸運兒), 기린아(麒麟兒), 풍운아(風雲
兒) 등이 그러하며, 남아일언중천금(男兒一言重千金)에도 멋지게
사용되었다.

(아이 - 동)

童

동(童)의 초창기 글꼴은 위로부터 신(辛), 목(目), 임(壬)이 합했다. 임(壬)은 땅에 서 있는 사람의 모습이고, 목(目)은 머리나 얼굴을 상징하고, 신(辛)은 신체에 상처를 입히는 '끌'이었다. 세월이 흐르며 자루를 묶은 모습의 동(東)이 추가되기도 했고, 신(辛)이 '설-립'(立)으로 변형되면서 현재 우리가 보는 동(童)이 되었다. 원래 동(童)은 전쟁 포로나 죄인의 머리를 깎고 얼굴에 먹물을 입힌 남자를 가리켰다. 이들은 대부분 노예였다. 곧 '남자 노예'가 동(童)의 본뜻이었다. 물론 여자 노예도 있었다. 그건 첩(妾)이다. 머리가 깎이고 얼굴에 먹물을 새긴 특징은 남자 노예와 다를 바 없기에 역시 신(辛)의 변형이 상단에 보인다.

머리카락이 짧고 얼굴이 지저분하며 종일 노역에 시달렸을 남자 노예의 모습은 천방지축 뛰어놀아 먼지를 뒤집어쓰고 돌아온 어린이와 흡사하지 않은가? 어른들이 그런 어린이를 야단칠 때 아마 "저런 동(童) 같은 놈!"이라고 하지 않았을까? 여기서 '어린이'의 뜻이 나왔을 거라 억측해 본다. 동요(童謠), 동화(童話), 목동(牧童), 신동(神童), 삼척동자(三尺童子), 동안(童顔), 동심(童心) 등이 모두 어린이의 뜻으로 쓰였다. 남자 노예였던 동(童)이 '어린이'의 뜻으로 전용되자 본뜻을 살리려고 만든 글자가 '하인-동'(僮)이다.

(아버지 - 부)

父

내일은 어버이날이니 오늘은 '아버지-부'(父), 내일은 '어머니-모'(母)에 대해 살펴보자. 부(父)의 초창기 글꼴은 손으로 돌도끼를 쥔 모습이었다. 왼쪽의 수직선이 돌도끼의 간략한 모습이고, 오른쪽이 '오른손-우'(又)이다. 그 옛날 돌도끼를 휘두르는 자는 누구였고 무엇을 했을까? 아마도 힘이 넘치는 젊은 남자였을 것이고, 사냥을 하거나 농사를 짓거나 누군가와 싸웠을 것이다. 그럴 능력이 있는 남자만이 여자의 마음을 얻고 가정을 이루고 아기를 키울 수 있었을 것이다. 그런 남자는 곧 아버지가 되지 않겠는가. '아버지'의 뜻은 이렇게 나왔을 것이다. 이런 아버지는 존경의 대상이기도 했다. 따라서 남자 어른에 대한 존칭으로도 '아버지'를 쓰기 시작했다. 건국의 아버지, 역사학의 아버지, 과학의 아버지 등이 그렇다. 손에 쥔 돌도끼가 '아버지'의 뜻으로 전용되자 그 밑에 '도끼-근'(斤)을 추가하여 '도끼-부'(斧)를 만들었다. 위풍당당하게 돌도끼를 휘둘렀던 옛날 아버지에 비하면 지금 아버지는 식탁에서 젓가락도 감히 흔들지 못한다.

(어머니 - 모)

母

초창기 글꼴을 보면 두 손을 무릎 위에 얹고 다소곳이 앉아 있는 여인, 그 여인의 가슴 부분에 점을 두 개 찍어 젖꼭지를 강조했다. 젖이 있는 여인의 모습이 곧 모(母)였다. 아기를 낳고 양육하는 여인을 '어머니'라 했던 것이다. 어머니는 생명의 원천이기에 뿌리를 가리킬 때도 '어머니-모'(母)를 사용한다. 모교(母校), 모국(母國), 모어(母語), 모토(母土), 모선(母船) 등이 그러하다. 낳고 길러 주신 어머니의 은혜는 지극하기에 여자 어른에 대한 존칭으로도 모(母)를 쓰기 시작했다. 성모(聖母), 대모(代母), 국모(國母), 사모(師母)는 물론이거니와 유모(乳母)와 식모(食母)에게도 사용한다. 예나 지금이나 어머니의 교육열은 대단했다. 맹모삼천지교(孟母三遷之敎)를 모르는 이는 없을 것이다. 지금은 생신날이나 칠순 잔치에서 당연하게 부르는 노래 "나실 제 괴로움 다 잊으시고, 기르실 제 밤낮으로 애쓰는 마음……" 이 가사는 『부모은중경』(父母恩重經)에서 나온 듯하다. 유가 사상이 진하게 투영된 이 불경은 부모 중에서도 특히 어머니의 은혜를 간절하게 노래했다. 매년 이맘때만 되면 나도 모르게 나훈아의 노래 「모정(母情)의 세월(歲月)」을 흥얼거린다.

(동녘 – 동)

東

현재 글꼴 '동녘–동'(東)은 그 모양이 '묶을–속'(束)과 비슷하지 않은 가? 네모 안에 가로 줄을 뺀다면 똑같은 글자이다. 아닌 게 아니라 동(東)의 초창기 글꼴은 자루의 양끝을 묶은 모습이었다. 무슨 용도인지 현재로서는 알 길이 없다. 기왕에 물건을 자루에 넣고 묶었다면 그 뒤엔 반드시 다른 동작이나 활동이 이어지지 않았을까. 허신(許愼)이 편찬한 중국 최초의 한자사전『설문해자』(說文解字)에서 '동'(東)을 '움직일–동'(動)으로 해설한 이유도 아마 이 때문일 것이다. 해가 뜨면 일을 시작하고 해가 지면 쉬거나 자는 것이 어길 수 없는 농업 사회의 생활 방식이었다. 그러니 농부는 각종 농기구를 자루에 묶어 어깨에 지고 동녘의 햇살을 받으며 논밭으로 나갔을 것이다. 중국의 옛 사람들은 자루를 묶으며 곧 동녘이 밝겠거니 기대했을 것이고, 이에 '자루'만 보면 '동녘'이 떠오르지 않았을까 추측해 본다. 물론 '동녘'은 당시 발음이 '자루'와 비슷하거나 같았기에 빌려 썼을 것이다. '자루'가 '동녘'의 뜻으로 전용되자, 중국인들은 따로 '자루–탁'(橐)을 만들었다.

(서녘 - 서)

西

서(西)의 초창기 글꼴은 무엇으로 엮어 만든 바구니나 광주리의 모습이었다. 이 모습이 마치 새의 둥지 같았다. 해가 서녘으로 지면 새들이 둥지로 돌아오기에 '서쪽'의 뜻이 나왔다고 주장하기도 한다. 그렇다면 서(西)는 '깃들-서'(栖)의 원래 글자인데 방위를 뜻하는 '서쪽'으로 전용된 셈이다. 초창기 글꼴에 근거하여 서(西)가 대바구니의 모습이라고 한다면 아래와 같은 추론도 가능하다. 해가 서산 너머로 기울기 시작하자 서둘러 찬거리를 뜯어 대바구니에 담아 귀가하는 아낙이 연상되지 않는가? 이로부터 대바구니만 보면 일몰(日沒)의 서쪽이 떠오르지 않았을까 억측해 본다. 묶은 자루를 그린 동(東), 대바구니를 그린 서(西), 모두 '물건'을 담아 처리하는 용기(容器)이기에 동서(東西)는 중국어에서 '방위'를 가리킬뿐더러 '물건'을 뜻하기도 한다. 동서(東西)는 자주 동행한다. 동문서답(東問西答), 동분서주(東奔西走)는 물론이고, 홍동백서(紅東白西), 동가식서가숙(東家食西家宿), 서세동점(西勢東漸), 성동격서(聲東擊西) 등이 그러하다.

(남녘 - 남)

南

남(南)의 초창기 글꼴은 타악기의 모습이었다. 위쪽은 걸이나 손잡이고, 아래쪽은 악기의 모습이다. 세월이 흐르면서 북채 비슷한 Y형 나무 막대기를 가운데 추가하기도 했다. 이런 악기는 주로 남쪽 지방에서 유행했고, 북쪽으로 전해져 연주할 때도 남쪽에 배치했다. 남쪽 악기로부터 자연스럽게 '남녘'을 뜻하게 되었을 것이다. 동(東)과 서(西)가 단짝을 이루듯, 남(南)과 북(北)도 곧잘 어울려 성어를 만든다. 쉬운 남남북녀(南男北女)부터 어려운 남귤북지(南橘北枳)까지 있다. 남귤북지는 회수(淮水) 이남에 심으면 귤이 열리는데, 그 귤나무를 회수 이북으로 옮겨 심으면 탱자가 열린다는 뜻이다. 같은 사람도 환경에 따라 선해지기도 악해질 수도 있음을 비유한 말이다. 친구 따라 강남(江南) 간다는 우리 속담과 비슷할까? 우리에게 강남은 한강(漢江)의 남쪽이고, 중국에서 강남은 장강(長江) 이남, 즉 양자강(揚子江) 이남이다. 따라서 싸이의 '강남 스타일'은 중국어 환경에서는 '남방 스타일'이 되겠다.

（북녘-북）

北

초창기 글꼴은 등을 맞대고 서 있는 두 사람의 측면 모습이었다. 따라서 본뜻은 '등' 혹은 '등지다'였다. 난방이나 냉방이 여의치 않았던 옛날 거주지는 반드시 남향으로 지었다. 비교적 여름에 시원하고 겨울에 따뜻했기 때문이다. 남쪽을 향하면 등은 자연히 북쪽을 향하게 된다. 이로부터 '등'은 곧 '북'을 가리키고 '북녘'의 뜻으로 쓰이게 되었다. 북(北)이 '북녘'의 뜻으로 널리 사용되자 정작 '등'의 본뜻은 희미해졌다. 이에 '고기-육'(肉=月)을 아래에 붙여 '등-배'(背)로 복원했다. 배신(背信)이니 배반(背叛)은 등을 돌린다는 뜻이다. 물론 여전히 쓰는 것도 있다. 패배(敗北)가 그것인데, 패하여 북쪽으로 간다는 뜻이 아니라 패하여 등을 돌려 도망친다는 뜻이다. 아직도 남북(南北)으로 나뉜 한국(韓國)은 북(北)이란 글자가 단순히 '방위'에 그치는 것이 아니라 북한(北韓)을 뜻하는 경우가 많다. 대북(對北)이란 북한 관련이고, 탈북(脫北)은 북한을 탈출한다는 뜻이다. 게다가 북풍(北風)은 본디 북쪽에서 불어오는 바람이지만 지금은 북한(北韓)을 이용한 다양한 공작 정치의 총칭이다. 아마도 통일 후에는 추억의 단어가 될 것이다.

(같을 - 약)

若

초창기 글꼴은 여인이 앉아서 양손으로 머리를 매만지는 모습이다. 세월이 흐르면서 여인의 모습은 사라지고 손과 머리카락만 남았는데, 머리카락은 다시 '풀-초'(艹)로 변했다. 초창기 모습을 계승했으나 아래쪽에 '입-구'(口)를 덧붙인 글꼴도 있다. 현재 우리가 쓰는 글꼴은 위로부터 초(艹), 우(又), 구(口)가 합한 모습이다. 따라서 약(若)의 본뜻은 '머리를 손질하다'이며, 빗이 가는 대로 머릿결이 '같이' 따라가므로 '같다'의 뜻이 나왔을 것이다. 명약관화(明若觀火)나 방약무인(傍若無人)이 그렇게 쓰인 것이다. 만약(萬若)도 '만일 ~와 같다면'이므로 역시 '같다'의 뜻이다. 한편 빗으로 머리를 손질하면 머릿결이 빗에 순종하므로 '따르다, 순종하다'의 뜻도 나왔다. 이에 뜻을 확실히 하고자 '입-구'(口)와 같은 뜻의 '말씀-언'(言)을 추가하여 '허락할-낙'(諾)을 만들었다. 원하는 대로 하겠노라, 즉 입으로 허락했다는 뜻이다. 승낙(承諾), 응낙(應諾), 수락(受諾) 등이 그런 뜻이다.

(늙을 - 로)

老

초창기 글꼴을 보면, 긴 머리에 모호한 눈동자 그리고 구부정한 다리나 허리에 지팡이의 모습도 보인다. 현재 글꼴로 보면, '흙-토'(土)는 본디 긴 머리카락을 그린 것이며, 오른쪽 상단에서 왼쪽 하단으로 그은 사선은 '사람-인'(人)에서 한쪽 다리가 사라진 것이다. 맨 아래 '숟가락-비'(匕)는 본디 지팡이였다. 결국 '나이가 든 사람'의 모습을 여실히 그린 것이다. 따라서 '노인'이 본뜻이며, 이로부터 '늙다'의 뜻이 나왔다. 경로(敬老), 양로원(養老院), 노후(老後), 노모(老母), 노친(老親), 노년(老年), 노약자(老弱者), 노안(老眼), 노화(老化), 노망(老妄) 등이 모두 노인이나 늙었다는 뜻이다. 노인은 견문이 넓고 경험이 많기에 젊은이보다 순발력은 떨어질지언정 어떤 일에 익숙하거나 숙달되었다. 이로부터 '익숙하다, 숙달되다' 혹은 '경험이 풍부한 사람'의 뜻이 나왔다. 노련(老鍊), 노숙(老熟), 원로(元老), 장로(長老), 백전노장(百戰老將) 등이 그러하다. 중국 춘추 전국 시대에 노자(老子)라는 사상가가 있었다. 그의 주장은 언뜻 봐도 세상을 오래 산 사람의 노숙한 경험담이다. 노인의 말씀이었기 때문이리라. 그 말씀을 기록한 책 또한 『노자』(老子)이다. 그 밖에 흔히 쓰는 숙어도 많다. 남녀노소(男女老少), 노익장(老益壯), 월하노인(月下老人), 백년해로(百年偕老) 등이 그러하다.

(스승-사)

師

오늘은 스승의 날, '스승-사'(師)에 대해 살펴보자. 왼쪽은 '활-궁'(弓)으로 무기를 표시하고, 오른쪽은 군부대의 깃발을 표시하는 '잡'(帀)이거나 '발바닥-지'(止)가 뒤집힌 모습이다. 부대 깃발을 꽂거나 발길을 멈추었으므로 사(師)의 본뜻은 '주둔한 군대'였다. 군대의 뜻이 남아 있는 단어가 사단(師團)이다. 사령부에서 작전을 짜는 참모를 군사(軍師)라 한다. 주나라 문왕(文王)과 무왕(武王)의 군사는 강태공(姜太公), 한고조 유방(劉邦)의 군사는 장량(張良), 유비(劉備)의 군사는 제갈량(諸葛亮)이었다. 군대 장교는 병졸을 이끌고, 병졸은 장교에게 각종 전투 기술과 지식을 배운다. 장교는 곧 병졸의 스승이 되는 것이다. 군대를 뜻하는 사(師)가 이로부터 '스승'을 뜻하게 되었다. 어느 한 분야에 뛰어난 전문가가 있으면 그분에게 배우고자 학생들이 모여들기에 그런 전문가에게도 사(師)를 붙인다. 의사(醫師), 약사(藥師), 율사(律師), 목사(牧師), 전도사(傳道師), 선교사(宣敎師), 도사(道師), 강사(講師), 간호사(看護師), 미용사(美容師), 기사(技師) 등이 그러하다. 심지어 아버지처럼 모셔 사부(師父)라고도 한다. 가르치는 스승의 뜻을 그대로 표현한 단어가 교사(敎師)이다. 어떻게 해야 스승이 될 수 있을까? 스승의 조건으로 공자는 온고지신(溫故知新)을 제시했다.

(갈 - 지)

之

초창기 글꼴을 보면 평지를 상징하는 일(一) 위에 발바닥을 그린 지(止)가 놓여 있다. 세월이 흐르면서 글꼴이 점차 변했는데, 진나라·한나라 때의 예서(隷書)에서 크게 변형되어 현재 우리가 보는 글꼴이 되었다. 발바닥으로 평지를 밟고 앞으로 걸어가는 모습을 그린 것이다. 이로부터 '가다'의 뜻이 나왔다. 학창 시절 '갈-지'(之) 자를 처음 접했을 때, 이 글자가 왜 '가다'의 뜻인지 도무지 짐작할 수 없었다. 다만 글꼴이 좌우로 이리 갔다 저리 갔다 하는 모습이고, 술 취한 사람처럼 지그재그(zigzag)로 가는 것을 '갈-지(之) 자 걸음'이라고 하는 데서 유래하지 않았나 추측하기도 했다. 한문에서는 동사 '가다'의 뜻으로 쓰는 예는 드물고, 대개 소유격 조사(助詞)나 대명사로 빌려 쓴다. 인지상정(人之常情), 새옹지마(塞翁之馬) 등이 조사로 쓴 것이고, 애지중지(愛之重之), 결자해지(結者解之) 등이 대명사로 쓴 것이다.

(고칠 - 경 다시 - 갱)

更

초창기 글꼴을 보면, 병(丙) 자 모양의 물건을 막대기로 치거나 뒤집는 모습이다. 이 병(丙) 모양의 물건이 무엇인지 불확실하다. 두드리면 아름다운 소리가 나는 석종(石鐘)이나 석경(石磬)이란 설이 유력하나 호떡이나 부침개 같은 음식물을 화덕에서 뒤집는 모습 같기도 하다. 이에 후자로 설명해 보겠다. 음식물을 불에 구우려면 시간에 맞춰 뒤집어 줘야 하고, 또한 수시로 살피고 문제가 있는 것을 고쳐야 한다. 그와 동시에 한 개를 완료하면 다시 다른 것으로 바꿔 계속해야 한다. 이로부터 '바꾸다, 뒤집다, 고치다'의 뜻이 나왔고, 이와 함께 '다시'의 뜻도 나왔을 것이다. '주기적인 뒤집기'의 '일정한 시간'으로부터 일경(一更)이니 삼경(三更)이니 하는 시간대는 물론, 옛날 그런 시각을 알려 주며 순찰하는 사람도 뜻하게 되었다. 순경(巡更)이 바로 그들이었다. 변경(變更), 경질(更迭), 경정(更正), 경장(更張) 등은 '바꾸거나 뒤집거나 고친다'는 뜻이다. 갱신(更新), 갱생(更生) 등은 '다시'의 뜻이다. 그렇다면 '갱'년기(更年期)는 옳은 독음일까? 인체가 성숙기에서 노년기로 접어들어 전반적인 기능이 약화(弱化)되는 시기이니 '경'년기로 읽어야 옳을 것 같다.

成

초창기 글꼴을 보면, 육중한 도끼 아래에 쪼개진 물건이 있다. 도끼로 찍어서 증표(證票)를 나눈 모습이다. 옛날 사람들은 화살을 꺾거나 동물의 피를 입술에 발라 맹서(盟誓 : '맹세'로도 씀)했다. 맹서의 맹(盟) 자 아래쪽에 있는 '그릇-명'(皿)이 곧 동물의 피를 담은 그릇이고, 서(誓)는 '꺾을-절'(折)과 '말씀-언'(言)이 합한 것으로 화살을 꺾으며 언약(言約)한다는 뜻이다. 마찬가지로 성(成)도 증표를 나누며 서약(誓約)하는 모습이다. 옛날에는 개인적으로나 국가적으로 화해(和解)할 때 위와 같은 의식을 거행했다. 따라서 성(成)의 본뜻은 '도끼로 증표를 나누며 화해를 이루다'이며, 이로부터 '이루다, 완성하다'의 뜻이 나왔다. 완성(完成), 성취(成就), 성공(成功), 성적(成績), 기성복(既成服), 문전성시(門前成市), 대기만성(大器晚成) 등이 그런 뜻으로 쓰인 것이다. 대립이나 투쟁에서 화해(和解)로 변했기에 '변하다'의 뜻으로도 쓰인다. 자라서 성숙하게 변한 것이 성장(成長), 숙달되게 변한 것이 성숙(成熟)이며, 다 자라 어른으로 변한 나이가 성년(成年)이다. 성(成)은 총 몇 획일까? 현재 글꼴은 '도끼-무'(戊)에서 뜻을 취하고, '고무래-정'(丁)에서 발음을 취했으므로 총 7획이다.

（해-년）

年

초창기 글꼴은 위에 '벼-화'(禾), 아래에 '사람-인'(人)으로 '벼를 지고 있는 모습'이다. 세월이 흘러 화(禾)와 인(人)이 붙으면서 현재 글꼴로 변형되었다. 따라서 년(年)의 본뜻은 '익은 벼를 거두어 집으로 돌아오다'이다. 중국의 중원 지역, 대략 지금의 하남성(河南省) 일대인 황하(黃河) 중하류 지역은 벼농사를 일 년에 한 번밖에 지을 수 없었기에 익은 벼를 거두어 집으로 옮기는 것도 일 년에 단 한 번이었다. 이로부터 '한 해, 일 년'의 뜻이 나왔다. 연두(年頭), 연초(年初), 연말(年末), 금년(今年), 작년(昨年), 내년(來年), 후년(後年), 매년(每年), 격년(隔年), 학년(學年), 정년(停年) 등이 모두 그런 뜻으로 쓰였다. 한 해씩 쌓이면 나이가 되고 또한 그 나이 또래는 한 세대를 이루기에, '나이, 세대'를 뜻하기도 한다. 소년(少年), 청소년(靑少年), 청년(靑年), 미성년(未成年), 방년(芳年), 성년(成年), 장년(壯年), 노년(老年), 연령(年齡), 연세(年歲), 향년(享年) 등이 그러하다. 근하신년(謹賀新年), 백년하청(百年河淸), 백년가약(百年佳約)도 많이 쓰는 숙어이다. 참고로 덧붙이면, '가을걷이'의 의미로 한 해를 가리키던 글자가 년(年)이라면, 만물이 시드는 가을에 맞춰 형(刑)을 집행했던 의미로 한 해를 가리키던 글자가 세(歲)이다. 년(年)은 풍년(豊年)으로 삶이 여유로워지는 연말연시(年末年始)인 반면, 세(歲)는 생명이 꺾이는 인고(忍苦)의 세월(歲月)이었던 것이다. 그래서인지 연세(年歲)라는 말을 들을 적마다 비록 존칭이긴 하나 기묘한 느낌이 든다.

(이룰-취)

就

경(京)과 우(尤)가 합했다. 경(京)은 성루(城樓)나 망루(望樓)처럼 높은 곳에 지은 건물의 모습이다. 초창기 글꼴을 보면, 경(京) 위에 '오른손-우'(又)가 있었다. '우'(又)는 시간이 흐르며 옆쪽으로 내려왔고, 또한 '더욱-우'(尤)로 변형되었다. '더욱-우'(尤)의 초창기 글꼴도 실은 '손' 모양일뿐더러 한 손으로 무엇인가 두 개를 잡고 있는 모습이었다.● 우(又)나 우(尤)가 모두 손가락 모양이자 손동작을 상징하는 것인 데다 경(京) 위에 있으므로 성루나 망루처럼 축조하기 쉽지 않은 고층건물을 '(끝까지) 완공했다'가 본뜻이다. 이로부터 '이르다, 이루다, 완성하다, 성공하다'의 뜻이 나오게 되었다. 취업(就業), 취직(就職), 취임(就任), 취학(就學), 취침(就寢), 진취(進就), 취항(就航), 거취(去就) 등이 모두 그런 뜻이다. 물론 일취월장(日就月將)처럼 멋진 말도 있다. 여기서 장(將)은 침대에 누워 있는 노약자나 환자에게 고기를 먹이며 지성으로 간호해 호전시키는 모습이다. 이로부터 동사로 '발전하다'의 뜻이 나왔다. 취(就)는 성취, 장(將)은 발전이므로 '일취월장'이란 나날이 그리고 다달이 성취와 발전이 있으며 학업이 계속 진보하는 것을 가리킨다.

●'더욱-우'(尤)에 대해 보충한다. 고기를 잡아 균등하게 한 점씩 분배하는데 누군가 두 점을 차지했다면 그것은 원망을 살 일이자 도덕적으로 지탄받는다. 우(尤)는 바로 고기 두 점을 차지한 모습을 그린 것이다. 이로부터 '허물, 과실, 잘못'이나 '탓하다, 힐난하다'의 뜻이 나왔고, 여기에 '더욱, 한층 더'처럼 '너무 한다'는 뜻으로도 쓰였다. 우리 한자에서는 사용할 일이 거의 없지만 현대 중국어를 배우면 종종 접하게 된다.

(지아비 - 부)

인(人) 대(大) 부(夫)

夫

서 있는 사람의 측면을 그린 자가 '사람-인'(人)이다. 팔다리를 벌리고 서 있는 정면 모습을 그린 자가 '큰-대'(大)이다. 팔다리를 벌리고 선 사람의 머리에 비녀를 꽂은 자가 부(夫)이다. 옛날 어린이들은 머리카락을 늘어뜨리고 다녔다. 그러나 적어도 8~9세부터는 머리카락을 머리 위로 올려 양쪽으로 땋아 묶었는데, 그 모습이 마치 소나 산양의 뿔과 같아 총각(總角)이라 불렸다. 총(總)은 '실로 한데 묶다'의 뜻이다. 이렇게 오륙 년을 지내다가 15세가 되면 양쪽 '총각'을 풀어서 외뿔처럼 중앙 한쪽으로 묶는다. 이를 속발(束髮)이라 한다. 속발의 속(束)은 '끈으로 봇짐을 묶다'의 뜻이다. 이렇게 5년을 지내다가 20세가 되면, 이제 성인(成人)이 되었다 하여 '속발'한 곳에 비녀를 꽂고 갓을 썼다. 갓을 관(冠)이라 하므로 성인식을 관례(冠禮)라 한다. 20세 성인은 아직 약하므로 약관(弱冠)이라 한다. 따라서 부(夫)의 본뜻은 '상투를 틀고 비녀를 꽂아 관례를 치른 사내'이며, 이로부터 '성인 남자'의 뜻이 나왔다. 대장부(大丈夫), 농부(農夫), 어부(漁夫), 광부(鑛夫), 마부(馬夫) 등이 성인 남자의 뜻이다. 성인이 되어야 결혼할 수 있으므로 '지아비, 남편'의 뜻도 나왔다. 부부(夫婦), 일부일처(一夫一妻)가 대표적이다.

(며느리 - 부)

婦

婦 妇

'여자-여'(女)와 '빗자루-추'(帚)가 합했다. 여(女)는 양손을 다소곳이 무릎 위에 얹고 꿇어앉은 모습이다. 추(帚)는 손으로 빗자루를 쥐고 있는 모습이다. 따라서 부(婦)의 본뜻은 '여자가 손으로 빗자루를 잡고 있다'이다. 집 안을 청소하는 빗자루는 안주인에게 가장 기본적이고 대표적인 가재도구(家財道具)이므로, 안살림을 책임지는 '안주인'을 뜻하게 되었을 것이다. 남편의 관점에서 안주인은 '아내'가 되고, 시부모의 관점에서는 '며느리'가 된다. 주부(主婦), 부인(婦人), 신부(新婦), 부창부수(夫唱婦隨) 등은 '아내'의 뜻으로 쓰였고, 고부(姑婦)는 '며느리'의 뜻으로 쓰인 것이다. 살림할 나이의 여자는 대개 성인이므로 '성인 여자', 곧 '아주머니'의 뜻이 나왔다. 부녀자(婦女子), 가정부(家政婦), 파출부(派出婦), 과부(寡婦), 창부(娼婦) 등이 모두 그런 뜻으로 쓰인 것이다. 신부(新婦) 때나 전전긍긍하며 집 안을 청소하지, 나이가 들어가면 빗자루를 놓을 것이다. 이에 '여자-여'(女)를 떼고 그 자리에 '손-수'[扌=手 : '재주-재'(才)와 비슷하여 속칭 '재방변']를 추가하여 '쓸-소'(掃)를 만들었다. 청소(淸掃), 일소(一掃), 소탕(掃蕩) 등으로 쓰인다.

(술-주)

酒

유(酉)의 초창기 글꼴을 보면, 입구가 넓고 목이 길며 바닥이 비교적 뾰족한 항아리의 모습이다. 바닥을 뾰족하게 만든 이유는 물에 놓으면 자연스럽게 뉘어져 물을 긷는 데 편했기 때문이다. 그 속에 들어 있는 액체는 일반적으로 물이기에 굳이 물을 표기할 필요는 없었다. 그러나 특수한 물, 곧 알코올이 담긴 액체라면 특별히 표기해야 한다. 그래서 유(酉)에 특별히 '물-수'(水)를 붙여 '술-주'(酒)를 만들었다. 인류는 농경에 착수하여 고정적인 식량을 확보하면서부터 정착하고 부락을 이루었다. 귀한 식량으로 담근 곡주(穀酒)는 그곳의 우두머리만이 맛볼 수 있었다. '사람-인'(人) 아래에 술독이 있는 '두목-추'(酋)가 곧 술독을 소유한 사람이다. 추장(酋長)으로 기억하면 되겠다. 부락민은 술잔을 올리는 행위로 추장에게 존경(尊敬)을 표시했다. 이에 추(酋) 아래에 촌(寸)을 붙여 '높을-존'(尊)을 만들었다. 여기서 촌(寸)은 '마디'가 아니라 '팔꿈치-주'(肘)의 본래 글자이다. 팔로 하는 모든 동작을 뜻한다. 술잔을 올리는 행위는 추장을 리더로 인정하고 지시에 따른다는 표시다. 이에 발동작을 표시하는 '달릴-착'(辶=辵)을 존(尊)에 추가하여 '좇을-준'(遵)을 만들었다. 준수(遵守), 준법(遵法)으로 기억하면 되겠다.

(드릴 - 헌)

獻

초창기 글꼴은 '솥-력'(鬲)과 '개-견'(犬)이 합했다. 다리가 있는 솥이라 그 밑에 불을 지펴 음식을 조리할 수 있었다. 중간에 실처럼 가늘게 이어진 것은 격실 구조에 구멍이 있다는 표시이므로 지금의 찜통을 연상시킨다. 글꼴에 따라서는 력(鬲)이 아니라 '솥-정'(鼎)도 있으므로 꼭 찌기만 한 것이 아니라 삶기도 했음을 알 수 있다. 세월이 흘러 왼쪽 상단에 '호피 무늬-호'(虍)가 추가되었는데, 아마도 그 옛날 솥의 손잡이에 흔히 조각된 도철(饕餮)의 모습일 것이다. 옛 기록에 따르면 종묘 제사 때 살진 개를 잡아 바친다고 했다. 따라서 헌(獻)의 본뜻은 '개를 찌거나 삶아 조상께 제사를 올리다'이며, 이로부터 '바치다, 드리다'의 뜻이 나왔다. 헌금(獻金), 헌신(獻身), 헌혈(獻血), 헌정(獻呈), 헌납(獻納), 봉헌(奉獻), 공헌(貢獻) 등이 모두 '바치다'의 뜻으로 쓰였다. 이런 제사를 주관하는 자는 현인이자 원로이므로 그 집단에 관한 옛이야기를 많이 알았다. 이렇게 '해박한 분'을 가리켜 역시 헌(獻)이라고 했다. 따라서 문헌(文獻)의 본뜻은 단순히 고문서가 아니었다. 문(文)은 서적(書籍)이고, 헌(獻)은 박학다식한 분이었다. 다만 박학다식한 분의 말씀이나 평론이 글로 기록되어 후세에 전해지면 역시 문(文)이 된다. 지금은 문헌(文獻)이 그저 자료의 뜻으로 사용되고 있다.

誕

설(舌)　　언(言)

연(延)

'말씀-언'(言)과 '늘일-연'(延)이 합했다. '입-구'(口)에서 혀가 밖으로 나온 모습이 '혀-설'(舌)이다. 동물 중에 끝에서 양쪽으로 갈라진 파충류의 혀가 가장 인상적이어서 이를 그린 것이다. 갈라진 혀끝 앞에 가로줄을 그어 혀를 움직이며 말하는 모습을 그린 것이 언(言)이다. 그러므로 언(言)의 본뜻은 '입으로 혀를 움직여 말하다'이며, 이로부터 '말하다'의 뜻이 나왔다. 한편 연(延)은 인(彳)과 지(止)가 합했다. 초창기 글꼴을 보면 '갈-행'(行)의 생략형인 '걸을-척'(彳) 옆에 발바닥 모양인 지(止)가 있다. 척(彳)의 마지막 획을 길게 늘인 것이 '길게 걸을-인'(廴)이다. 따라서 연(延)의 본뜻은 '멀리 걸어가다'이며, 훗날 '발바닥-지'(止) 위에 '삐침-별'(丿)을 추가하여 멀리까지 '계속' 걸어가고 있음을 표시했다. 발길이 중단되지 않고 계속 이어지므로 '늘이다, 잇다'의 뜻이 나왔다. 언(言)과 연(延)이 합해진 탄(誕)의 본뜻은 '말을 늘여 길게 하다'이며, 이로부터 '장황하게 말하다, 과장되게 말하다'의 뜻이 나왔다. 허탄(虛誕)이란 허망(虛妄)하다는 뜻이다. 황탄(荒誕)이란 황당(荒唐)하다는 뜻이다. 그런데 새로운 생명은 언제나 경이롭다. 아기가 태어나면 어른들은 흥분하여 말이 많아지고 하찮은 에피소드도 과장하여 말한다. '낳을-탄'(誕)의 뜻은 이로부터 나왔으리라 억측해 본다. 귀인이나 성인의 출생을 탄생(誕生)이라 하고, 탄생한 날을 탄신(誕辰)이라 한다. 부처님 생일은 불탄일(佛誕日), 예수님 생일은 성탄절(聖誕節)이다.

(때 - 신 별 - 진)

辰

초창기 글꼴을 보면 '조개'를 그렸다. 조개가 껍데기 사이로 발(?)을 내밀고 있는 모습이다. 조개껍데기는 딱딱하고 가벼운 데다 가장자리가 날카로워 초창기에 풀을 베는 농기구로 사용했다. 새벽에 일어나 풀 베러 나가야 했기에 '날-일'(日)을 추가하여 '새벽-신'(晨)을 만들고, '쟁기-뢰'(耒)를 붙여 '김맬-누'(耨)를 만들었다. '마디-촌'(寸)은 주로 손동작을 표시하는데, 조개껍데기를 잘못 다루면 손을 베이기에 '욕보일-욕'(辱)이 되었고, 손을 베이기라도 하면 털어야 하니 '손-수'(扌＝手)를 붙여 '떨칠-진'(振)을 만들었으며, 껍질 안의 조갯살이 마치 태아와 같은지라 '애 밸-신'(娠)도 만들었다. 12지(支)의 다섯째인 '용'의 뜻으로 전용되었고, 조개껍데기가 별 모양이어서 '별'의 뜻으로 사용되기도 했다. 옛사람들은 해와 달 그리고 별로 '시간'을 정했기에 '때'의 뜻은 여기서 나온 것이다. 탄신(誕辰)이 대표적이다. 이에 그 밑에 '벌레-충'(虫)을 추가해 '조개-신'(蜃)으로 복원했다. 바다나 사막에서 엉뚱한 곳에 물상(物像)이 있는 것처럼 보이는 현상을 신기루(蜃氣樓)라 한다. 옛사람들은 이를 조개의 호흡 때문이라 생각했다.

(각각 - 각)

各

각(各)은 '뒤로 향한 발바닥 모양'의 치(夂)가 입구(入口)로 들어오는 모습을 그렸다. '집이나 주거지로 들어오다'가 본뜻이며, 한 사람씩 들어오기에 각각(各各)의 뜻이 나왔다. 각자(各自), 각종(各種)이 그런 뜻이다. 집에 오신 분이 손님이므로 집을 상징하는 '지붕-면'(宀)을 붙여 '손님-객'(客)을 만들었다. 들어오는 입구에 근사한 문(門)이 있다면 곧 '문설주-각'(閣)이다. 걸어 들어가는 입구로 길이 나 있을 테니, 그 길을 '길-로'(路)라 한다. 남의 집에 함부로 들어가는 것을 '허물-구'(咎)라 하는 이유는 큰 잘못이기 때문이다. 따라서 남의 집을 방문할 때는 각별히 삼가야 한다. 삼간다는 뜻이 곧 '삼갈-각'(恪)이다. 허락이나 초청 없이 남의 집에 난입하면 무기를 들고 공격하는 강도와 다를 바 없다. 그런 행위를 '나무-목'(木)을 붙여 격(格)이라 했다. 그렇다면 격투(格鬪)가 벌어지지 않겠는가. 열심히 연구하는 것도 그 대상을 공격하듯 궁구(窮究)하는 것이므로 격물치지(格物致知)의 격물(格物)은 만물을 연구한다는 뜻이다.

(같을 - 여)

如

초창기 글꼴을 보면, 여(女)와 구(口)가 합했다. 여자가 (남자의 요구에) 순순히 응답하는 모습이다. 초창기 다른 글꼴을 보면, 엄마가 (아기의 요구에) 순순히 응답하는 모습도 있다. 요구에 그대로 응하는 것이니 결과는 그 요구와 같아지지 않겠는가. 이로부터 '같다'의 뜻이 나왔을 것이다. 이전(以前)과 같을 때 '여전(如前)하다'라고 한다. 실제와 같다는 것이 여실(如實)이다. 여하(如何)는 무엇과 같은가, 즉 '어떤가'의 뜻이다. 그러므로 여하간(如何間)이란 '어떻게 되든 간에'의 뜻이다. 혹여(或如)는 혹시나 무엇과 같다면, 곧 가정(假定)의 뜻으로 사용한다. 만사여의(萬事如意)하란 말은 매사 뜻대로 되란 뜻이다. 여반장(如反掌)이란 손바닥 뒤집듯 쉬운 일이란 뜻이다. 변함없이 꾸준한 것을 시종여일(始終如一)이라 하는데, 즉 시작과 종료가 하나와 같으니 한결같다는 뜻이다. 백문불여일견(百聞不如一見)은 백 번 듣는 것이 한 번 보는 것과 같지 않으니, 결국 한 번 보는 것이 낫다는 뜻이다.

敢

초창기 글꼴은 삼지창 같은 무기를 들고 멧돼지의 머리를 찌르는 모습이다. 시간이 흐르면서 멧돼지를 함정에 빠뜨리는 모습도 있지만 멧돼지를 잡으려는 모습에는 변함이 없다. 현재 우리가 보는 글꼴은 진나라·한나라 시절의 예서(隸書)인데, 왼쪽의 멧돼지는 모양이 많이 변해 '귀-이'(耳)처럼 보이지만 실은 '고기-육'(肉)의 변형인 육(月)이었다. 바로 그 위에 '장인-공'(工)처럼 생긴 것도 실은 '오른손-우'(又)가 변한 것이다. 오른쪽의 '칠-복'(攴)의 변형인 '등글월문-복'(攵)은 무기를 들고 공격한다는 뜻을 그나마 보존하고 있다. 따라서 '멧돼지를 잡으려고 하다'가 본뜻이며, 이로부터 '감히, 용감하다, 결단력이 있다' 등의 뜻이 나왔다. 감행(敢行), 과감(果敢), 용감(勇敢) 등이 모두 그런 뜻을 담고 있다. 체육 경기 등에서 비록 입상하지는 못했지만 열심히 싸웠다고 격려하며 주는 상이 곧 감투상(敢鬪賞)이다. 감히 어떤 마음을 가질 수 없을 때 언감생심(焉敢生心)이라고 한다. 감히 먼저 입을 열어 부탁할 순 없지만 내심 당연히 원하던 바라고 할 때, '불감청(不敢請), 고소원(固所願)'이라 한다.

（금할-금）

禁 禁

禁

내일은 세계 금연(禁煙)의 날이다. 오늘은 금(禁), 내일은 연(煙)에 대해 살펴보자. '보일-시'(示)가 들어가면 대개 귀신(鬼神)과 관련된다. '수풀-림'(林)과 결합했으니 죽은 자를 묻은 무덤이거나 죽은 자의 위패를 모신 사당(祠堂)이다. 그런 곳은 일반적으로 숲에 있고, 또한 사람들이 꺼릴뿐더러 아무나 맘대로 들락거릴 수도 없다. 이로부터 '꺼리다, 금하다'는 뜻이 나왔을 것이다. 금기(禁忌), 금지(禁止), 구금(拘禁), 감금(監禁)이 그런 뜻이다. 지금은 없어졌지만 예전에는 통금(通禁)이 있었다. 통행금지의 준말로 자정부터 새벽 4시까지 통행을 불허했다. 금물(禁物)이란 손대서는 안 되는 물건인데, 이로부터 '해서는 안 될 짓'도 가리키게 되었다. 읽지 못하게 금한 책이 금서(禁書)다. 술을 금하는 게 금주(禁酒), 담배를 금하는 게 금연(禁煙), 음식을 금하는 게 금식(禁食)인데, 모두 엄금(嚴禁)할수록 금단(禁斷) 현상이 심하다. 황제가 기거하는 곳은 함부로 드나들 수 없었다. 중국 북경의 옛 황궁을 자금성(紫禁城)이라 한다. 왜 금(禁)이 들어갔는지 이제 이해가 될 것이다.

煙 鷆 煙 烟

煙

초창기 글꼴은 집 안[宀]에서 제사 지낼[示] 때 향낭(香囊)[西]을 피우면서[火] 발생하는 기체를 그린 듯하다. 세월이 흐르면서 복잡하던 글꼴이 점차 간략해져, 집이 생략되고 시(示)도 토(土)로 변해 지금의 모양이 되었다. 이런 기체를 흔히 연기(煙氣)라 하는데, 자연계의 안개도 그와 비슷하므로 연무(煙霧)라 부른다. 석탄을 태울 때 발생하는 그을음이 매연(煤煙)이다. 지금은 공장 굴뚝이나 자동차 배기통에서 배출되는 나쁜 연기를 가리킨다. 담뱃잎을 태우면 연기가 나므로 연초(煙草)라 한다. 연초를 피우니 흡연(吸煙)이고, 끊으면 금연(禁煙)이 되겠다. 연기가 자욱하여 마치 장막을 친 것 같은 모양이 곧 연막(煙幕)인데, 상대방이 갈피를 잡지 못하게 교묘한 수단을 부리는 전술을 연막 작전 혹은 연막 전술이라 한다. 태평성대(太平聖代)를 멋지게 표현한 말이 강구연월(康衢煙月)이다. 사통팔달의 큰길을 '강구'라 하고, 연기와 달빛이 '연월'이다. 사람의 왕래가 많은 거리에 밥을 짓는 연기가 모락모락 피어오르고 밤이 되면 은은한 달빛이 내리는 모습, 아름답고 평화로운 정경이 아니겠는가.

六月

(이길 - 승)

짐(朕) 승(勝)

勝

승(勝)은 짐(朕)과 력(力)이 합했다. 짐(朕)은 사극에서 임금님이 스스로를 칭할 때나 쓰지, 현실에서는 조짐(兆朕) 이외에 쓸 일이 별로 없다. 그런데 짐(朕)의 초창기 글꼴을 확인하면 놀랍게도 왼쪽의 '달-월'(月)은 본디 '배-주'(舟)이며, 삿대를 양손으로 잡은 모습이었다. 따라서 짐(朕)의 본뜻은 '삿대로 배를 젓다'이며, 여기에 '힘-력'(力)을 추가한 것이 승(勝)이다. 그러므로 승(勝)의 본뜻은 '삿대로 배를 저을 충분한 힘이 있다'이며, 이로부터 '무슨 일을 충분히 감당할 능력이 있다'는 뜻이 나왔다. 희불자승(喜不自勝), 지불승굴(指不勝屈), 불가승수(不可勝數) 등이 그런 뜻으로 쓰였다. 충분히 감당할 능력이 있다면 무슨 일이든 승산(勝算)이 있기에 '이기다'의 뜻이 나왔다. 승리(勝利), 승패(勝敗), 승부(勝負), 압승(壓勝), 결승(決勝), 우승(優勝), 필승(必勝), 승소(勝訴) 등이 모두 그런 뜻이다. 다른 것을 이겼다면 그보다 낫다는 뜻이므로 '출중하다, 빼어나다'의 뜻도 나왔다. 명승지(名勝地), 명승고적(名勝古蹟), 승지(勝地) 등이 그런 뜻으로 쓰였다. 끝으로 퀴즈 하나. 조선 시대 지리서 중에 『동국여지승람(東國輿地勝覽)』이 있다. 여기서 승람(勝覽)은 무슨 뜻이겠는가? 이것저것이 빼어나 볼 만하다는 뜻이다.

(이로울 - 리)

利

초창기나 지금이나 글꼴에 차이가 없다. '벼-화'(禾)와 '칼-도'(刂＝
刀)가 합했다. 화(禾)는 벼가 여물어 이삭이 고개를 숙인 모습이다.
도(刂)와 도(刀)는 본디 같은데, 글자를 정사각형 안에 담고자 변형
시킨 것이다. 칼자루까지 그린 것이 도(刀)이고, 칼날과 칼등만 그린
것이 도(刂)이다. 세웠다고 하여 속칭 '선 칼 도'라 한다. 그러므로 이
(利)는 여문 벼이삭을 낫과 같은 날카로운 칼로 베는 모습이다. 칼에
의미가 쏠리면 '날카롭다'의 뜻이 되고, 벼이삭에 의미가 쏠리면 수확
(收穫)하는 것이므로 '이롭다'의 뜻이 되겠다. 예리(銳利), 이기(利
器) 등이 '날카롭다'의 뜻으로 쓰였다. 이익(利益), 이용(利用), 유리
(有利), 편리(便利), 이득(利得), 이자(利子), 이윤(利潤), 이해(利
害), 이기적(利己的) 등은 모두 '이롭다'의 뜻으로 쓰였다. 모리배(謀
利輩)란 공익을 돌보지 아니하고 부정한 이익을 꾀하는 자들을 가리
킨다. 어부지리(漁父之利)는 무슨 뜻인지 다 아실 테니 생략한다.

重

현재 글꼴로는 명확하지 않지만 초창기 글꼴을 보면, '사람-인'(人) 아래에 '동녘-동'(東)이 분명하다. 동(東)의 초창기 글꼴은 마대나 자루를 묶어 놓은 모습이다. '묶을-속'(束)과 글꼴이 유사한 것도 이 때문이다. 따라서 중(重)은 물건을 자루에 넣고 묶어서 어깨에 메거나 등에 진 모습을 그린 것이다. 세월이 흐르면서 인(人)과 동(東)이 납작하게 붙어 버렸고, 개중에는 밑에 '흙-토'(土)를 추가하여 흙짐처럼 무겁다는 점을 강조하기도 했다. 그러므로 중(重)의 본뜻은 '무거운 짐을 메거나 지다'이며, 이로부터 '무겁다'의 뜻이 나왔다. 경중(輕重), 비중(比重), 중량급(重量級) 등으로 쓰인다. 내용물이 '무겁다'는 것으로부터 '중요하다', '중요하게 생각하다'는 뜻이 나와 중요(重要), 중시(重視), 정중(鄭重), 존중(尊重), 신중(愼重), 자중(自重), 애지중지(愛之重之) 등으로 쓰인다. 무거운 것은 대개 겹친 것이기에 '중복되다'는 뜻도 나와 중복(重複), 중첩(重疊), 구중궁궐(九重宮闕) 등으로 쓰인다. '중복'으로부터 '다시'의 뜻도 나와 중언부언(重言復言), 권토중래(捲土重來) 등으로 쓰인다.

解

'뿔-각'(角), '칼-도'(刀), '소-우'(牛)가 합했다. 소의 뿔을 칼로 도려
낸다는 뜻이다. 소를 잡을 때 뿔을 도려내는 작업이 가장 힘들고 난해
(難解)하다. 따라서 소의 뿔을 깔끔하게 도려냈다면 이미 소를 낱낱
이 해체(解體)한 셈이다. 이로부터 '풀다, 가르다, 쪼개다, 흩어지다'
등의 뜻이 나왔다. 화해(和解), 해소(解消), 해결(解決), 해금(解禁),
해제(解除), 해고(解雇), 해직(解職), 해임(解任), 해방(解放), 해산
(解散), 해동(解凍), 해빙(解氷), 해지(解止), 해산(解産), 와해(瓦
解), 분해(分解) 등이 모두 그런 뜻으로 사용된 것이다. 한편 몰랐거
나 막혔던 부분이 풀렸을 때도 사용한다. 해석(解釋), 해설(解說), 해
명(解明), 견해(見解), 해답(解答), 주해(註解) 등이 그러하다. 묶은
자가 풀어야 한다는 것이 결자해지(結者解之)이니 당사자끼리 해결
하라는 뜻이다. 사람의 말이나 뜻을 이해(理解)하는 꽃이라면 참으로
볼 만할 것이다. 이를 해어화(解語花)라 하는데, 물론 미녀를 비유하
는 말이지만 간혹 기녀(妓女)를 뜻하기도 하니 남용하면 오해(誤解)
를 살 수도 있다. 소 잡는 백정 이야기 포정해우(庖丁解牛)는 너무 유
명하니 생략한다.

(베낄 - 사)

寫

지붕[宀] 아래 날개를 퍼덕이는 까치의 모습, 곧 석(舃)을 그린 글자
가 사(寫)다. 까치가 둥지를 트는 모습이 아닐까 싶다. 둥지를 트려면
나뭇가지나 풀을 부리로 물어 옮기고 진흙도 개어 바를 것이다. 그 둥
지의 모습이 신발과 흡사하지 않은가? 석(舃)은 까치를 뜻할뿐더러
신발을 뜻하기도 하는데 우연의 일치 치고는 묘하다. 까치가 재료를
옮겨 둥지를 짓듯, 우리도 작품을 완성하려면 감정이나 생각을 고르
고 다듬어 글이나 그림으로 옮겨야 한다. 이로부터 '옮겨서 구현하다'
는 뜻이 나왔을 것이다. 따라서 똑같이 옮기는 것이 복사(複寫)며, 있
는 모습 그대로 옮겨 그리는 것이 곧 사진(寫眞)이다. 글로 써서 옮기
는 것이 필사(筆寫)며, 사물을 그리듯이 옮기는 것이 묘사(描寫)다.
예전엔 설계도가 대개 파란색이라 청사진(靑寫眞)이라 불렸는데, 미
래의 구상이나 계획을 그대로 옮겨 그렸기에 붙은 이름이다. 둥지를
튼 까치가 배설도 할 텐데, 새똥에 물기가 줄줄 흐른다는 뜻이 곧 사
(瀉)다. 설사(泄瀉)를 연상하면 될 것이다. 강물이 쏟아져 단번에 천
리를 가듯 일이 거침없이 진행되거나 글발이 막힘없는 것을 비유하여
일사천리(一瀉千里)라 한다.

(나타날 - 현)

顯

현충일(顯忠日)이니 현(顯)에 대해 살펴보자. 누에가 실크 단백질을 토해 고치를 다 짓고 번데기가 되는 모습을 그린 것이 '고치-견'(繭) 이다. 고치는 굳은 상태이므로 실이 잘 풀리도록 삶은 후 실마리를 찾아 얼레를 회전시켜 실을 켠다. 이렇게 뽑아낸 생사(명주실)를 일정한 규격으로 큰 타래에 되감아 건조시키는데, 이를 그린 자가 곧 현(顯)이다. 왼쪽 위는 태양, 아래는 명주실 타래, 오른쪽은 '눈-목'(目) 이 들어간 '머리-혈'(頁)이다. 명주실을 햇볕에 말리며 지켜보는 모습을 그렸다. 물기가 가시며 햇빛에 반사되는 비단실은 무척이나 눈부시다. '돋보이거나 드러나다'의 뜻은 이렇게 나왔을 것이다. 국토 방위에 목숨을 바친 이의 충성을 '드러내는' 날이 현충일이다. 미세한 것을 현저(顯著)하게 드러내는 기구가 현미경(顯微鏡)이 아니겠는가. 한편 생사를 건조시키면 그 밑으로 물이 떨어져 축축해진다. 이에 '물-수'(水)를 붙여 '젖을-습'(濕)을 만들었다.

(기약할 - 기)

期

期

현재 우리가 보는 기(期)는 '그-기'(其)와 '달-월'(月)이 합했다. '그-기'(其)는 본디 '키'의 모습이었다. 알곡에서 불순물을 골라내려고 까부르는 길쭉한 대나무 광주리다. 밑의 공(廾)은 양손으로 '키'를 잡고 터는 모습이다. '키'가 기타(其他)처럼 '그것'의 뜻으로 사용되자 '대-죽'(竹)을 위에 붙여 '키-기'(箕)로 복원했다. 그런데 초창기 글꼴 중에는 기(其) 옆에 '달-월'(月)도 있고 '날-일'(日)도 있었다. 일월(日月)로 시간이나 시각을 표시하기에 기간(期間)이나 시기(時期)를 나타내려는 의도였을 것이다. '키'로 알곡을 까부르려면 낮에 자세히 살피면서 해야 하지만 매일 할 필요는 없었을 것이다. 그렇다면 한 달에 한 번씩 훤한 대낮에 했다는 표시일까? 이런 억측이 가능하다면 한 달이라는 기간(期間), 한 달에 한 번이라는 기약(期約)이나 기대(期待)의 뜻은 이로부터 나왔을 것이다. 시기(時期), 조기(早期), 단기(短期), 장기(長期), 임기(任期), 만기(滿期), 연기(延期), 정기(定期), 주기(週期), 학기(學期), 기한(期限), 획기적(劃期的) 등이 모두 '기간'이나 '시기'의 뜻을 담고 있다.

（클-태）

泰

泰

"태산이 높다 하되 하늘 아래 뫼이로다." 그 태산(泰山)의 태(泰)는 과연 '크다'는 뜻일까? 초창기 글꼴은 대(大), 공(廾), 수(水)가 합했다. 대(大)는 사람이 팔다리를 벌리고 서 있는 모습이고, 공(廾)은 양손으로 잡거나 받드는 모습이다. 그렇다면 태(泰)는 사람이 팔다리를 벌리고 서서 양손으로 물을 끼얹으며 씻는 모습으로, '깨끗이 씻다'가 본뜻이다. 몸을 깨끗이 씻고 나면 상쾌하고 편안하고 느긋하지 않겠는가. 이로부터 '편안하다, 느긋하다'의 뜻이 나왔다. 태평(泰平), 태연자약(泰然自若) 등이 그런 뜻이다. 그런데 구석구석 씻고자 팔다리를 활짝 벌리면 몸이 커 보일 것이다. 이로부터 '크다'의 뜻이 나왔다. 태산준령(泰山峻嶺)이 그런 뜻이다. 초창기 글꼴 중에 태(太)가 간단하여 종종 태(泰)와 바꿔 쓰기도 했다. 이로써 본래의 '씻다'는 뜻이 희미해지자 태(太)에 '물-수'(水)를 추가하여 '씻을-태'(汰)로 만들었다. 물에 일고 씻어서 깨끗하게 하는 것이 도태(淘汰)다.

等

종이가 발명되기 전에는 대개 대나무를 일정한 규격으로 잘라 글씨를 썼다. 책(冊)이 그 모습이다. 가운데 횡선은 대나무 조각을 굴비 엮듯 끈으로 이은 것이다. 개수가 많아져 섞이면 곤란하기 때문이다. 등(等)은 '대-죽'(竹)과 사(寺)의 결합이다. 사(寺)는 훗날 사원(寺院)의 뜻으로 전용되지만 원래는 '유지'하거나[지(持)], '모시다'[시(侍)]의 뜻이었다. 대나무 조각을 똑같은 규격으로 유지시켜 준다는 뜻이다. 이로부터 '같다'의 뜻이 나왔다. 동등(同等), 평등(平等), 균등(均等), 등한시(等閒視), 등신(等神)● 등이 곧 '같다'의 뜻이다. 같은 규격의 대나무 조각이 무리를 이루고 있으므로 '같은 부류나 또래'의 뜻도 나왔다. 초등(初等), 중등(中等), 고등(高等)이 그런 뜻이다. 같은 부류나 또래는 다수이므로 복수(複數)를 표시하여 무엇 등등(等等)으로 사용하기도 하고, 일등(一等), 이등(二等), 우등(優等)처럼 등급(等級)을 표시하기도 한다.

●등한시(等閒視)란 한가한 일'처럼' 본다는 것으로 소홀하게 보아 넘긴다는 뜻. 등신(等神)이란 쇠 · 돌 · 풀 · 나무 · 흙 따위로 사람'처럼' 만든 것으로 몹시 어리석은 사람을 가리키는 말. 여기서 등(等)은 같거나 비슷하다는 뜻으로 사용되었다.

(집 - 궁)

宮

초창기 글꼴을 보면, 지붕과 벽을 그린 '집-면'(宀) 밑에 구멍 2개가 비스듬히 혹은 상하로 나 있다. 창문이 두 개 이상인 비교적 큰 집의 모습이다. 창문이 하나인 작은 집은 향(向)인데, 지금은 주로 방향(方向)의 뜻으로 쓴다. 따라서 궁(宮)의 기본 뜻은 '집'이었다. 진나라·한나라 이후에는 임금님이 사는 곳을 궁(宮)이라 불렀다. 경복궁(景福宮), 아방궁(阿房宮)은 귀에 익을 것이다. 그 뒤로는 옥화궁(玉華宮), 태청궁(太淸宮)처럼 불교나 도교 사원의 이름에도 쓰였고, 현대에는 공산권의 대형 공공건물에 곧잘 붙인다. 중국의 노동인민문화궁, 북한의 만수대 소년궁이 그렇다. 궁(宮)은 옛날 중국의 형벌을 가리키기도 했다. 궁형(宮刑)이 그것이다. 궁형은 성기를 도려내는 형벌이다. 예전에는 죄인을 처형할 때 일벌백계 차원에서 공개적으로 진행했다. 그러나 궁형만은 그럴 수 없었다. 성기를 노출해야 하는 민망한 장면도 있거니와 당시 위생 시설이나 수술 수준으로 보건대 황토 휘날리는 광장에서 남성의 성기를 잘못 들어냈다가는 목숨을 잃을 수도 있었다. 이에 청결하고 밀폐된 집이 필요했다. 궁(宮)의 본뜻이 무엇인지 상기하면 되겠다.

현재 글꼴은 '마음-심'(心)에 '삐침-별'(ﾉ)을 추가한 것처럼 보인다. 그러나 초창기 글꼴을 확인하면 '마음'과는 전혀 상관이 없다. '말뚝'을 뜻하기도 하는 익(弋=杙) 양쪽으로 팔(八)이 붙어 있다. 여기서 팔(八)은 파생된 뜻인 숫자 '여덟'을 가리키는 게 아니다. 훗날 '칼-도'(刀)를 추가하여 '나눌-분'(分)으로 복원한 본뜻 분리(分離)를 의미한다. 따라서 필(必)은 '말뚝' 상단에 Y형으로 움푹 파인 곳에 박혔던 도끼머리가 도낏자루로부터 분리된 모습을 그린 것이다. 도끼머리가 빠지고 도낏자루만 남은 모습이므로, 필(必)의 본뜻은 '도낏자루'가 분명하다. 과거에 도끼는 생활필수품이자 무기로도 사용되었다. 따라서 도끼를 제대로 사용하려면 도끼머리를 도낏자루에 단단히 끼워 흔들리지 않도록 고정(固定)시켜야 한다. '고정'으로부터 '반드시, 꼭'의 뜻이 나오게 되었다. 필독(必讀), 필연(必然), 필승(必勝), 필수품(必需品), 하필(何必) 등이 모두 그런 뜻으로 쓰인 것이다. 필(必)이 '꼭, 반드시'의 뜻으로 널리 쓰이자, '도낏자루'의 뜻이 사라졌다. 이에 그 재질인 '나무-목'(木)을 추가하여 '손잡이[자루]-비'(柲)로 복원했다. '인무원려, 필유근우'(人無遠慮, 必有近憂). 사람이 먼 걱정이 없으면 가까운 근심이 꼭 있게 된다. 멀리 내다보고 깊이 생각하여 대비하지 않으면 틀림없이 가까운 장래에 근심 걱정이 생긴다는 뜻이다.

惠

혜(惠)는 초창기나 지금이나 글꼴에 차이가 없다. 위에는 전(叀)이고, 아래는 심(心)이다. 전(叀)은 '물레'의 모습을 그린 것이다. '물레'는 솜이나 털 따위의 섬유를 자아서 실을 뽑는 기구인데, 정신을 집중하고 손가락을 잘 놀려야 실이 엉키지 않는다. 손동작을 표시하는 '마디-촌'(寸)을 그 아래 붙여 '오로지-전'(專)을 만든 것도 이 때문이다. 수레바퀴처럼 '물레'를 돌리기에 '수레-거'(車)를 붙여 '돌릴-전'(轉)을 만들기도 했다. 또한 '사람-인'(人)을 붙여 '물레질'을 하는 사람을 '옮길-전'(傳)이라 하는데, 솜이나 털을 자아서 실로 옮기기 때문이다. 요컨대 전(叀)은 방직(紡織)을 상징한다. 옛날, 남자는 농사를 짓고 여자는 길쌈을 맸으므로 방직에 능한 것은 좋은 여자의 요건이었다. 여기에 '마음-심'(心)을 붙여 성품마저 선량하고 온유함을 나타냈다. 그러므로 혜(惠)는 '선량하고 온유하며 길쌈에 능함'이 본뜻이다. 이런 여자를 아내로 맞이하거나 며느리로 둔다면 이보다 더한 은혜가 어디 있겠는가. '은혜-혜'의 뜻은 이로부터 나온 것이다. 은혜(恩惠), 혜택(惠澤), 특혜(特惠), 수혜(受惠), 혜량(惠諒) 등이 그런 뜻으로 쓰였다. 우리나라 여성의 이름에 혜(惠)가 많이 들어가는 이유를 이제 아셨을 것이다. 혜(惠)는 곧 현모양처(賢母良妻)였던 것이다.

립(立)과 단(耑)이 합했다. 립(立)은 팔다리를 벌리고 땅에 서 있는 사람의 모습이다. 이로부터 '서다'의 뜻이 나왔다. 단(耑)의 초창기 글꼴을 보면, 위쪽은 물방울이 튀는 발바닥이고, 아래쪽은 노인의 모습이다. 세월이 흐르면서 글꼴이 간단해져 머리카락이 긴 사람이 지팡이를 짚고 서 있는 모습으로 변했다. '늙을-노'(老)의 위쪽이 긴 머리카락이었다. 그렇다면 단(端)의 본뜻은 '노인이 미끄러운 길에서 지팡이를 짚고 서 있다'이다. 발길을 옮기려면 걸음마를 '처음' 배우듯 발끝을 우선 조심스럽게 땅에 댄 다음에 발바닥을 한쪽씩 '바르게' 내딛어야 한다. 이로부터 '처음, 시작'의 뜻과 함께 '끝, 한쪽' 그리고 '바르다' 등의 뜻이 나왔을 것이다. 단서(端緒), 단초(端初), 발단(發端), 쟁단(爭端), 사단(事端) 등이 일의 시작이나 처음의 뜻으로 쓰였다. 첨단(尖端), 극단(極端), 폐단(弊端), 이단(異端), 말단(末端), 단말기(端末機) 등은 끝이나 한쪽의 뜻으로 쓰였다. 단정(端正), 단정(端整), 단아(端雅), 단장(端裝) 등이 '바르다'의 뜻으로 쓰였다. 지팡이를 짚고 조심스럽게 발길을 옮기는 노인은 숨이 가쁘기에 '설-립'(立)을 '입-구'(口)로 바꾸면 '헐떡거릴-천'(喘)이다. 천식(喘息)으로 기억하면 되겠다. 미끄러운 길은 노인에게 급류(急流)와 같기에 '설-립'(立)을 '물-수'(水)로 바꾸면 '여울-단'(湍)이다.

(지킬 - 수)

守

초창기나 지금이나 글꼴에 차이가 없다. '집-면'(宀)과 '마디-촌'(寸)이 합했다. 면(宀)은 지붕과 벽을 그려 '집'을 뜻하고, 촌(寸)은 손가락으로 무엇을 잡고 있는 모습이므로 수(守)의 본뜻은 '무기를 쥐고 집을 지키다'이다. 이로부터 '지키다'의 뜻이 나왔다. 가족이나 누군가를 지키고 보호하는 것이 수호(守護)다. 적의 공격으로부터 방어하고 있다면 수비(守備)다. 굳게 지키고 있다면 고수(固守)고, 시킨 대로 지키고 있다면 준수(遵守)겠고, 목숨 걸고 지킨다면 사수(死守)다. 지켜야 할 규칙을 수칙(守則)이라 한다. 골키퍼를 한자로 뭐라 할까? 골문을 지키는 장수이기에 수문장(守門將)이 되겠다. 무슨 일이든 수세(守勢)에 몰리면 피곤하다. 절개를 지키는 것이 쉽지 않아 수절(守節)이고, 과수댁(寡守宅)이라 하면 남편 없이 홀로 가정을 지키는 홀어미를 높여 부르는 말이다. 한편 전통적인 것 중에 보호하고 지킬 만한 것이 있어서 수호하는 것이 보수(保守)이므로 보수라 하여 모두 나쁜 것은 아니다. 그러나 수주대토(守株待兎)는 시대 변화에 둔감하고 융통성 없는 보수주의를 풍자하는 말이다.

(사나울 - 학)

虐

오늘은 노인 학대 인식의 날이니 학대(虐待)의 학(虐)에 대해 살펴보자. 호랑이가 사람을 잡아먹는 모습을 그린 것이 학(虐)이다. 현재 글꼴을 보면, '범 무늬-호'(虍) 아래에 우(又)를 180도 회전시킨 '발톱'까지 붙여 주었다. 옛 글꼴을 보면, 그 사이에 '사람-인'(人)이 들어가 있어 사람을 잡아먹는다는 의미가 더욱 분명했다. 사람을 해칠 정도면 보통 사나운 짐승이 아니다. 이로부터 '사납다, 모질다, 잔인하다'는 뜻이 나왔다. 자신을 모질게 대하는 것을 자학(自虐), 남을 모질게 대하는 것을 가학(加虐) 혹은 학대(虐待), 잔인하게 죽이는 것을 학살(虐殺)이라 한다. 잔인하고 포학한 것이 잔학(殘虐)이다. 그렇다면 호랑이보다 사나운 게 무엇일까? 가정맹어호(苛政猛於虎)란 성어가 있다. 가혹한 정치는 호랑이보다 사납다는 뜻인데, 여기서 정치는 세금을 가리켰다. 한편 조걸위학(助桀爲虐)이란 중국 하나라의 폭군 걸(桀)을 부추겨 포악을 일삼게 한다는 것으로, 악인을 도와 악행을 더하게 한다는 뜻이다.

(가죽-위) (둘레-위) (지킬-위)

韋圍衛

위(韋)

위(圍)   위(衛)

위(韋), 위(圍), 위(衛)의 어원은 같다. 위(韋)의 초창기 글꼴은 중간
에 네모꼴이 있고, 그 위아래 및 옆으로 지(止)가 여러 개 놓여 있다.
네모꼴은 성읍(城邑)을 상징하고, 지(止)는 사람의 발바닥 모양이
다. 그렇다면 위(韋)는 성읍 주위로 사람들이 돌고 있는 모습이다. 오
랜 옛날, 농업혁명으로 고정적인 음식물을 확보했던 신석기 시대 이
후 인류는 마침내 정착하여 도시를 구축했고, 그 주위에 성벽(城壁)
을 쌓아 터전을 지켰다. 중국 각지에 고성(古城)이라 이름붙인 지역
이 곧 성읍(城邑)이다. 위(韋)는 병사들이 성벽 주위를 순찰하는 모
습인 것이다. 따라서 '성읍 주위를 순찰하며 지키다'가 위(韋)의 본뜻
이다. 주위를 돌면서 순찰한다면 몰려다니는 것이 아니라 일정한 간
격으로 서로 어긋나게 돌 것이다. 이로부터 '어긋나다'의 뜻이 나왔다.
동물의 가죽은 겉과 속이 다르므로 위(韋)가 '가죽'의 뜻으로 널리 쓰
이기 시작했다. 위편삼절(韋編三絶)의 '위'가 '가죽'의 뜻이다. 이에
'성읍의 주위'는 '에워쌀-위'(囗)를 추가하여 '둘레-위'(圍)로 만들었
다. 주위(周圍), 범위(範圍), 포위(包圍) 등으로 쓰인다. 또한 '주위
를 돌며 지키다'는 '갈-행'(行)을 추가하여 '지킬-위'(衛)로 만들었다.
방위(防衛), 위생(衛生), 호위(護衛) 등으로 쓰인다.

(어긋날 - 위)

違

휴 휴 휴 韋
위(韋)

偉
위(違)

위(違)는 착(辶=辵)과 위(韋)가 합했다. 위(韋)는 앞서 설명했다시피 '성읍 주위를 순찰하며 지키다'가 본뜻이다. 성읍 주위를 돌면서 순찰한다면 일정한 간격으로 서로 어긋나게 돌 것이다. 이에 돌고 있다는 '움직임'을 강조하고자 척(彳)과 지(止)를 추가했다. '걸을-척'(彳)은 '네거리-항'(行)의 생략형이므로 본뜻은 '거리'지만, '걷다'의 뜻이 파생되었다. 한편 '발바닥-지'(止)는 발바닥의 모양을 간략히 그린 것인데, 세월이 흐르며 변형되어 발바닥을 떠올리기 어려워졌다. 그러나 초창기 글꼴을 보면 발바닥이 분명하며, 발바닥으로부터 발동작을 표시한 것이다. 척(彳)과 지(止)가 결합하여 '걸을[달릴]-착'(辶=辵)이 되었고, 다시 위(韋)에 붙어 위(違)가 된 것이다. 그러므로 위(違)의 본뜻은 '어긋나게 걷다[달리다]'이며, 이로부터 '어긋나다'의 뜻이 나왔다. 위반(違反), 위배(違背), 위약(違約), 비위(非違), 상위(相違), 위헌(違憲), 위법(違法), 위화감(違和感) 등이 모두 그런 뜻으로 사용된 것이다. 겉으로는 순종하는 체하고 속으로는 딴마음을 먹는 것을 양봉음위(陽奉陰違)라 한다.

（클-위）

위(韋)

위(偉)

偉

위(偉)는 인(人)과 위(韋)가 합했다. 위(韋)의 본뜻은 '성읍 주위를 일정한 간격으로 어긋나게 돌다'이며, 이로부터 '어긋나다'의 뜻이 나왔다. 여기에 '사람-인'(人)을 추가하여 위(偉)로 만든 것이다. 따라서 위(偉)의 본뜻은 '어긋난 사람'이다. 능력은 물론이고 인격이나 품성이 일반인의 평범함과는 어긋난 사람이 있다. 그런 사람은 비범한 재주와 고매한 인품을 갖춘 대인(大人), 곧 '큰 사람'이 아니겠는가. 용렬함과는 어긋난 사람이니 '훌륭한 사람'이 아니겠는가. 위대(偉大), 위인(偉人), 위업(偉業) 등이 모두 그런 뜻으로 쓰인 것이다. 한나라 유방(劉邦)이 초나라 항우(項羽)를 제압할 수 있었던 이유는 휘하에 세 명의 공신이 있었기 때문이다. 그중 한 명이 장량(張良)인데, 한무제 때 역사가 사마천이 『사기』에 장량을 기록하고 촌평한 내용 중에 이런 글이 있다. "나는 장량의 체격이 건장하고 우람할 줄 알았다. 그런데 막상 초상화를 보니 아리따운 여성의 용모였다. 겉만 보고 사람을 판단해서는 실수한다고 공자가 경고했는데, 그러고 보니 장량이 딱 그렇다." 위 인용문에서 '우람하다'의 원문은 기위(奇偉)이다. 기(奇)나 위(偉)나 비슷한 뜻으로 모두 평범함과는 어긋난 모습을 뜻한다.

(임금 - 왕)•

王　王

지금 글꼴로는 연상하기 어렵지만 왕(王)의 초창기 글꼴은 칼날이 넓은 육중한 도끼였다. 왕(王)의 글꼴은 '선비-사'(士)의 초창기 글꼴과 비슷했다. 사(士)도 처음에는 도끼를 든 무사(武士)였고, '선비', 즉 문사(文士)의 뜻은 훗날 파생된 것이다. 왕(王)은 그 뒤로 부채꼴의 거대한 도끼로 변했지만, 지금은 가냘픈 4획으로 이어져 과거의 웅장함이 사라졌다. 거대한 도끼와 왕(王)은 무슨 관계일까? 오랜 옛날의 전쟁은 기본적으로 백병전이었다. 장수가 앞장서서 도끼를 휘두르며 적진을 휘저을 때 병사들도 담이 커져 돌격할 수 있었다. 우리에게 익숙한 역사소설 『삼국지연의』(三國志演義)만 읽어 봐도 당시의 전투 스타일을 이해할 수 있다. 왕(王)의 초창기 글꼴은 지금부터 3천 년 이전에 만들어진 것이다. 전투에서 가공할 도끼를 휘두르며 앞장서는 자는 누구겠는가? 그 부족이나 집단에서 가장 힘센 자였을 것이다. 그럴 능력이 있는 자만이 리더가 되었다. 따라서 왕(王)의 본뜻은 '도끼'이며, 이로부터 '수령(首領), 왕, 임금'의 뜻이 나왔다. 자그마한 도끼 [斤(근)]를 두 손으로 받든[廾(공)] 모습이 兵(병), 즉 일반 병졸(兵卒)이었다. 조금 큰 도끼 모양이 士(사), 즉 왕(王)을 수행하는 호위무사(護衛武士)였다. 무시무시하게 커다란 도끼의 모양이 王(왕)이며 그는 집단의 리더였던 것이다.

•옛 글꼴에서는 玉(옥)과 王(왕)을 구분했다. 중간의 가로획 사이가 균등하면 옥(玉), 가운데 가로획이 위와 가까우면 왕(王)이었다. 석기 시대 왕릉에서 옥제 도끼가 출토되는 것도 이 때문이다.

皇

초창기 글꼴을 보면, 王(왕) 위에 '쓰개-모'(冃=冒 : 모자)가 있고, 다시 그 위쪽으로 빛을 발산하는 모습이다. 왕(王)의 초창기 글꼴은 육중한 도끼 모양이다. 그런 무기를 자유자재로 다루는 자를 '왕'이라 불렀으며, 왕은 외부의 위협으로부터 그 집단을 보호했다. 집단 구성원은 그런 왕을 지도자로 추대했다. 왕의 머리를 덮은 곳에서 빛이 난다면 무엇이겠는가? 당연히 왕관(王冠)일 것이다. 전투에서 왕의 상징이 거대한 도끼라면, 평소에 왕의 상징은 빛나는 왕관이 분명하다. 따라서 황(皇)의 본뜻은 '빛나는 왕관'이며, 이로부터 왕의 뜻이 나왔다. 진시황제는 자신의 위업이 기존의 왕들을 압도하기에 같은 왕이 되는 것이 수치스러워 황(皇)으로 대체했고, 아울러 그 뒤에 천신(天神)을 뜻하는 제(帝)를 더해 황제(皇帝)라 자칭했다. 왕이 황제가 된 것은 이때부터다. 왕관은 빛나기에 '불-화'(火)를 더해 '빛날-황'(煌)을 만들었다. 휘황(輝煌) 혹은 휘황찬란(輝煌燦爛)으로 기억하면 되겠다. 황제 앞에서는 그 위엄과 권위에 두렵기만 하다. 이에 '마음-심'(心)을 더해 '두려울-황'(惶)을 만들었다. 황공(惶恐), 황송(惶悚), 공황(恐惶), 당황(唐惶) 등이 그런 뜻이다. 사극에 곧잘 등장하는 황공무지(惶恐無地)가 무슨 뜻인지 이제 확실히 알았을 것이다. 황제에게 질책을 받으면 제정신이 아닐 테니, '걸을-척'(彳)을 더해 '헤맬-황'(徨)을 만들었다. 방황(彷徨)으로 기억하면 되겠다. 천주교의 수반(首班)이면 교종(教宗)이라 해도 되건만 굳이 교황(教皇)이라 한다. 이유가 무엇인지 다 아실 것이다.

(여름 - 하)

夏

여름이 다가오니 하(夏)에 대해 살펴보자. 지금 글꼴은 '머리-혈'(頁) 아래에 천천히 '걸을-쇠'(夊)가 합한 것이지만, 초창기 글꼴은 장대한 남자가 도끼나 쟁기 같은 농기구를 들고 뭔가를 주시하며 일하는 모습이다. 기후를 살피며 농사를 짓는 모습 같다. 신석기 시대, 중국의 북방 평원에 거주하던 여러 부족을 제하(諸夏)라 칭했다. 이들을 통합하여 원시 왕조를 건립한 현인이 우(禹)였고, 그 왕조를 일컬어 하(夏)라 불렀다. 하(夏)는 정착하여 농경 생활을 시작한 민족이거나 그 집단의 명칭이었을 것이다. 하(夏)를 화(華)라고 부르기도 했다. 화(華)는 꽃이다. 출토된 그 당시 질그릇에 장미꽃 도안이 있는데, 그 민족의 상징이었는지도 모른다. 중국인은 지금도 스스로 화하(華夏) 민족이라 부른다. 한편 농사를 지을 때 가장 중요하고 바쁜 계절은 단연 여름이다. 게다가 여름에는 홍수가 빈발했다. 치수에 성공한 자가 우(禹)였고, 그 공로로 하(夏) 왕조의 시조가 되었다는 기록이 신화와 역사에 보인다. 따라서 하(夏)를 '여름'의 뜻으로 빌려 쓴 것은 무척 자연스러워 보인다.

(이를-지)

至

오늘은 하지(夏至)의 '지'(至)에 대해 살펴보자. 초창기 글꼴은 화살이 땅에 박힌 모습을 그렸다. 맨 아래 일(一)은 땅을, 그 위는 화살촉이 박힌 모습을 그렸으나 세월이 흐르면서 지금 모습으로 변했다. 화살이 날아와 눈앞의 땅에 박힌 것으로부터 '이르다, 닿다, 도착하다, 도달하다'는 뜻이 나왔다. 가장 많이 사용되는 지금(至今)은 곧 '현재에 이르기까지'이다. 화살이 땅에 박혀 더 이상 들어갈 수 없으니 갈 데까지 간 것이다. 이로부터 '끝에 이르다, 지극하다'는 뜻이 나와 최상급을 표시했다. 지난(至難), 지당(至當), 지대(至大), 지성(至誠), 지독(至毒), 지고(至高), 지순(至純) 등이 모두 그런 뜻이다. 그러므로 하지(夏至)는 여름의 끝이란 뜻이다. 하지일 때 낮이 가장 길고, 그 이후로는 점점 낮이 짧아지기에 그렇게 이름을 붙였다. 한편 화살이 도착한 것처럼 사람이 도착한 것은 도(到)다. 오른쪽은 본디 '사람-인'(人)이었으나 발음상 '칼-도'(刀)로 변한 것이다. 화살이 땅에 박혀 물구나무 선 모습을 표현하고자 '이를-도'(到)의 왼쪽에 인(人)을 붙여 '거꾸로-도'(倒)를 만들기도 했다.

(집 - 가)

家

지붕[면(宀)] 아래 '돼지-시'(豕)가 있는 모습이다. 돼지는 기동성이 떨어져 유목 민족은 키우지 않는다. 성격이 비교적 온순하고 잡식성이라 키우기 편하며, 고기의 양도 많을뿐더러 배설물은 좋은 비료가 되는 돼지는 농경 민족에게 훌륭한 가축이다. 그러므로 돼지를 키운다는 것은 안정된 주거지를 마련했다는 뜻이고, 그곳이 곧 사람들이 먹고 자고 쉬는 집이다. 이런 개념으로 만든 글자가 '집-가'(家)이다. 가정(家庭), 가족(家族), 가구(家具), 가문(家門), 출가(出家), 가장(家長), 가사(家事) 등으로 쓰이고, 가가호호(家家戶戶), 패가망신(敗家亡身), 자수성가(自手成家)도 많이 쓰인다. 대개 혈연적으로 가까운 사람이 한집에 살 듯, 비슷한 이상(理想)이나 취향(趣向)으로 모인 집단을 일컫기도 한다. 유가(儒家), 도가(道家), 법가(法家) 등이 그런 뜻으로 쓰였다. 물론 그런 집단의 구성원은 그 분야에 전문가(專門家)다. 글을 쓰면 작가(作家), 그림을 그리면 화가(畵家)가 아니겠는가.

（갖출-구）

具

현재 글꼴의 아래쪽은 '두 손으로 받들-공'(廾)이다. 그 위쪽은 '눈-목'(目) 같기도 하고, '조개-패'(貝) 같기도 하지만 초창기 글꼴을 확인하면 발이 달린 '솥-정'(鼎)이 분명하다. 세월이 흘러 정(鼎)의 몸체만 남아 목(目)처럼 변했다. 따라서 구(具)는 손으로 솥을 드는 모습이다. 왜 솥을 들었을까? 음식을 이미 다 만들어 손님을 맞이할 준비가 갖춰졌다는 뜻이다. 이로부터 '갖추다'의 뜻이 나왔다. 구비(具備), 구현(具現), 구체(具體), 구상(具象), 불구(不具) 등이 그런 뜻으로 쓰인 것이다. 손에 들린 '솥'은 음식을 요리하는 기구(器具)이므로 '도구, 연장'의 뜻이 나왔다. 문방구(文房具), 가구(家具), 침구(寢具), 농기구(農器具), 공구(工具), 완구(玩具), 다구(茶具), 어구(漁具) 등이 그런 뜻으로 쓰였다. 우리는 별 생각 없이 "구색을 갖추었다"고 말하는데, 이를 한자로 쓰면 구색(具色)이다. 각양각색(各樣各色)의 물건이나 요소들이 서로 어울리게 골고루 갖추었다는 뜻이므로 굳이 '갖추다'를 반복할 필요는 없다. 차라리 '구색이 맞다'로 쓰는 것이 맞을 것이다.

(싸울 - 전)

단(單)

과(戈)

戰

오늘은 한국전쟁 기념일이니 전쟁(戰爭)의 '전'(戰)에 대해 살펴보자. '홑-단'(單)과 '창-과'(戈)가 합했으니 무기의 일종이다. 초창기 단(單)의 글꼴은 새총 같은 모양으로 작은 돌멩이를 멀리 던지는 발사기였다. 우측에 창을 붙여 전(戰)을 만들었으니 지금의 석궁(石弓)과 비슷했을 것이다. 좌측에 '활-궁'(弓)을 붙이면 곧 '탄알-탄'(彈)이 된다. 이런 무기를 보면 겁나지 않겠는가. 이에 '마음-심'(心)을 붙여 '꺼릴-탄'(憚)을 만들었다. '기탄(忌憚) 없이'가 무슨 뜻인지 이제알 것이다. 화약이 발명되기 이전에 인류는 오랫동안 이런 무기로 싸웠다. 이로부터 '다투다, 싸우다'의 뜻이 나왔다. 전쟁(戰爭), 전투(戰鬪), 승전(勝戰), 패전(敗戰), 전선(戰線), 전략(戰略), 전술(戰術), 전황(戰況), 전몰(戰歿), 전공(戰功), 도전(挑戰), 작전(作戰), 냉전(冷戰), 산전수전(山戰水戰) 등이 모두 그런 뜻이다. 한편 무기를 대하면 공포심에 떨게 되는데, 전율(戰慄)이나 전전긍긍(戰戰兢兢)의 전(戰)이 두려워 떤다는 뜻이다. 전(戰)이 무기로 싸우는 것이라면, 쟁(爭)은 맨손으로 다투는 것이다. 중국 전국(戰國) 시대 출토 유물 중에 특히 이 전(戰) 자가 많이 보인다. 전쟁(戰爭)의 시대였기 때문이다.

（ 다툴-쟁 ）

爭

물건을 놓고 서로 뺏으려 하면 다툼이 일어난다. 초창기 글꼴을 보면, 손가락을 마주보게 그리고 그 사이에 상징적인 물건을 수직으로 그어 놓은 모습이다. 따라서 '다툴-쟁'(爭)은 초창기 모습을 거의 그대로 간직하고 있다. 위쪽이 손톱-조(爫), 중간이 오른손-우(又), 그 사이에 물건의 상징을 그려 놓았다. 이로부터 '다투다, 싸우다'의 뜻이 나왔다. 쟁취(爭取), 쟁점(爭點), 쟁의(爭議), 쟁패(爭霸), 쟁탈(爭奪), 투쟁(鬪爭), 전쟁(戰爭), 정쟁(政爭), 당쟁(黨爭), 언쟁(言爭), 논쟁(論爭), 경쟁(競爭), 분쟁(紛爭) 등이 모두 다투거나 싸운다는 뜻이다. 6·25 전쟁은 동족끼리 다투었으니 골육상쟁(骨肉相爭)이었다. 조개와 도요새가 서로 먹으려 다투던 방휼지쟁(蚌鷸之爭)에 엉뚱한 제삼자인 어부가 둘 다 잡아 이익을 챙겼다는 어부지리(漁父之利)는 초등학교 어린이도 아는 성어다. 중국 전국 시대 『장자』(莊子)란 책에 만촉지쟁(蠻觸之爭) 이야기도 재밌는데, 모두 백가쟁명(百家爭鳴)의 산물이었다.

(칠 - 벌)

伐

작고한 부모님을 고향에 모셨다면 단오(端午) 전후나 추석(秋夕) 때 성묘(省墓)하며 벌초(伐草)도 한다. 조만간 단오이니 벌(伐)에 대해 살펴보자. '사람-인'(人)에 '창-과'(戈)가 결합했다. 초창기 글꼴을 보면 창날이 사람의 목을 지나고 있다. '죄진 자의 목을 베어 죽이다'가 본뜻이다. 정벌(征伐), 토벌(討伐), 남벌(南伐), 북벌(北伐) 등이 모두 죄 있는 무리를 군대(軍隊)로 친다는 뜻이다. 당동벌이(黨同伐異)란 시비를 가리지 않고 같은 생각이면 한패가 되고 다른 생각이면 공격한다는 뜻이다. 이후에는 초목을 죽이는 데도 사용하여 벌초(伐草), 벌목(伐木), 간벌(間伐), 남벌(濫伐), 도벌(盜伐) 등으로 쓴다. 사람이든 초목이든 죽이는 것이니 겁나기 짝이 없다. 이에 '죽일-살'(殺)과 결합시켜 살벌(殺伐)하다고 하면 행동이나 분위기가 거칠고 무시무시함을 일컫는다. 공자의 초기 제자 중에 자로(子路)는 조폭 출신으로 거문고를 '살벌'하게 연주하여 스승께 한 말씀 들었다는 이야기가 전해진다.

(죽일 - 살)

殺

사람의 목을 치는 게 벌(伐)이라면 동물을 잡아 가죽을 벗기는 게 살(殺)이다. 살(殺)의 오른쪽 '몽둥이-수'(殳)는 훗날 추가된 것으로 초창기 글꼴은 왼쪽만 있었다. 왼쪽 상단의 X 모양은 '손가락-우'(又)이며, 그 아래 출(朮)은 '나무-목'(木)이 아니라 '벗길-박'(剝)의 초기 글꼴이었다. 이에 동물을 잡아 죽인다는 뜻을 강조하고자 훗날 '몽둥이-수'(殳)를 추가한 것이다. 처음에는 살(殺)의 대상이 동물이었으나 점차 그 범위가 확대되어 생명을 앗아 가는 것이면 모두 사용하게 되었다. 사람을 죽이는 것이 살인(殺人)이며, 세균을 죽이는 것은 살균(殺菌)이다. 살아 있는 것을 죽이면 살생(殺生)이다. 자살(自殺), 타살(他殺), 피살(被殺), 몰살(沒殺), 암살(暗殺), 도살(屠殺) 등으로 쓰인다. AI 위험에 닭이나 오리를 '살처분'한다는 것도 틀린 표현은 아니다. 의견이나 제안 따위를 뭉개는 의미의 묵살(黙殺)로 사용하기도 한다. 촌철살인(寸鐵殺人)이나 살신성인(殺身成仁)처럼 멋진 용어도 있다.

(잃을 - 실)

失

초창기 글꼴을 보면, '손-수'(手)의 우측 아래쪽 방향으로 선이 한 줄 그어져 뭔가 떨어지는 모양을 그렸다. 손가락을 꽉 쥐지 않아 물건이 흘러내리는 모습이다. 따라서 실(失)의 본뜻은 '손에서 뭔가 떨어지다'이며, 이로부터 '잃다, 놓치다, 빠져나가다'의 뜻이 나왔다. 실수(失手), 과실(過失), 실패(失敗), 손실(損失), 상실(喪失), 실업(失業), 실망(失望), 실신(失神), 실성(失性), 득실(得失), 실종(失踪) 등이 모두 그런 뜻으로 쓰였다. 이제 대경실색(大驚失色)이나 망연자실(茫然自失) 혹은 소탐대실(小貪大失)이 무슨 뜻인지 확실히 알 것이다.

(깨뜨릴 - 패)

敗

'조개-패'(貝)와 '칠-복'(攵=攴)이 합했다. '칠-복'(攴)은 손으로 막대기 같은 것을 잡은 모습으로 손동작을 상징한다. 패(貝)는 발음을 표시하는 것과 함께 뜻도 보충해 준다. 오랜 옛날 중국의 중원 지역은 바다로부터 멀리 떨어진 내륙이라 조개껍질이 귀했기에 화폐로 사용되기도 했다. 따라서 패(敗)의 본뜻은 '막대기를 쥐고 귀한 조개껍질을 깨뜨리다'이며, 이로부터 '망치다, 망가뜨리다'의 뜻이 나왔다. 실패(失敗), 패가망신(敗家亡身), 부정부패(不正腐敗) 등이 그런 뜻으로 쓰인 것이다. 사업이나 경기를 망치면 당연히 지게 된다. 이로부터 '지다'의 뜻이 나왔다. 패배(敗北), 실패(失敗), 성패(成敗), 승패(勝敗), 패착(敗着) 등이 그러하다. 한편 초창기 글꼴 중에는 조개껍질 대신에 '솥-정'(鼎)이 있는 것도 있다. 정(鼎)은 단순한 가마솥이 아니라 아주 오랜 옛날에는 귀족만이 사용할 수 있는 조리 기구였다. 그러므로 귀한 솥을 깬다는 것은 조개껍질을 부수는 것과 의미상 큰 차이가 없었을 것이다. 세월이 흐르며 '귀한 물건'을 강조하고자 '조개-패'(貝)를 상하로 겹쳐 놓은 글꼴도 보인다. 현재 우리가 보는 글꼴은 '칠-복'(攴)이 약간 변형된 '등글월문-복'(攵)이다. 이는 진(秦)나라 때 시작해 한(漢)나라 때 크게 유행한 예서의 글꼴이다.

七

月

(바람 - 풍)

風

옛날 중국인은 바람을 어떻게 표시했을까? 대기(大氣)의 흐름이 느껴지긴 했으나 그것을 글자로 표시하기란 꽤 난감했다. 그런데 새들이 날개를 저을 때 바람이 일고, 또 그런 바람을 타고 나는 것을 목격했다. 참새처럼 작은 새보다 봉황새처럼 큰 새가 비상할 때 바람의 존재를 더욱 실감했을 것이다. 그리하여 초창기에는 '봉새-봉'(鳳)을 빌려 '바람'을 표시했다. 세월이 흐르자 봉새와 바람을 구별할 필요성이 생겼다. 이에 소리를 표시하는 범(凡)과 뜻을 표시하는 충(蟲)으로 '바람-풍'(風)을 만들었다. 충(蟲)과 바람은 무슨 관계가 있을까? 『장자』에 대자연이 내쉬는 숨을 바람이라 했다. 대자연에 살고 있는 수많은 생물의 날숨을 바람이라 여겼기에 '새-조'(鳥)를 빼고 그 자리에 '많은 동물'을 뜻하는 충(蟲)을 넣어 '바람-풍'(風)을 만든 것이다. 충(蟲)은 원래 '벌레'를 뜻하지만 동물의 총칭(總稱)이기도 하다. 옛날에는 호랑이를 대충(大蟲), 즉 큰 동물이라 불렀다.

謝

사(謝)의 초창기 글꼴은 양손으로 방석(方席)을 들고 있는 모습이다. 오랜 옛날 중국인들은 바닥에 무릎을 꿇고 앉았으므로 그 밑에 방석을 깔았다. 일어날 때는 방석을 둘둘 말아 치워 두기에 석권(席卷)이라 했다. 방석을 양손으로 들었다는 것은 이제 그만 일어난다거나 물러간다는 뜻이다. 따라서 사(謝)의 본뜻은 '물러가다'이다. 세월이 흐르면서 '말씀-언'(言)과 '쏠-사'(射)를 합하여 썼다. 사(射)의 초창기 글꼴은 '활-궁'(弓)에 화살이 매겨진 모습이었으나 궁(弓)은 비슷한 모양의 '몸-신'(身)으로 변했고, '화살-시'(矢)는 팔 동작을 상징하는 촌(寸)으로 바뀌어 활과 화살의 모습이 사라졌다. 그 옛날 활과 화살은 전쟁과 사냥에서 매우 유용한 무기였다. 궁술이 뛰어나면 높은 직위에 올랐기에 관직의 명칭으로도 사용했다. 따라서 사(謝)는 '관직에서 물러나겠다고 아뢰다'가 본뜻이다. 이로부터 '그만두다, 물러나다'의 뜻이 나왔다. 신진대사(新陳代謝)의 '사'(謝)가 곧 그 뜻이다. 그간 살펴 주신 덕분에 자리에 있었으니 '감사'하고, 더 이상의 봉사(奉仕)가 힘들어 '사절'해야 하니 '사죄'하지 않을 수 없다. 감사(感謝), 사절(謝絶), 사죄(謝罪) 등의 뜻은 이렇게 파생된 것이다.

(무리-중 많을-중)

衆

초창기 글꼴은 세 사람이 모여 있는 모습이자 함께 일사분란하게 일하고 있는 모습이다. 머리 위로 해가 있는 것도 있고 없는 것도 있다. 어떤 글꼴은 해가 아니라 커다란 물건 같기도 하다. 이는 곧 사람들이 뙤약볕에서 일하고 있거나 커다란 물건을 머리 위로 올려 옮기는 모습이다. 세월이 흐르며 머리 위의 '날-일'(日)은 '눈-목'(目)으로 변하기도 하고, 심지어 '피-혈'(血)로 변하기도 했다. 비슷한 글꼴이라 필사 과정에서 얼마든지 '오타'가 나올 수 있다. 하지만 눈은 감시를 당한다는 뜻으로, 피는 피나게 시달리는 것으로 해석할 수 있다. 그렇다면 여기 사람들은 노예로 볼 수도 있다. 따라서 중(衆)의 본뜻은 '많은 사람이 함께 일하다'이며, 이로부터 '많은 사람'이나 '많다'의 뜻이 나왔다. 대중(大衆), 민중(民衆), 공중(公衆), 군중(群衆), 청중(聽衆), 관중(觀衆) 등은 물론이고, 중론(衆論), 중지(衆智), 중생(衆生), 출중(出衆)도 '많은 사람'의 뜻이다. 중과부적(衆寡不敵), 중구난방(衆口難防), 염화시중(拈華示衆) 역시 그러하다. 현재 글꼴 중(衆)의 혈(血) 아래쪽은 옛 글꼴에서도 볼 수 있듯 본디 세 사람의 모양이었다. 현대 중국어에서는 사람 셋을 포개 아래처럼 众(중, zhòng)으로 쓴다.

(드물 - 희)

稀

현재 희(稀)는 '성기다, 드물다, 묽다'의 뜻으로 쓰이지만 원래 글자는 희(希)였다. 희(希)의 초창기 글꼴은 겹친 모습의 효(爻) 밑에 '헝겊-건'(巾)을 합했는데, 이는 곧 '성기게 짠 삼베'를 그린 것이다. 성긴 삼베에는 재료가 '적게' 들어갔으므로 '적다'는 의미에서 '드물다'는 뜻이 나왔다. 또 드문 것은 대개 귀한 법이어서 모두들 바라기 때문에 '바라다'의 뜻까지 파생되었다. 희망(希望)이나 희구(希求)가그런 뜻으로 쓰인 것이다. 그런데 '바라다'로 뜻이 굳어지자 새롭게 '벼-화'(禾), 곧 곡물(穀物)을 왼쪽에 추가하여 '드물-희'(稀)로 복원했다. 그렇다면 하필 왜 곡물을 추가했을까? 파종할 때 빽빽하게 많이 심는 것이 능사가 아니라 적당히 '성기게' 심어야 좋다는 뜻을 담았기 때문이다. 희귀(稀貴), 희한(稀罕), 희소(稀少) 등이 그런 뜻으로 쓰인 것이다. 옛날에는 태어나 70세를 넘기는 자가 드물었다. 70세를 고희(古稀)라 부르는 이유다.

(드물 - 한)

罕 罜 罜

罕

새나 물고기 혹은 뱀을 잡을 때 무엇을 사용했을까? 그물이나 갈고리 같은 막대였을 것이다. '그물-망'(罒) 아래에 갈고리 모양의 '방패-간'(干)이 결합된 한(罕)이 곧 이런 포획 도구였다. 들짐승, 날짐승은 쉽게 잡을 수 없어서 도구를 사용했다. 쉽게 잡을 수 없으니 흔하지 않고, 흔하지 않다는 것에서 '드물다'는 뜻이 나왔다. 그런데 일상생활에서는 희한(稀罕) 이외에 무척 '드물게' 사용된다. 공자가 인(仁)에 대해서는 자주 언급했으나 이익(利益)에 대해서는 언급을 삼갔다는 기록이 『논어』에 보인다. 언급을 삼갔다는 것은 곧 드물게 말했다는 뜻인데, 원문은 '한언리'(罕言利)로 되어 있다. 공자라고 이익을 싫어했을 리 없겠지만 아마도 인(仁)이 더 중요했기 때문이리라. '인'을 한마디로 요약하면 어떻게 될까? 공자 본인의 말을 빌리자면, '사람을 사랑하는 것'이다.

(놈-자)

者

장작에 불이 붙은 모습을 그린 것이 '놈-자'(者)이니, 이른바 그 '놈'
은 모닥불이었다. 오랜 옛날에는 이런 방법으로 음식도 익혀 먹었다.
이에 '삶을-자'(煮)의 초기 형태로 보기도 한다. 모닥불을 피우면 사
람들이 많이 모이고 서로 담소도 나누게 된다. '말씀-언'(言)에 '놈-
자'가 합쳐진 '여러-제'(諸)는 그렇게 만들었을 것이다. 그런 곳은 대
개 마을의 중심지였을 것이니 '관청-서'(署)도 있고, '도읍-도'(都)도
될 것이다. 그런 자리에서는 대개 나이가 많은 사람이 발언권을 가졌
다. 이에 그런 분을 자(者)라 했을 것이다. 이런 연장자(年長者)가 훈
화할 때 강조하는 구절마다 자(者)를 넣었다. 후세 사람들은 이를 문
법적으로 어기(語氣) 조사(助詞) 혹은 간단히 어기사(語氣詞)라 불
렀다. 자(者)의 초창기 글꼴은 '나무-목'(木) 아래에 '불-화'(火)가
있고 나무 양쪽에 불똥이 그려져 있었다. 그 뒤로 '불-화'는 점차 '입-
구'(口)나 '밝힐-백'(白)으로 변하기 시작하여 지금은 백(白)으로 정
착했다. 왜 그랬을까? 어른의 말씀이었음을 밝히고 싶었던 것일까?
백(白)의 본뜻은 햇살이므로 불빛이 햇빛으로 변한 것일까? 여러분
의 판단에 맡긴다.

(더울-서)

暑

더위가 시작되니 '더울-서'(暑)에 대해 살펴보자. 서(暑)는 '날-일'(日) 아래 '놈-자'(者)가 결합되었다. 어제 '놈-자'(者)는 '모닥불'의 모습이라고 했다. 불똥이 튀는 모닥불처럼 햇볕이 내리쬐기 시작하니 얼마나 덥겠는가. '더울-서'의 뜻은 이렇게 나왔다. 혹독(酷毒)한 더위를 혹서(酷暑), 장마철의 고온다습한 더위를 욕서(溽暑)라한다. 시원한 곳을 찾아 무더위를 피하는 것이 곧 피서(避暑)다. 한때중국을 지배했던 원(元)나라 몽골 황제는 여름만 되면 북경의 더위를 견디지 못하고 몽골 초원으로 돌아갔다. 원나라가 1백 년을 버티지 못한 이유는 여러모로 많지만 '피서'도 큰 문제였던 것이다. 만주족청(淸)나라 황제가 북경 이외에 건설한 피서용 수도가 곧 하북성 승덕(承德)의 피서산장(避暑山莊)이다. 몽골의 왕과 귀족, 서장(西藏)의 라마교 승려, 만주 귀족이 이곳에 주기적으로 모여 알현과 맹약을진행하면서 만주족 청나라 황제의 종주권을 확인했다. 청나라가 오래버틴 이유는 '피서'를 잘했기 때문이다.

(뜻-의)

意

아래쪽에 '마음-심'(心)이 있고, 위쪽에 '소리-음'(音)이 있다. 따라서 의(意)는 '마음의 소리', 즉 사람의 '뜻'이나 '생각'을 가리킨다. 옛 중국인들은 사람의 성격이나 성품은 물론이고 사상이나 감정도 '마음'에서 나온다고 여겼다. 자비(慈悲), 잔인(殘忍), 우수(憂愁), 비애(悲哀), 분노(憤怒), 증오(憎惡), 사상(思想), 감정(感情) 등이 모두 공통적으로 '마음-심'(心)을 품고 있는 것도 이 때문이다. 이런 '뜻'이나 '생각'은 아직 마음속에 있기에 행동으로 표현되기 전까지는 유동적이라고 보았다. '뜻'을 세우기에 따라서 혹은 '생각'하기에 따라서 결과가 달라질 수 있다. 이처럼 유동적이고 가변적인 '생각'이나 '뜻'을 결정(決定)하는 것이 곧 결의(決意)다. 한편 '뜻-의'(意)는 '뜻-지'(志)로 바꿔 쓰기도 하고, 때론 합쳐서 '의지'(意志)로도 사용한다. 하지만 이 둘은 가리키는 바가 달랐다. 의(意)가 마음속의 생각에 그친 것이라면, 지(志)는 이미 생각을 정해 행동으로 옮기려는 것이다. 의(意)가 감성이라면 지(志)는 이성으로 볼 수 있다. 이런 이유로 어떤 일을 기획할 때 생각에 그치는 것을 의견(意見)이라 하고, 실제로 하겠다고 나서는 것을 지원(志願)이라 한다.

(뜻-지)

志

현재 우리가 쓰는 글꼴을 해서(楷書)라 한다. 해서 글꼴로 보면, '마음-심'(心) 위에 있는 것이 '선비-사'(士)다. 그런데 그 이전의 글꼴을 확인하면 '흙-토'(土)였고, 초창기 글꼴에서는 '선비'도 '흙'도 아닌 '갈-지'(之)였다. 지(之)는 평지를 상징하는 일(一) 위에 발바닥을 그린 지(止)가 합한 것으로, 발바닥으로 평지를 밟고 앞으로 걸어가는 모습을 그린 것이다. 세월이 흐르면서 모양이 토(土)로 변했다가 다시 사(士)로 바뀌었다. 따라서 지(志)의 본뜻은 '마음이 가다'이다. 옛 중국인들은 생각이나 뜻이 머리가 아니라 '마음'에서 나온다고 믿었다. 사상(思想)이나 감정(感情)과 같은 글자가 '마음-심'(心)을 부수로 삼은 이유도 이 때문이다. 이런 생각이나 뜻이 마음에 머물면 의(意)고, 의(意)에서 출발하여 발걸음처럼 움직여 행동으로 옮기려는 것이 곧 지(志)다. 입지(立志), 지사(志士), 투지(鬪志) 등으로 사용한다. 이미 뜻을 굳혔으면 결정된 마음이 변하지 않도록 시시각각 마음에 새길 필요가 있다. 비단이나 대나무에 새기는 것이 아니라 마음에 당부하는 것이기에 '말씀-언'(言)을 붙여 '기록할-지'(誌)로 만들었다. 지(誌)는 곧 기록(記錄)한다는 뜻이다. 무협소설은 무협을 기록한 것이므로 무협지(武俠誌)라 부른다.

(벗 - 우)

友

현재 글꼴 우(友)의 아래쪽에는 '오른손-우'(又)가 분명히 보인다. 그리고 위쪽의 '열-십'(十)처럼 생긴 것도 실은 '오른손-우'(又)였는데 시간이 흐르면서 변형된 것이다. 초창기 글꼴을 보면 우(又) 두 개가 바짝 붙어 있는 모습을 확인할 수 있다. 따라서 우(友)의 본뜻은 '오른손을 서로 잡다'로, 악수(握手)하면서 친구를 맺고 서로 협조하기로 약속하는 모습이다. 이로부터 '벗, 벗하다, 우애롭다'의 뜻이 나왔다. 글꼴 중에는 우(友) 아래에 '입-구'(口)나 '가로되-왈'(曰)이 있는데, 말로 상부상조를 약속하는 모습일 것이다. 우정(友情), 우애(友愛), 교우(交友), 우호(友好), 우방(友邦), 우의(友誼), 친우(親友), 학우(學友), 급우(級友), 교우(校友), 죽마고우(竹馬故友) 등이 모두 그런 뜻으로 쓰였다. 우리말 '벗'에 해당하는 한자는 우(友) 외에 붕(朋)도 있다. 현대 중국어에서 '벗'을 '붕우'(朋友 : péng·you)라 한다. 그런데 옛날에는 붕(朋)과 우(友)를 구분하여 사용했다. 동문(同門)을 붕(朋)이라 했고, 동지(同志)를 우(友)라 했다. '동지'는 '뜻이 같은 사람'이다. 이상이나 목표가 같아 함께 손잡고 나아갈 수 있는 사람을 이른다. '동문'이란 동일한 문하(門下), 같은 스승 아래에서 배웠다는 뜻이므로 동창생(同窓生)이 '붕'이다. 『논어』의 첫 단락 둘째 구절에 이런 내용이 있다. "멀리서 붕(朋)이 찾아온다면 또한 즐겁지 아니한가!" 살다 보면 즐거운 일이 많겠지만 동창을 만나는 것도 그중 하나라고 공자는 말했다.

（세울-건）

建

현재 우리가 보는 글꼴은 손가락으로 붓대를 잡고 있는 '붓-율'(聿)
과 '걸을 착'(辶)에서 윗점이 빠진 '길게 걸을-인'(廴)이 합했다. 그
런데 초창기 글꼴은 '붓-율'(聿) 아래에 '흙-토'(土)가 있고, '붓-율'
도 '붓'이 아니라 '공이'처럼 생겼으며, 인(廴)도 언덕과 담장이 연결
된 모습이었다. 고고학적 발굴로 봐도 초창기 집터는 평지보다 항상
높았다. 그렇다면 건(建)은 언덕처럼 약간 높은 지대에 집터를 확보
하고 담장을 계측하여 공이로 흙담을 구축(構築)하는 모습일 것이다.
구축이나 건축(建築)의 축(築)이 곧 판축(版築/板築 : 판자와 판자 사이에
흙을 넣고 공이로 다짐)할 때 사용하는 '공이'였다. 담장을 세운다는 것으로
부터 '세우다, 일으키다'의 뜻이 나왔다. 건물(建物), 건립(建立), 건
조(建造), 건평(建坪), 창건(創建), 재건(再建), 건학(建學) 등이 모
두 '세우다'의 뜻이다. 세우면 보이고 드러나므로 건의(建議)란 의견
이나 희망 사항을 내놓는다는 뜻이다. 봉건(封建)이란 무슨 뜻일까?
봉(封)은 흙 둔덕에 꽃이나 나무를 심는 모습이다. 그렇게 담장을 건
설(建設)하고 건국(建國)하는 것이 봉건(封建)이다.

（ 두려울 - 공 ）

恐

황하 중상류 지역은 황토 평원이라 석재(石材)를 구할 수 없었다. 따라서 담장을 세울 때나 건물을 지을 때 점성이 좋은 황토를 개어 벽돌로 만들거나 판자 사이에 황토를 넣고 공이로 다져 세웠다. 이런 건축술을 판축(板築)이라 하는데, 건(建)이나 축(築)이 곧 그 모습을 그린 것이다. 특히 축(築)에는 아직도 그 모습이 그대로 남아 있다. 위쪽의 '대-죽'(竹)과 아래쪽 '나무-목'(木)을 빼고 남은 부분이 곧 '굳을-공'(巩)이다. 이는 바로 '(절구)공이'[工]를 쥐고['잡을-극'(丮)] 황토를 다지는 모습이었다. 지축을 흔들 정도로 쿵쿵쿵 찧어 댈 테니 그 울림이 상당했다. 몹시 놀랍거나 두려워 가슴이 마구 뛸 때 방망이질을 한다고 하지 않는가? 바로 그 상황을 묘사한 자가 '두려울-공'(恐)이다. '잡을-극'(丮)이 '무릇-범'(凡)처럼 변해 버렸다. 공포(恐怖), 공황(恐慌), 공갈(恐喝), 가공(可恐), 공룡(恐龍), 공수병(恐水病) 등이 모두 그 뜻으로 쓰였다. 남자라면 듣기 싫어할 공처가(恐妻家)도 있다. 사극을 보면 종종 들을 수 있는 '황공무지(惶恐無地)로소이다!'라는 말은 두렵고 무서워 몸 둘 땅[곳]이 없다는 뜻이다. '공고(鞏固)히 하다'란 말도 자주 들어 봤을 것이다. 공(鞏)은 '굳을-공'(巩)에서 짐작할 수 있듯, 가죽으로[가죽-혁(革)] 단단히 묶어 고정시킨다는 뜻이다. 옛날에는 가죽 끈처럼 질긴 것도 없었다.

(엎드릴-복 숨을-복·
굴복할-복)

伏

삼복(三伏) 더위가 시작되니 복(伏)에 대해 알아보자. '사람-인'(人) 옆에 '개-견'(犬)을 붙였다. 사냥꾼이 사냥개를 데리고 사냥에 나선 모습이다. 날짐승이나 길짐승을 잡으려면 눈치 못 채게 최대한 접근해야 성공률이 높다. 그러므로 당연히 엎드려서 조용히 나아가야 한다. '엎드린다'거나 '숨는다'는 뜻은 이렇게 나왔을 것이다. 한편 상대에게 '항복'하면 처분을 바란다는 취지에서 엎드리는 등 저자세를 취한다. 매복(埋伏), 잠복(潛伏), 복병(伏兵), 복선(伏線), 기복(起伏), 복마전(伏魔殿), 복지부동(伏地不動), 애걸복걸(哀乞伏乞) 등이 모두 엎드리거나 숨는다는 뜻이다. 항복(降伏)이나 굴복(屈伏)도 힘에 눌려 엎드려 복종한다는 뜻이다. 복종(服從)하기 때문에 항복(降服)이나 굴복(屈服)으로 써도 같은 뜻이다. 제갈량을 복룡(伏龍)이라 했는데, '엎드린 용'이니 아직 세상에 알려지지 않은 비범한 인재를 비유한 말이다. 유비(劉備)가 삼고초려(三顧草廬)할 때까지 와룡강(臥龍崗)에 숨어 살았기 때문이다.

扇 扇 扇

扇

선풍기가 드물던 시절에는 더우면 부채를 꺼냈다. 부채나 부채질을
선(扇)이라 한다. 외짝 문을 그린 '지게-호'(戶)● 아래에 날개를 뜻하
는 '깃-우'(羽)를 그렸다. 지게를 드나들 때마다 날개처럼 문짝이 펄
럭이며 바람이 이는 모양과 기능이 마치 부채 같아 '부채-선'을 만들
었을 것이다. 부채질하듯 바람이 부는 기계가 선풍기(扇風機)다. 예
전에 대나무 살에 창호지나 천을 붙여 만든 접이식 부채가 곧 합죽선
(合竹扇)이다. 숯불을 지필 때 바람을 불어 넣는 손풀무가 허풍선(虛
風扇)인데, 지금은 과장이 심한 이를 놀리는 말로 쓰인다. 여기서 허
풍(虛風)이란 자연계의 진짜 바람이 아니라 사람이 만든 가짜 바람이
란 뜻인지, 아니면 알맹이는 없는데 헛바람만 낸다고 하여 지은 이름
인지는 모르겠다. 남을 움직이도록 부채질하는 것이 선동(扇動)이다.
지금은 뜻을 한층 강화하여 불이 붙도록 바람을 일으킨다는 개념에서
'불-화'(火)를 추가해 선동(煽動)으로 쓴다.

●호(戶)는 문(門)의 한쪽을 본떠 만든 글자다. 보통 '지게-호'(戶)라 부르는데, 여기서 '지게'란 물건
을 운반하기 위해 어깨에 지는 '지게'가 아니라 외짝 문을 가리키는 순수한 우리말이다.

昏

초창기나 지금이나 글꼴에 차이는 없다. 씨(氏) 아래에 일(日)이 있다. 씨(氏)의 초창기 글꼴을 보면 '사람-인'(人)의 모습인데, 허리를 굽히고 손을 아래로 향해 땅을 가리키는 모양이다. 그 아래에 '해-일'(日)이 있으니 무슨 뜻이겠는가? 태양이 땅 쪽으로 기울고 있음을 가리키는 것이다. 따라서 혼(昏)의 본뜻은 '해가 지다'이며, 해가 지면 어두워지기 시작하므로 '어둡다'의 뜻은 이로부터 나왔다. 해가 지긴 했지만 어슴푸레 황색의 잔광이 남아 있을 때를 황혼(黃昏)이라 한다. 옛날에 효자는 바빴다. 저녁에는 부모님의 잠자리가 안정적(安定的)인지 확인하고 아침에는 밤새 편안하셨는지 살펴야 했다. 이를 혼정신성(昏定晨省)이라 했다. 한편 날이 어두우면 사물이 희미해지듯 사람의 마음이나 정신이 흐리고 어두울 때 혼(昏)이라 한다. 혼미(昏迷), 혼절(昏絶), 혼수상태(昏睡狀態) 등이 그런 뜻으로 쓰인 것이다. 해가 서쪽으로 기울어 잔광이 조금 남은 상태가 '어두울-혼'(昏), 잔광조차 없이 해가 완전히 사라진 상태가 '저물-모'(暮), 그리하여 깜깜해진 상태가 어두울-암(暗), 달이 막 떠오른 상태가 '저녁-석'(夕), 달이 두둥실 떠오른 상태가 '밤-야'(夜), 밤이 깊어진 상태가 '그윽할-명'(冥), 동녘이 희미하게 밝아 오는 상태가 '새벽-서'(曙), 해가 떠오르기 시작하는 상태가 '이른 아침-효'(曉), 달은 사라지고 해가 떠오르는 상태가 '아침-조'(朝), 해가 충분히 떠올라 초목을 비추는 상태가 '아침-조'(早), 농기구를 매고 논밭으로 나가는 상태가 '아침-신'(晨)이다.

利 糊 制

制

내일이 제헌절(制憲節)이니 오늘은 미리 제(制)에 대해 알아보자. 초창기 글꼴은 '벼-화'(禾)와 '칼-도'(刂=刀)를 합한 모습이다. 세월이 흘러 화(禾)는 잎과 가지가 무성한 미(未)로 변했고, 여기서 다시 주(朱)로 변하여 현재 우리가 보는 제(制)가 되었다. 주(朱)로 변한 것은 아마 발음을 표시하려는 의도일 게다. 요컨대 낫과 같은 농기구로 불필요한 잎사귀나 가지를 쳐내 영양분의 낭비를 막고 알곡이 알차게 여물도록 하려는 것이다. '규격대로 자르거나 베다'로부터 규정(規定)의 뜻이 나왔다. 제도(制度), 체제(體制), 편제(編制), 법제(法制), 세제(稅制), 정찰제(正札制), 종량제(從量制) 등이 그러하다. 한편 벼와 같은 곡물의 입장에서는 제약(制約)을 당한 것이므로, '누르다, 억제(抑制)하다, 절제(節制)하다'의 뜻도 나왔다. 강제(强制), 통제(統制), 자제(自制), 제지(制止), 압제(壓制), 전제(專制), 견제(牽制), 규제(規制), 제한(制限), 선제공격(先制攻擊) 등이 그런 뜻으로 쓰였다. 곡식을 알차게 만드는 것이므로 '만들다'의 뜻도 있어 제작(制作)으로 쓰지만, '만들다'의 뜻은 '옷-의'(衣)를 아래에 추가하여 따로 '(옷) 지을-제'(製)가 분담했다.

憲

오늘은 제헌절(制憲節)이니 헌(憲)에 대해 살펴보자. 해(害)를 피하려는 게 생물의 본성이다. 해로운[害] 것을 발견하고[目] 얼른 피하는 모습을 그린 글자가 곧 헌(憲)이다. 초기에는 맨 아래 '마음-심'(心)이 없었다. 세월이 흐르며 위험하거나 겁나는 것을 눈으로 확인하여 분명히 인식하고 있음을 강조하고자 '마음-심'을 추가했다. 옛사람은 심장[心]이 감정이나 인식 기능을 담당하는 것으로 알았다. 감정(感情)이나 사상(思想) 등이 모두 '마음-심'을 가진 이유다. 도덕은 선(善)을 다루지만 법은 악(惡)을 다룬다. 따라서 무엇이 잘못인지 분명히 인식하여 민첩하게 피하도록 규정해 놓은 것이 '헌'이며, 지금은 '법'과 함께 헌법(憲法)으로 사용한다. 헌법에 합치하면 합헌(合憲), 어긋나면 위헌(違憲)이다. 군대에서 사법 경찰 역할을 하는 자가 헌병(憲兵)이다. 조선 시대 사헌부(司憲府)의 역할이 무엇인지 짐작이 갈 것이다.

(지을-제)

製

그제 제(制)를 소개하면서 '지을-제'(製)를 언급했기에 오늘 마저 살펴보자. 제(製)는 제(制)와 의(衣)가 합했다. 제(制)는 '규격대로 다듬다'의 뜻이고, 여기에 '옷-의'(衣)가 추가되었으므로 제(製)는 '옷감을 잘라 옷을 만들다'가 본뜻이다. 이로부터 '만들다'의 뜻이 나왔다. 제작(製作), 제조(製造), 복제(複製), 창제(創製), 특제(特製), 제철(製鐵), 제지(製紙), 제과(製菓), 제약(製藥), 봉제(縫製), 수제(手製), 박제(剝製), 제품(製品), 유제품(乳製品), 시제품(試製品) 등이 모두 그런 뜻으로 쓰인 것이다. 미제(美製), 일제(日製)는 각각 미국과 일본에서 제조된 물품이다. 제(制)는 기본적으로 '통제(統制)하다, 제어(制御)하다'의 뜻이고, 제(製)는 옷감을 통제 및 제어, 디자인하여 옷을 '제조(製造)하다'의 뜻이다. 따라서 같은 '제작'이라도 감성을 제어하며 예술 작품을 창작하는 것은 제작(制作)이라 하고, 재료를 가지고 물건을 만드는 것은 제작(製作)이라 한다. 영화나 연극 혹은 방송을 만드는 것도 일종의 예술 작품이므로 제작(制作)이라 해야 되겠지만 의외로 제작(製作)한다고 쓴다. 그렇다면 이 둘을 이미 섞어 쓰고 있는 셈이다. 그래서인지 현대 중국어에서는 제(製)와 제(制)를 구분하지 않고 제(制)로 사용한다.

(버금-차)

次

'얼음-빙'(冫)과 '하품-흠'(欠)이 합했다. '하품-흠'(欠)은 '사람-
인'(人) 위에 '입-구'(口)가 크게 벌어져 마치 '쌀-포'(勹)처럼 변했
다. 차(次)의 초창기 글꼴은 하품을 한다기보다는 재채기를 하는 모
습이다. 재채기가 나올 때 튀는 침방울을 빙(冫)으로 표시했으며, 침
방울을 손바닥으로 막는 모습의 글꼴도 보인다. 따라서 차(次)의 본
뜻은 '재채기(하다)'이다. 재채기가 잦은 것은 호흡기 계통이 약하고
면역이 떨어진 탓이므로 최상이나 최고나 최선이 아니라 그다음 상태
나 상황을 가리키게 되었다. 차선(次善), 차석(次席), 차등(差等), 차
장(次長), 차관(次官), 차점(次點), 차남(次男), 차녀(次女) 등이 그
런 뜻으로 쓰인 것이다. 그다음 상태나 상황으로부터 그 '다음'이나
그다음 '순서'의 뜻이 나왔다. 차세대(次世代), 차기(次期), 차례(次
例), 절차(節次), 재차(再次), 점차(漸次), 장차(將次), 목차(目次),
누차(屢次), 석차(席次), 연차(年次) 등이 그런 뜻으로 쓰였다. 요즘
은 제사 지내는 집도 드물거니와 제사를 지내도 절차대로 제문(祭文)
을 읽는 집은 더욱 드물다. 제문은 유세차(維歲次)로 시작한다. 유
(維)는 '발어사'이고, 세차(歲次)는 '올해의 순서'이니 그해의 간지
(干支)를 넣어 주면 된다. 가령 2015년은 양띠 을미(乙未)이므로 '유
세차 을미~' 이렇게 시작한다.

(벼슬-관)

官 官 官

官

'집-면'(宀) 밑에 '언덕-부'(阜) 같기도 하고 '활-궁'(弓) 같기도 한
것이 있다. 언덕 위 높은 지대의 관사(官舍) 혹은 활이 있는 것으로
보아 군영(軍營)이 아닐까 싶다. 관사건 군영이건 모두 일반 민가는
아니므로 관청(官廳)일 것이며, 이런 곳에 기거하고 근무하는 자는
관리(官吏)이다. 관리 중에 탐욕(貪慾)스럽거나 부정부패로 오염된
자를 일컬어 탐관오리(貪官汚吏)라 하며, 그 반대는 청백리(淸白吏)
다. 문무백관(文武百官) 중에 가장 높은 자는 장관(長官), 그다음은
차관(次官)이다. 이들은 고관(高官)에 속한다. 고관대작(高官大爵)
과 미관말직(微官末職)은 서로 반대말이다. 상명하복이 가장 확실한
곳은 군대이니 그곳의 장관은 사령관(司令官)이겠다. 관리마다 전담
하는 직무가 있듯 우리 몸의 장기(臟器)도 각기 맡은 바 직무를 담당
한다 하여 기관(器官)이라 부른다.

(받을-수)　(줄-수)

受授

초창기 글꼴을 보면, 중간에 '배-주'(舟)가 있고 좌우 양쪽으로 '손가락'이 있다. 배로 물건을 실어 보내거나 실어 온 물건을 받아 내리는 모습이다. 따라서 수(受)의 본뜻은 '배로 물건을 운송하다'이다. 시간이 흐르면서 좌측의 손가락은 위로 올라가 '손톱-조'(爪)가 되었고, 우측의 손가락은 아래로 내려와 '오른손-우'(又)가 되었다. 중간의 '주'(舟)는 '덮을-멱'(冖)으로 변형되어 현재 우리가 보는 글꼴이 되었다. 물건을 실어 보내는 것과 실어 온 물건을 받아 내리는 것은 분명히 구분되는 동작이다. 이에 실어 온 물건을 받을 때만 '받을-수'(受)를 사용했고, 물건을 실어 보낼 때는 따로 '손-수'(扌=手)를 우측에 추가해 '줄-수'(授)로 사용했다. 수여(授與), 전수(傳授), 수유(授乳), 교수(敎授) 등이 '주다'의 뜻이다. 접수(接受), 감수(甘受), 인수(引受), 수용(受容) 등이 '받다'의 뜻이다. 주고[授] 받는[受] 것을 수수(授受)라 한다. '금품(金品)을 수수(授受)했다'고 하면 돈이나 물건을 주고받았다는 뜻이다. '금품 수수'가 문제가 되는 이유는 뇌물(賂物)이기 때문이다.

（ 半 - 반 ）

半

초창기 글꼴을 보면, 위쪽은 '나눌-분'(分)의 초기 형태인 팔(八)이고, 아래쪽은 '소-우'(牛)였다. 따라서 반(半)은 '도살한 소를 절반(折半)으로 나눈다'는 뜻이다. 이로부터 '절반'의 뜻이 나왔다. 소를 잡는 것이 물(物), 잡은 소를 절반으로 나누는 것이 반(半), 낱낱이 해체하는 것이 해(解)다. 축구 경기에서 앞의 절반을 전반전(前半戰), 뒤의 절반을 후반전(後半戰)이라 한다. 한쪽만 대륙에 연결되고 나머지는 바다로 둘러싸인 육지를 반도(半島)라 하여 우리나라를 한반도(韓半島)라 부르는데, 이런 명칭은 아마 일본처럼 섬나라 입장에서 만든 단어일 것이다. 대륙의 입장에서는 바다 쪽으로 길게 쑥 내민 육지를 곶[串]이나 갑(岬)이라 부른다. 반가(半價), 반숙(半熟), 과반수(過半數), 반신반의(半信半疑), 반신불수(半身不遂) 등이 모두 '절반'의 뜻으로 사용되었다. '절반'의 뜻이 유행하면서 '나누다'의 뜻이 희미해졌다. 이에 '칼-도'(刂=刀)를 덧대 '나눌-판'(判)으로 복원했다.

(더울 - 열)

埶
예(埶)

熱

爇 爇 熱
열(熱)

열(熱)의 초창기 글꼴은 양손으로 횃불을 잡고 있는 모습이다. '잡을-극'(廾)이 '알-환'(丸)으로 변했지만, 환(丸)에도 실은 '손가락-우'(又)가 들어 있다. 이 모습이 묘목을 잡고 땅에 심는 '심을-예'(埶)와 흡사했다.[지금은 그 위에 '풀-초'(艹)를 추가하여 예(蓺), 그 밑에 '이를-운'(云)까지 붙여 '심을-예'(藝)로 쓰고 있다. 원예(園藝)가 무슨 뜻인지 잘 아실 것이다] 이에 구별하고자 그 아래에 '불-화'(灬=火)를 붙인 것이 지금 우리가 보는 열(熱)이다. 따라서 '(횃)불을 붙이다'가 본뜻이며, 이로부터 '열기' 내지는 '덥다, 뜨겁다'의 뜻이 나왔다. 열대(熱帶)란 날씨가 매우 더운 지대를 가리키는데, 지구 온난화 탓에 우리나라도 여름만 되면 밤에도 열기(熱氣)가 식지 않는 열대야(熱帶夜)가 지속되곤 한다. 뜨거운 감정을 열정(熱情) 혹은 정열(情熱)이라 한다. 정열적인 사람은 매사에 열의(熱意)를 가지고 열심(熱心)히 열중(熱中)하는 경향이 있다. 사랑도 뜨겁게 하기에 열애(熱愛)라 한다. 무엇을 간절히 원할 때도 소망(所望)보다 뜨겁게 바라는 것이기에 열망(熱望)이라 한다. 열풍(熱風), 열광(熱狂), 열전(熱戰)도 많이 쓰인다. 더위에 뜨거운 삼계탕을 먹는데 열로써 열을 다스린다고 하여 이열치열(以熱治熱)이라한다.

(띠 - 대)

帶

연일 열대야(熱帶夜)이니 대(帶)에 관해 살펴보자. 위쪽은 띠를 묶어 맨 모습이고, 아래쪽은 묶고 남은 부분을 장식처럼 늘어뜨린 모습이다. 비교적 넓고 긴 허리띠를 그린 것이다. 지금은 구분하지 않지만 옛날에는 일반적으로 남자의 허리띠는 가죽, 여자의 것은 천으로 만들었다. 따라서 혁대(革帶)는 남자용이었고, 남녀공용이면 요대(腰帶)라고 해야겠다. 허리띠 모양의 사물에도 사용한다. 목소리를 내는 성대(聲帶), 생선 중에 '갈치'는 그 모양이 허리띠 같다 하여 대어(帶魚)라 한다. 허리띠 모양의 일정한 지역(地域)이나 영역(領域)에도 쓴다. 열대(熱帶), 온대(溫帶), 일대(一帶), 고지대(高地帶), 저지대(低地帶), 비무장지대(非武裝地帶), 무풍지대(無風地帶) 등은 물론이고, 대역(帶域)이나 공감대(共感帶)에도 사용한다. 허리띠는 허리를 묶어 의복이 가는 데로 따라가기에 대동(帶同), 휴대(携帶), 연대(連帶), 부대시설(附帶施設), 대처승(帶妻僧)처럼 쓰인다. 한반도와 중국 사이에 강폭이 좁은 곳은 말을 주고받을 정도로 근접했다. 한중 양국은 종종 일의대수(一衣帶水)로 친밀감을 표현한다. 허리띠 하나 정도의 강폭이란 뜻이다.

(밤-야)

夜

열대야의 '야'에 대해 알아보자. 야(夜)의 초창기 글꼴은 역(亦)이었다. 역(亦)은 겨드랑이다. 팔을 벌리고 서 있는 사람[大]의 양쪽 겨드랑이 밑에 사선을 각각 하나씩 그어 겨드랑이 부분을 표시한 것이다. 그런데 겨드랑이는 이쪽이 저쪽과 역시 같아서 역시(亦是)의 뜻으로 사용되자, 부득이 '고기-육'(肉)의 변형인 육달월(月)과 모양이 흡사한 석(夕)을 다시 겨드랑이 오른쪽 부분에 추가하여 겨드랑이 안쪽 살을 가리키는 야(夜)를 만들었다. 그런데 겨드랑이 안쪽 살은 털로 인해 '어둡고', 또한 '저녁-석'(夕)까지 있으므로[실은 육(肉)임. '많을-다(多)는 고기가 많다는 뜻] '어두운 저녁'을 뜻하는 '밤-야'(夜)의 뜻으로 사용되기 시작했다. 이에 겨드랑이의 뜻을 복원하고자 '고기-육'(肉)의 변형인 육달월(月)이나 '손-수'(手)를 왼쪽에 추가하여 '겨드랑이-액'(腋) 혹은 액(掖)을 다시 만들었다. 요컨대 '겨드랑이'가 우여곡절을 거쳐 '밤-야'(夜)가 된 것이다. 야경(夜景), 심야(深夜), 철야(徹夜), 야근(夜勤), 야광(夜光) 등은 물론이고 주경야독(晝耕夜讀), 불철주야(不撤晝夜), 야반도주(夜半逃走) 등도 모두 밤의 뜻이다.

(낮-주)

晝

밤뿐 아니라 낮에도 더우니 '낮-주'(晝)에 대해 알아보자. 초기 글꼴은 손으로[又] 붓을 잡고 있는 모습의 '붓-율'(聿) 아래에 '날-일'(日)이 그려져 있다. 해가 뜨자 새로운 하루를 기록하는 모습이다. 세월이 흐르며 '율'(聿)과 '일'(日) 사이에 '나눌-분'[八=분(分)의 초기 형태]을 추가했다. 밤과 낮이 나뉘는 순간, 즉 밤과 낮이 바뀌는 순간을 강조한 것이다. 그 뒤로 일(日)을 아예 '해 돋을 무렵-단'(旦)으로 바꾸어 해돋이로부터 낮이 시작됨을 확실히 해 주었다. 야간(夜間)의 상대되는 말로 주간(晝間), 대낮을 백주(白晝)라 하는데 동어 반복을 통해 강조하려는 뜻인지 우리는 종종 '백주대낮'으로 사용한다. 주야장천(晝夜長川)은 밤낮으로 쉬지 않고 흐르는 시냇물처럼 늘 잇따른다는 뜻이다. '늘' 또는 '언제나'의 뜻인 이 말은 다음 고사에서 유래했다. 유유히 흐르는 물을 바라보며 공자가 말한 적이 있다. "이렇게 흘러가는구나, 낮밤을 가리지 않고!" 원문은 불사주야(不舍晝夜)인데 사(舍)는 여기서 '버릴-사'(捨)의 뜻이므로 불철주야(不撤晝夜)로 이해하면 쉬울 것이다.

暴

연일 폭염(暴炎)이니 '폭'과 '염'에 대해 알아보자. 폭(暴)의 초창기
글꼴은 사슴의 두개골 위로 태양이 있다. 오래 보관하고자 사슴 가
죽을 햇볕에 말리는 모습이다. 세월이 흐르며 사슴이 쌀알로 바뀌었
다. 역시 오래 보관하고자 햇볕에 쌀을 말리는 모습이다. '쌀-미'(米)
가 시간이 흐르면서 '물-수'(氺)로 변해 현재 우리가 보는 글꼴이 되
었다.● 햇볕과 쌀알 사이에 '날-출'(出)과 '두 손으로 받들-공'(廾)이
삽입되어, 곳간에서 쌀을 꺼내 햇볕 아래 두 손으로 널어 말리는 모습
을 자세히 그렸다. 따라서 '햇볕에 말리다'가 본뜻이며, 햇볕에 내 놨
으니 '드러나다, 공개하다'의 뜻도 나왔다. 폭로(暴露)가 바로 그 뜻
이다. 여름철 한낮의 햇볕은 '강렬하고 급하고 모질고 사나와 (생명
을) 해칠 수도 있다'. 이렇게 파생된 뜻은 '포'로 읽었다. 그렇다면 폭
염(暴炎)이 맞을까, 포염(暴炎)이 맞을까? '포염'이 맞지만 발음 편
의상 '폭염'으로 읽는 듯하다. 폭행(暴行), 폭군(暴君), 폭도(暴徒),
폭풍(暴風), 폭리(暴利), 폭식(暴食), 폭음(暴飮), 폭등(暴騰), 폭락
(暴落) 등이 실은 모두 '포'로 읽어야 한다. 포악(暴惡), 포학무도(暴
虐無道), 흉포(凶暴), 횡포(橫暴)는 제대로 읽고 있으니 독음 문제로
자포자기(自暴自棄)할 필요는 없다.

───

● '쌀-미'(米)가 '물-수'(氺)로 변한 이유는 단지 글꼴이 비슷하여 실수한 것인지, 아니면 햇볕에 말
리면 물기가 없어진다는 뜻을 담았는지 확실치 않다. 그러나 글꼴이란 세월이 흐르며 간단하게 변하
는 것이 대세이므로 약간 복잡한 '쌀-미'(米)가 약간 간단한 '물-수'(氺)로 변한 것은 자연스러워 보
인다. 물론 물기가 증발한다는 뜻도 담았으니 안성맞춤이다.

(불꽃 - 염)

炎

炎

'불-화'(火)가 위아래로 겹쳐 왕성한 '불길'을 나타냈다. 농경 사회 초기에 이런 불길로 숲을 태워 개간한 것이 곧 화전(火田)이다. 중국인은 염제(炎帝)나 황제(黃帝)를 자신들의 시조(始祖)로 삼았다. 둘을 합쳐서 염황(炎黃)이라 부른다. '염제'를 신농씨(神農氏) 혹은 열산씨(烈山氏)라고도 하는데, 화전으로 농사를 시작한 부족이었을 것이다. '황제'를 헌원씨(軒轅氏)라고도 하는데, 곧 유목 생활을 하던 부족이었을 것이다. 이 '염황'이 크게 싸웠다는 내용이 사마천의 『사기』에 보인다. 왜 싸웠을까? 염제와 황제의 전쟁은 농경 민족과 유목 민족의 투쟁이었을 것이다. 염제의 염(炎)은 초기 농업을 상징하고, 황제의 황(黃)은 '화살'이 본뜻이기 때문이다. 염제와 황제가 대결했던 곳은 지금의 중국 하북성 북부에 위치하며 목축과 농경이 겹치는 지역이다. 역사적으로 봤을 때도 농경 민족과 유목 민족이 바로 이 지역에서 각축을 벌였다. 한편 우리가 상처를 입으면 불에 덴 듯 빨갛게 부어오른다. 이를 염증(炎症)이라 한다. 이로부터 열이 나는 병명에 '염'을 붙인다. 뇌염(腦炎), 폐렴/폐염(肺炎), 비염(鼻炎), 중이염(中耳炎), 위염(胃炎), 관절염(關節炎), 맹장염(盲腸炎) 등이 그러하다. 한여름의 심한 더위를 삼복염천(三伏炎天)이라 하는 것도 염제 탓인가 보다.

(붉을 – 적)

赤

초창기 글꼴을 보면, 팔다리를 벌리고 서 있는 사람 '큰-대'(大) 아래에 '불-화'(火)가 있다. 세월이 흐르면서 대(大)가 점점 토(土)로 변했고, 화(火)도 이른바 '연화발' 혹은 '불화발'(灬)이 아래로 길게 늘어졌다. 그러므로 적(赤)은 '사람을 태워 죽이는 화형(火刑)'이 본뜻이었고, 불은 붉은색이므로 '붉다'는 뜻이 나온 것이다. 적색(赤色), 적십자(赤十字) 등으로 사용된다. 적색은 사람을 흥분시켜 주목하게 만드는 특성이 있다. 따라서 위험 신호를 적신호(赤信號), 수입보다 지출이 많으면 적자(赤字)로 기록한다. 갓난이는 그저 달랑 몸 하나 핏덩이로 나오기에 적자(赤子)라 하며, 맹자는 순수하고 깨끗한 아기의 마음을 적자지심(赤子之心)이라 표현했다. 몸에 아무것도 걸치지 않은 발가벗은 상태가 적나라(赤裸裸)다. 유비와 손권 연합군이 조조 대군을 불로 공격할 때 요란한 불길이 남쪽 강가의 절벽을 붉게 물들였다 하여 적벽(赤壁)이며, 그 전쟁이 적벽대전이다. 끝으로 화형[赤]에 처할 찰나에 불더미를 치워[攵=攴] 살려 주는 것이 '용서할-사'(赦)다. 사면(赦免)으로 기억하면 되겠다.

援

초창기 글꼴은 조(爪)와 인(人) 사이에 막대기 같은 물건이 일(一)처럼 사선으로 그려져 있다. '손톱-조'(爪)는 손바닥을 아래로 하여 물건을 집어 올리려는 모습을 본뜬 글자이다. 세월이 흘러 '사람-인'(人)이 팔다리를 모두 벌린 '큰-대'(大)로 바뀌었고, 그 밑에 '오른손-우'(又)를 추가하여 손으로 받쳐 준다는 뜻을 표시했다. 이렇게 만든 글자가 원(爰)이다. 조(爪)와 일(一)은 변함이 없지만 아래쪽의 '벗-우'(友)는 대(大)와 우(又)가 합해지면서 변형된 것이다. 따라서 원(爰)의 본뜻은 '막대기 같은 물건을 내려 주어 사람을 당겨 올리다'이다. 그런데 당기면서 '여기 잡아' 혹은 '빨리 잡아'라고 소리쳤는지 본뜻은 사라지고 '여기에서, 이에, 곧' 등으로 전용되었다. 이에 본뜻을 복원하고자 다시 '손-수'(手=扌)를 왼쪽에 추가하여 원(援)을 만들었다. '당기다, 잡다, 끌다, 돕다'의 뜻은 이로부터 나온 것이다. 원조(援助), 구원(救援), 지원(支援), 응원(應援), 성원(聲援), 후원(後援), 증원(增援), 원호(援護), 청원(請援) 등이 그런 뜻으로 쓰였다. 이제 고립무원(孤立無援)이 무슨 뜻인지 확실해졌을 것이다. 한편 원(爰)에 '날-일'(日)을 추가하면 햇볕을 쬐어 열기를 당겨 오는 것이므로 '따뜻할-난'(暖)이다. 물론 '불-화'(火)를 추가해도 '따뜻할-난'(煖)이다. 햇볕을 들게 하여 방을 데우면 난방(暖房), 불을 지펴 방을 데우면 난방(煖房)이겠지만 지금은 혼용한다.

(더욱-우)

尤

우(又)

우(尤)

초창기 글꼴을 보면, 우(尤)는 우(又)를 두 개 겹친 모습이다. 우(又)는 '오른손가락'으로 무엇을 잡거나 잡으려는 모양이다. 우(又)의 손가락이 셋인 이유는 무명지와 새끼손가락이 중지에 가려 생략되었기 때문이다. 그렇다면 우(又)는 손가락으로 무엇을 잡는 모습일까? 옛날에 귀했던 '고기'일 것이다. 그러므로 우(又)에 '고기-육'(月=肉)을 합쳐 '차지할-유'(有)를 만들었다. 오랜 옛날, 야생 동물을 사냥하면 고기를 공평하게 분배했다. 한 점씩 고르게 분배하는 것을 '고를-균'(勻)이라 했다. 한 사람이 두 점을 차지하는 것을 '많을-다'(多)라 했다.[다(多)는 저녁-석(夕)이 겹쳐 보이지만 실은 '고기-육'(月=肉)이 변형된 것임] 그런데 우(尤)는 우(又)가 두 개 겹친 모습이므로, 한 사람이 고기 여러 점을 차지한 모습이다. 탐욕스럽게 독식하려는 추태이니 사람들이 '탓하거나 힐난할 것'이다. 이로부터 '허물, 과실, 잘못'의 뜻이 나왔고, '(욕심이) 너무 심하다'는 의미로부터 '유달리, 더욱, 한층'의 뜻이 파생되었다. 우리 한자에서는 사용할 일이 드물지만 현대 중국어를 배우면 종종 접할 수 있다. 중국어의 우기(尤其 : yóuqí)는 '더욱이'의 뜻이고, 원천우인(怨天尤人 : yuàntiānyóurén)은 '하늘을 원망하고 인간을 탓하다'의 뜻이다.

八月

(베풀-선)

宣

선(宣)은 '집-면'(宀) 밑의 담장에 무늬가 그려진 모습이다. 옛날에 백성들은 그저 먹고살기도 바빴기에 집을 꾸미는 일은 아무나 할 수 없었다. 특히 담장에 무늬까지 그리는 것은 존귀한 집안이 아니면 힘들었을 것이다. 따라서 높은 분이 공적으로 하는 일에 특별히 선(宣)을 사용했다. 세상에 널리 알리는 것이 선포(宣布)다. 그렇게 하시는 말씀이 선언(宣言)이다. 그런 말씀을 널리 전하는 것이 선전(宣傳)이다. 선전포고(宣戰布告)란 전쟁(戰爭)을 개시(開始)한다는 것을 정식(正式)으로 선언(宣言), 공포(公布)하는 일이다. 누가 하겠는가? 그 나라의 최고 권력자가 한다. 이로부터 공개적으로 하는 일을 가리키기도 하였다. 공개적으로 맹세하는 것이 선서(宣誓)고, 권위나 명성을 널리 떨치는 것이 선양(宣揚)이며, 종교를 선전하여 널리 퍼뜨리는 것이 선교(宣敎)다.

疒 疾 疾 疾

疾

초창기 글꼴을 보면 '화살-시'(矢)가 '큰-대'(大)의 겨드랑이 쪽으로 날아가는 모습이다. 사람이 팔다리를 벌리면 커 보이므로 '크다'는 뜻이 나왔을 뿐, 본디 양팔을 벌린 사람의 정면 모습을 그린 글자가 대(大)이다. 그 뒤로 병상(病床)을 그린 '병들어 기댈-역'(疒)이 사람을 대체하여, 화살에 맞아 부상한 사람이 병상에 누워 있음을 표시했다. 화살에 맞았으니 아프고, 제대로 치료하지 않으면 병이 날 것이다. 이로부터 '아프다, 병(나다)'의 뜻이 나왔다. 질병(疾病), 질환(疾患), 고질(痼疾), 괴질(怪疾), 폐질(廢疾), 안질(眼疾) 등이 그런 뜻이다. 아픈 것을 좋아하는 사람은 없다. 이로부터 '미워하다'의 뜻이 나왔는데, 질시(疾視)가 곧 '밉게 본다'는 뜻이다. 여기에 시기(猜忌)나 질투(嫉妬)하여 밉게 본다면 질시(嫉視)가 될 것이다. 한편 화살에 맞으면 통증을 빠르게 느끼므로 '급하다, 신속하다, 빠르다'의 뜻도 나왔다. 질주(疾走), 질풍(疾風) 등이 그 뜻으로 쓰였다. 질병(疾病)은 모두 '병'이지만 본뜻은 달랐다. 질(疾)은 눈으로 보이는 외상(外傷)이고, 병(病)은 안쪽이라 보이지 않는 내상(內傷)이다. 그러므로 질(疾)은 대개 급성(急性)이고, 병(病)은 대개 만성(慢性)이다. 따라서 급성질환(急性疾患)이라 하면 무방한데 만성질환(慢性疾患)이라면 뭔가 어색하다. 그러나 언어는 약속이자 습관이므로 다들 그렇게 사용하면 그뿐이다.

(물건 - 물)

物

물(勿)

물(物)

'소-우'(牛)와 '말-물'(勿)이 합했다. '말-물'(勿)은 용법상 동사 앞에
붙어 명령식 부정(否定)을 표현하기에 '하지 말라'는 뜻에서 '말-물'
로 새긴 것이다. 그러나 물(勿)의 초창기 글꼴은 '칼-도'(刀) 옆으로
뭔가 튀는 모습이다. 칼로 베다 보니 피나 살점이 튀는 모습을 그린
것이다. 따라서 물(勿)의 본뜻은 '칼로 베다'이다. 그런데 '말-물'로
널리 쓰이자 다시 '칼-도'(刀)를 더해 '목 벨-문'(刎)을 만들었다. 문
경지교(刎頸之交)를 상기하면 될 것이다. 그러므로 물(物)의 본뜻은
'소를 베다'이다. 소는 큰 짐승이라 큰 제사나 큰 잔치 때만 잡았으며,
털색을 보고 골랐다. 이를 물색(物色)한다고 한다. 물색하는 과정에
서 일반 소보다 몸집도 크고 힘도 센 수컷을 보게 될 것이다. 그런 소
를 특(特)이라 하며, 누가 봐도 눈에 띄기에 특색(特色)이 있다고 한
다. 특색 있는 극소수 소를 제외하면 대부분의 소는 비슷비슷한 물체
(物體)이다. 이로부터 세상에 존재하는 유형의 존재를 일컬어 물(物)
이라 했다. 생물(生物), 물건(物件), 사물(事物), 만물(萬物) 등으로
사용한다. 소가 다 같은 소가 아니듯 사람도 인품이나 능력이 출중하
면 인물(人物)이라 한다.

(독-독)

毒

초창기 글꼴을 보면, '날-생'(生)과 '말-무'(毋)가 합했다. 생(生)은 '싹-철'(屮)과 '흙-토'(土)가 합한 모양으로 싹이 땅 밖으로 움트는 모습을 그린 것이다. 따라서 본뜻은 '싹트다'이며, 이로부터 '낳다, 생기다, 태어나다'의 뜻이 나왔다. 무(毋)는 '어미-모'(母)의 변형인데, 어미의 유두(乳頭)를 한 획으로 그어 보이지 않게 처리했다. 이는 아마 임신(姙娠)이나 수유(授乳) 혹은 월경(月經)과 같은 시기에 남성의 성적인 자극을 거부한다는 신호일 것이다. 이로부터 '거절하다, 거부하다'의 뜻이 나왔다. 따라서 독(毒)의 본뜻은 '싹틀 때 본능적으로 거부하는 유해물질'이며, 이로부터 육체적·정신적 생명에 해악을 끼치는 유무형의 모든 '유독물'을 가리키게 되었다. 독소(毒素), 독약(毒藥), 해독(解毒), 소독(消毒) 등이 그런 뜻이다. 또한 중독(中毒)되면 심하게 시달리기에 '심하다'는 뜻이 나왔다. 혹독(酷毒), 지독(至毒), 악독(惡毒), 독감(毒感) 등이 그런 뜻이다. 세월이 흐르며 글꼴이 변해 위쪽의 생(生)은 옆의 삐침[丿]이 떨어졌고, 아래쪽의 무(毋)는 모(母)로 쓰기도 한다.

（대-세）

世

世

현재 글꼴로는 뜻을 짐작하기 어렵다. 약간 오래된 글꼴을 보면 마치 '열-십'(十)이 세 개 있어 30을 뜻하고, 30년이 대개 한 세대(世代)이므로 '대-세'(世)로 새길 수 있을 것 같다. 그런데 더 오래된 글꼴을 확인하면 '발바닥-지'(止) 혹은 '그칠-지'(止)의 모습이 뚜렷하고, 아울러 그 옆이나 아래에는 '부서진 뼈-알'(歹=歺), '설-립'(立), '자리-석'(席) 등이 붙어 있다. 지(止)가 뜻하는 바는 '발동작'인데, 움직이지 않고 서 있다거나[립(立)], 아예 자리에 누웠다거나[석(席)], 심지어 뼈만 앙상하게 남았다면[알(歹=歺)] 세(世)의 본뜻은 '인생길을 걷다가 생명이 멈추어 종료되다'로 보아야 할 것이다. 지금은 위생 수준이나 의료 시설이 좋아 평균 수명이 80년을 훌쩍 넘어서지만 불과 200~300년 전만 해도 40년을 못 넘겼고, 옛날에 30년이면 결코 요절한 것이 아니었다. 인생칠십고래희(人生七十古來稀)가 허튼소리가 아니었던 것이다. 초창기 글꼴의 지(止)를 유심히 보면, 위로 뻗은 획마다 그 중간에 굵은 점을 찍어서 '그쳤음'을 강조하고 있기도 하다. 굵은 이 점들 때문에 '열-십'(十)으로 변했고, 또 3개가 이어지다 보니 우연의 일치겠지만 도합 30년이 되어 그 당시의 평균적인 생명이 세상(世上)을 살다 간 기간이 된 것이다. 세계(世界), 세습(世襲), 별세(別世), 속세(俗世), 내세(來世), 후세(後世), 격세지감(隔世之感) 등으로 쓰인다.

(어려울 - 난)

難

근(堇)

추(隹)

난(難)

근(堇)과 추(隹)가 합했다. 근
(堇)의 초창기 글꼴을 보면, 팔
다리를 벌리고 서 있는 사람의 정면 모습을 그린 '큰-대'(大)의 위쪽
으로 목에 칼이 채워져 있고, 중간에는 동그랗게 끈으로 묶인 모습이
다. 아래쪽에는 '불-화'(火)가 있어서 혹형을 당하는 모습이기도 하
다. 세월이 흐르며 아래쪽의 양다리와 화(火)가 붙어서 '흙-토'(土)
처럼 변형되었다. 따라서 근(堇)은 행동의 자유가 없는 죄수(罪囚)가
고생하는 모습이다. 한편 '송골매-추'(隹)는 단단한 날개, 날카로운
부리와 발톱을 그린 모습으로 솔개나 매와 같은 '맹금류'를 가리킨다.
송골매가 사냥꾼의 팔뚝에 앉아 있는 모습을 그린 것이 '매-준'(隼)
이다. 그러므로 근(堇)과 추(隹)가 합한 난(難)은 포박된 죄수가 맹
금류에게 쪼임을 당하는 모습이며, 이로부터 '어렵다, 꺼리다, 싫어
하다, 괴롭히다' 등의 뜻이 나왔다. 곤란(困難), 고난(苦難), 재난(災
難), 난민(難民), 험난(險難), 난관(難關), 난해(難解), 비난(非難),
힐난(詰難) 등이 모두 그런 뜻으로 쓰였다. 다사다난(多事多難), 각
골난망(刻骨難忘), 고장난명(孤掌難鳴), 난공불락(難攻不落), 중구
난방(衆口難防), 진퇴양난(進退兩難) 등 무척 많다. 그런데 희한하
게도 난(難)을 볼 때마다 서양 신화의 '프로메테우스'●가 떠오른다.

●그리스 신화에 나오는 티탄 족의 영웅. 인간에게 불을 훔쳐다 주어 인간에게는 문화를 준 은인이나,
제우스의 노여움을 사 코카서스의 바위에 묶여 독수리에게 간을 쪼이는 고통을 받았다.

(한수 - 한)

漢

근(堇) 옆에 '물-수'(水)가 있으니 당연히 물과 관련된 글자이다. 중국 양자강의 가장 큰 지류인 한수(漢水)를 가리킨다. 중국 섬서성 남부 진령 산맥에서 발원하여 한중(漢中)을 지나 동쪽으로 흘러 호북성으로 접어든 뒤 무한(武漢)에서 양자강으로 빠진다. 근(堇)은 목에 칼을 차고 끈으로 묶인 사람의 모습이다. 그렇다면 한(漢)은 단순히 강 이름에 그치지 않고 그 당시 정치·경제·문화의 중심지였던 중원 지역에서 죄인들을 유배시켰던 서남부 수역(水域)이 아닐까 싶다. 진(秦)나라가 붕괴되고 항우(項羽)가 권력을 잡자 정적인 유방(劉邦)을 바로 그 수역인 한중 땅에 유배 보내고 왕으로 봉했다. 그 뒤 유방은 항우를 누르고 새 왕조를 세웠다. 한중의 왕, 즉 한왕(漢王)이었기에 한(漢)나라라고 부른다. 한나라 때 보편적인 서체 예서(隸書)는 현재 우리가 사용하는 글꼴과 거의 같고, 또한 중국 문화의 기본적인 틀이 이 시기에 형성되었기에 중국 문자를 중자(中字)라 하지 않고 한자(漢字)라 부른다. 우리나라 서울에도 한강(漢江)이 흐른다. 한강의 남쪽을 한음(漢陰), 북쪽을 한양(漢陽)이라 한다. 옛날엔 서울을 한양이라 불렀다.

(떠날-리)

离 苂 離 离

離

초창기 글꼴은 무척 간명하다. 위쪽은 '새' 모양이고, 아래쪽은 '파리채 모양의 그물'이다. '그물로 새를 잡은 모습'을 그린 것이다. 시간이 흐르면서 위쪽에 '수풀-림'(林)을 추가하여 새가 사는 곳을 표시했고, 아래쪽은 '오른손-우'(又)를 더해 새를 이미 잡았음을 강조했다. 그 뒤로 왼쪽의 상단 '수풀'은 '싹-철'(屮)로 간단해졌고, 하단에 그물과 손잡이 그리고 손가락이 이어졌다. 게다가 오른쪽에는 '새-추'(隹)를 추가하여 새가 잡혔음을 더욱 명확히 했다. 또다시 시간이 흘러 왼쪽의 '싹'이 '돼지 해(亥) 머리-두'(亠)처럼 평평해져 현재 우리가 쓰는 모양이 되었다. 따라서 리(離)의 본뜻은 '새를 그물로 잡다'이다. 그물에 걸려 잡힌 새의 입장에서는 생포당한 것이므로 '당했다'의 뜻이 나왔다. 전국 시대 말기 초나라 굴원(屈原)의 대표작 「이소」(離騷)는 근심을 당하여 쓴 글이기에 붙여진 이름이다. 한편 잡힌 새는 그들의 무리로부터 이탈한 것이기에 '떠나다, 떼어 놓다, 흩어지다'의 뜻이 나왔다. 분리(分離), 이별(離別), 이혼(離婚), 격리(隔離), 이반(離反), 난리(亂離), 이임(離任), 이직(離職), 유리(遊離), 이륙(離陸), 이간(離間), 이산가족(離散家族) 등이 모두 그런 뜻으로 쓰였다. 속리산(俗離山)이 무슨 뜻인지 이제 알 것이다. 리(離)가 '떠나다, 떼어 놓다, 흩어지다'의 뜻으로 전용되자, '당했다'의 뜻은 따로 '걸릴-이'(罹)가 담당했다. 이재민(罹災民)이나 이환율(罹患率)로 기억하면 되겠다.

(모일-집)

集

초창기나 지금이나 글꼴에 차이는 없다. '새-추'(隹)와 '나무-목'(木)
이 합했다. 다만 초창기 글꼴 중에는 추(隹) 대신에 '새-조'(鳥)가 들
어간 것도 있다. 같은 조류(鳥類)지만 추(隹)와 조(鳥)는 약간 다르
다. 옛 글꼴을 확인하면, 꼬리가 긴 새의 모습을 그린 것이 조(鳥)이
고, 꼬리가 짧은 새의 모습을 그린 것이 추(隹)였다. 새들은 대개 모여
살기에 홀로 나무에 앉는 경우가 극히 드물다. 세월이 흐르면서 새가
많음을 표시하고자 추(隹)를 셋이나 그린 글꼴도 있다. 따라서 집(集)
의 본뜻은 '새들이 나무 위에 모여 있다'이며, 이로부터 '모이다'의 뜻
이 나왔다. 집합(集合), 집단(集團), 모집(募集), 소집(召集), 집중
(集中), 집계(集計), 밀집(密集), 징집(徵集), 수집(蒐集), 군집(群
集), 집산(集散), 집회(集會), 시집(詩集) 등이 모두 그런 뜻으로 쓰
인 것이다. 구름처럼 많이 모이는 것이 운집(雲集)이다. 훌륭한 것을
두루 모아 체계적으로 종합하여 완성한 것이 집대성(集大成)이다.

(평미레-개)

목(木)

개(槪)

기(旣)

개(槪)는 '나무-목'(木)과 '이미-기'(旣)가 합했다. 기(旣)는 급(皀)과 기(旡)로 구성되었다. 급(皀)의 위쪽은 '흰-백'(白)으로 '막 지은 쌀밥'의 모습이고, 그 아래 '수저-비'(匕)는 초창기 글꼴로 보면 밥그릇의 모양이 분명했으나 시간이 흐르면서 변한 것이다. 따라서 급(皀)은 그릇에 담긴 막 지은 쌀밥의 모습이다. 기(旡)는 입을 크게 벌려 트림하는 모습이다. 그렇다면 기(旣)의 본뜻은 '밥을 이미 다 먹었다'이며, 밥으로 배 속을 채운 것이다. 물로 농경지를 채우는 것을 '물 댈-개'(漑)라 한다. 왼쪽에 '물-수'(水)를 붙였다. 말이나 되와 같은 용기(容器)에 양곡을 채우고 밀어서 고르게 하는 나무, 즉 평미레를 개(槪)라 한다. 왼쪽에 '나무-목'(木)을 붙였다. '고르게 밀어 주다'로부터 '고르다'의 뜻이 나왔고, 이는 곧 '들쭉날쭉한 데가 없이 한결같음'이므로 절개(節槪), 기개(氣槪)의 뜻이 나왔다. 또한 평미레가 전체를 평평하고 고르게 밀어 주듯 '전반적인 내용이나 줄거리를 크게 가리키는 것'을 대개(大槪)라 한다. '대개'는 대략(大略)이나 대강(大綱)의 뜻이므로 개략(槪略)이라고도 한다. 개괄(槪括), 개황(槪況), 개관(槪觀), 개요(槪要), 개론(槪論), 개설(槪說) 등이 모두 그런 뜻으로 쓰인 것이다.

(말씀 - 설)

설(舌)   언(言)

태(兌)

說

언(言)과 태(兌)가 합했다. '혀-설'(舌)은 '입-구'(口)에서 혀가 밖으로 나온 모습을 그린 것이다. 동물 중에 파충류의 혀가 가장 인상적이므로 끝에서 양쪽으로 갈라진 모양을 그렸다. 갈라진 혀끝 앞에 가로줄을 그어 혀를 움직이며 말하는 모습을 그린 것이 언(言)이다. 그러므로 언(言)의 본뜻은 동사로 '말하다', 명사로 '말씀'이다. 한편 태(兌)는 팔(八), 구(口), 인(儿)이 합했다. 팔(八)은 본디 '나눌-분'(分)의 초기 글꼴이었다. '어진사람-인'(儿)은 인(人)의 한쪽 발을 구부렸을 따름이다. 따라서 입을 벌리고 웃는 모습을 그린 것이다. 태(兌)의 본뜻은 '입을 벌리고 웃다'이다. 마음이 즐겁거나 기쁘면 자연히 웃을 테니 '마음-심'(心)을 추가하여 '기쁠-열'(悅)을 만들었다. 희열(喜悅)로 기억하면 될 것이다. 할 말을 꾹 참고 있으면 얼마나 답답한가. 말하고 나면 속이 후련하여 무척 기쁠 것이다. 이에 '말씀-언'(言)을 추가하여 '즐겁게 말할-설'(說)을 만들었다. 분명하게 '말'하는 것이 설명(說明), 풀어서 '말'하는 것이 해설(解說), 남을 설득(說得)하고자 '말'하는 것이 유세(遊說), 학문적인 '말씀'이 학설(學說)이다.

(말-사)

辭

란(亂)

사(辭)

왼쪽은 '어지러울-란'(亂)의 생략형, 오른쪽은 '매울-신'(辛) 혹은 '맡을-사'(司)다. 왼쪽 상단이 '손톱-조'(爪), 하단이 '오른손-우'(又), 중간이 베틀의 모양이다. 베틀의 실올이 엉켜서 정리가 잘 안 되는 모습을 묘사한 것이다. 신(辛)은 죄인의 코를 베거나 이마, 뺨을 찢어 먹물을 입혔던 형구(刑具)로서 죄나 형벌을 상징했다. 그러므로 사(辭)는 변론에서 지면 형벌을 받아야 하는 쌍방이 법정에서 치열하게 자신을 변호하는 언사(言辭)이다. 중구난방으로 나오는 말을 관리할 필요가 있었기에 '맡을-사'(司)를 붙이기도 했다. 이로부터 '말(辭)'의 뜻이 나왔다. 가사(歌辭), 찬사(讚辭), 축사(祝辭), 답사(答辭), 겸사(謙辭) 등이 그런 뜻이다. 변론에서 졌다고 순순히 형벌을 받으려 하겠는가. 항소한다는 것은 곧 판결을 거부하는 것이다. 이로부터 '거절하다'의 뜻이 나왔고, 다시 '사양하다, 그만두다'의 뜻으로 확장됐다. 사직(辭職), 사임(辭任), 사의(辭意), 사표(辭表), 사퇴(辭退), 사양(辭讓) 등이 그런 뜻이다. 미사여구(美辭麗句)는 '말'의 뜻이고, 두주불사(斗酒不辭)는 '사양'의 뜻이다.

宜

초창기 글꼴을 보면, 조상의 신주(神主)나 위패(位牌)를 그린 조(且 =祖) 안쪽에 '고기-육'(月=肉) 두 덩이를 횡선으로 잘라 위아래로 나누어 놓은 모습이다. 글꼴에 따라서는 고기를 명백히 잘랐음을 강조하고자 횡선을 두 개 긋기도 했다. 시간이 흐르면서 조(且=祖)의 위쪽이 마치 지붕처럼 변해 '덮을-멱'(冖)이나 '집-면'(宀)이 되었고, 안쪽의 고기 두 점은 한 점으로 줄었다가[月] 밑바닥의 한 획과[一] 결합해 조(且)가 되어, 마침내 현재 우리가 보는 의(宜)의 꼴을 갖추었다. 의(宜)는 조상께 짐승을 잡아 제사를 올리고 그 고기를 균등하게 잘라서 나누는 모습을 그린 것이다. 그러므로 의(宜)의 본뜻은 '제사 후 제수(祭需)용 고기를 균등하게 나누다'이며, 이렇게 하는 것이 마땅하고 옳기에 '마땅하다, 옳다'의 뜻이 나왔다. 의(宜)를 현대 용어로 바꾸면 '정의'(正義 : justice)다. 옛날 중국인에게 '정의'는 고기를 공평하게 나누는 것이었다. 잘살든 못살든 동고동락(同苦同樂)하는 것이 '정의'였다. 중국 역사에서 폭동이 일어날 때 그 배후의 공통점은 바로 극심한 빈부격차(貧富隔差)였다. 공자가 말했다. "국가를 가진 자는 물자 부족을 걱정할 게 아니라 공평하게 분배되지 않음을 걱정해야 한다. (중략) 대개 공평하게 분배되면 극빈자가 없어지고, 사회가 화목하면 물자 부족이 문제가 안 되며, 사회가 안정되면 무너질 일이 없다."[『논어』「계씨」(季氏)] 중국의 전통적인 경제 사상이다.

(느낄 - 감)

感

초창기나 지금이나 글꼴에 변화는 없다. '다-함'(咸)과 '마음-심'(心)이 합했다. 여기서 함(咸)은 '개-술'(戌)과 '입-구'(口)가 합한 것으로, 12간지(干支) 중에 '술'이 '개'에 해당하여 '개-술'이라 하는 것이지 애당초 글꼴은 육중한 도끼 모양이었다. 그 밑에 '입'이 있으므로 함(咸)은 도끼를 휘두르며 고함(高喊)을 치는 모습이다. 양쪽 진영이 죽기 살기로 백병전이 붙어 고함치는 모습을 떠올리면 된다. 따라서 함(咸)은 '고함칠-함'(喊)의 본래 글자였을 것이다. 수천 수만 명의 병졸이 엉켜 붙어 기합을 넣듯 서로 고함을 지른다고 상상해 보라. 그 함성(喊聲)에 가슴이 크게 뛰는 것을 '마음-심'(心)을 붙여 '느낄-감'(感)으로 만들었다. 이로부터 '느끼다, 마음이 움직이다'의 뜻이 나왔다. 감동(感動), 민감(敏感), 체감(體感), 공감(共感), 동감(同感), 감성(感性), 감회(感懷) 등이 모두 그런 뜻이다. 다정다감(多情多感), 감지덕지(感之德之), 감개무량(感慨無量), 격세지감(隔世之感)도 자주 쓰는 단어다.

(빛-광)

光

광(光)의 초창기 글꼴은 위쪽에 '불-화'(火)가 있고, 아래쪽에 무릎을 꿇은 '어진사람-인'(儿)이 있다. 사람이 무릎을 꿇고 '불'을 든 모습이다. 세월이 흐르며 '불'의 모양이 약간 변했지만 화(火)의 바닥이 납작해진 모양으로 보면 이해가 될 것이다. 물론 여기서 사람이란 하인이나 노예이고, 불도 횃불이나 등잔불 같은 것이 아닐까 싶다. 불을 밝히는 이유는 '빛'을 원했기 때문이고, 빛은 곧 '밝음'을 뜻한다. 오늘은 광복절(光復節)인데, 암흑 같은 일본 제국주의 치하의 삶에서 '빛'을 다시 찾았으므로 광복(光復)이다. 밝고 빛나게 해 주면 영광(榮光)이라 하지 않는가. 무대 앞쪽 아래에 장착하여 배우를 비추는 조명이 각광(脚光)이다. 각광을 받으면 관객이 모두 그곳을 주목한다. 광택(光澤)은 빛나는 윤기이고, 오셔서 자리를 빛내 주셨기에 광림(光臨)이다. 찬란한 문화는 '빛나는' 유산이기에 직접 찾아가 '보는 것'이 관광(觀光)의 참뜻이었다. 광화문(光化門)은 경복궁의 남쪽 정문이다. '왕의 인덕(仁德)이 햇빛처럼 온 나라를 밝게 비추면[光], 백성들이 교화(敎化)되어 좋아진다[化]'는 뜻을 담아 '광화문'으로 명명했다. 그 광화문 앞 광장에서 천주교의 황제인 교황이 '시복식'을 거행했다. 교황의 인자한 표정과 '광화문'의 본뜻이 어울린다.

復

復復復復

초창기 글꼴은 '성문(城門)이 상하로 돌출한 성곽(城郭)' 아래에 '뒤져서 올-치'(夂)가 있다. 치(夂)는 '앞으로 걸어가는 발바닥 모양'의 지(止)를 뒤집어 그린 것이다. 그러므로 복(復)은 성문을 나섰다가 돌아오는 동작을 표현한 것이다. 세월이 흐르면서 그런 동작을 강조하고자 '걸을-척'(彳)을 왼쪽에 추가해 현재 모습이 되었다. 반복(反復), 회복(回復), 복원(復元·復原), 복구(復舊), 복고(復古), 복직(復職), 복귀(復歸), 복학(復學), 광복(光復), 보복(報復) 등이 모두 '돌아오다'의 뜻이다. 공자가 주장했던 극기복례(克己復禮)는 개인적인 욕망을 억제하고 그 당시의 예법(禮法)으로 복귀하자는 뜻이다. 이를 한 마디로 요약하면 극복(克復)이다. 옛날에는 날이 밝으면 성밖으로 나가 농사를 짓고, 해가 지면 성 안으로 돌아와 쉬거나 잤다. 돌아와 또다시 나가므로 '다시'의 뜻으로도 사용되었다. 이때는 '돌아올-복'과 구분하고자 '부'로 읽는다. 부흥(復興), 부활(復活), 중언부언(重言復言) 등이 '다시, 또'의 뜻이다.

（ 겹옷 - 복 ）　（ 배 - 복 ）

複腹

複
복(複)

腹 腹 腹
복(腹)

'돌아올-복'(復)과 의미상 매우 밀접한 한자로 '겹옷-복'(複)과 '배-복'(腹)이 있다. 복(複)은 좌측에 '옷-의'(衣)가 붙어 있다. 그러므로 옷감 위에 중복(重複)되게 다시 여러 옷감을 대고 누빈 '겹옷'이 본뜻이다. 여러 겹으로 누볐으니 복식(複式)이고, 그렇게 만든 옷은 당연히 복잡(複雜)하다. 또한 옷감을 겹쳐 만들었으므로 '겹치다'의 뜻이 나왔다. 복제(複製), 복사(複寫)는 겹치게 만들었으니 결국 같게 만들거나 같게 썼다는 뜻이다. 물론 요즘 복사(複寫)는 손으로 쓰는 게 아니라 복사기(複寫機)로 복제하니 완전히 똑같다. 집과 집 사이, 같은 층의 방과 방 사이에 비를 맞지 않도록 지붕을 씌워 이어 놓은 통로를 복도(複道)라 한다. 통로를 '겹쳐 사용'[공용]하기 때문이다. 한편 복(腹)은 좌측에 '고기-육'(肉)의 변형인 육달월(月)이 있으므로 '고기'가 겹친다는 뜻이다. 어미에게 자기를 겹친 듯 닮은 애가 있는 곳은 어디겠는가? 당연히 배 속이므로 '배-복'(腹)이지만 초창기에는 '아기를 배다'의 뜻으로도 쓰였다.

諡　諡　諡　諡

諡

시(諡)를 표준 글꼴로 보고 시(諡)를 다른 글꼴로 보지만, 글꼴 자체로 판단한다면 시(諡)가 본뜻을 잘 설명한다. 시(諡)는 '말씀-언'(言)과 '더할-익'(益)이 합했다. 고인을 부르는 호칭은 이미 있지만, 추가로 부르는 명칭이 시호(諡號)이기 때문이다. 과거 동아시아권에서는 제왕, 왕비, 귀족 및 고관 그리고 훌륭한 학자나 문인 등이 죽으면 그들이 생전에 어떻게 살았는지 그 행적과 인품을 평가한 뒤 그에 맞는 칭호를 부여했다. 이를 '시호'라 한다. 중국의 경우 '시호'는 서주(西周) 시대부터 있었으니 그 역사가 무척 오래다. 일반적으로 제왕의 시호는 예관(禮官)이 논의해 상신하면 계승한 황제가 재가하여 결정했고, 그 외에는 조정(朝廷)에서 결정하여 수여하는 방식으로 진행했다. 이순신 장군의 시호가 충무공(忠武公)이었고, 제갈량의 시호가 충무후(忠武侯)였다. 물론 절친한 벗들끼리 개인적으로 지어 주기도 했다. 도연명(陶淵明)의 시호는 정절(靖節)인데, 친구인 안연지(顏延之)가 지어 준 것이다.

諡　諡　諡　諡

諡

시호는 기본적으로 추모(追慕)하고 찬미(讚美)하려는 의도지만 여하튼 고인을 평가하는 것이기에 나쁜 시호가 없을 수는 없다. 좋은 시호를 상시(上諡), 나쁜 시호를 하시(下諡), 동정적인 중간 시호를 중시(中諡)라 하며, 하시 중에도 혹평한 시호를 악시(惡諡)라 한다. 주(周)나라 려왕(厲王)의 '려'(厲)가 곧 악시이다. 포악무도함에 견디지 못한 백성들이 폭동을 일으키자 변두리로 쫓겨나 객사한 왕이기에 저토록 험한 시호가 붙었다. 후손이 이러쿵저러쿵 평가하는 것을 용납할 수 없었던 천고의 제왕 진시황제(秦始皇帝)는 시호를 폐지하고 본인이 '처음-시'(始) 황제이니 아들 이후로는 순차적으로 이세황제, 삼세황제 쭉 이어져 만세까지 부르도록 명했다. 그런데 '이세황제'로 끝났다. 프란치스코 교황이 방한하여 시복식(諡福式)을 집전했다. 신앙이나 순교로 이름 높은 사람을 복자품(福者品)에 올리어 특정 지역의 교회에서 그를 공경하도록 선언하는 의식이다. 천주교의 황제가 교황(敎皇)이니 옛날 황제처럼 시호(諡號)를 내리는 것이다.

福

畐畗
복(畐)

䜝畗福福
복(福)

'보일-시'(示)와 '가득할-복'(畐)이 합했다. 시(示)의 초창기 글꼴은 신주(神主)나 제단(祭壇)의 모습이다. 이것이 들어가면 대부분 귀신(鬼神)이나 제사(祭祀)와 관계가 있다. 복(畐)의 초창기 글꼴을 보면, 넓은 입에 목이 있고 배가 부르며 바닥이 비교적 뾰족한 술항아리의 모습이 완연하다. 따라서 복(福)의 본뜻은 '좋은 술을 담아 귀신에게 제사를 올리며 행복을 빌다'이다. 이로부터 '복, 행복, 복을 빌다, 상서롭다' 등의 뜻이 나왔다. 제사 후 술과 고기를 나누어 먹는 것을 음복(飮福)이라 한다. 집[宀(면)]에 술항아리가 있으면 부자(富者)이므로, 우리 모두가 원하는 행복(幸福)을 한자 뜻 그대로 풀면 행(幸)은 형벌을 면하는 것이고, 복(福)은 부유한 것이다. 무탈하고 풍족하게 사는 것이니 이보다 더 큰 행복이 어디 있겠는가. 복이 많은 자를 복자(福者)라 하지만 천주교에서는 종교적으로 공경할 만하다고 교황청이 지정하여 발표한 자를 가리킨다. 프란치스코 교황이 방한하여 광화문 광장에서 한국인 순교자 124명을 '복자'로 발표했다. '복자'의 시호를 내리는 의식이니 시복식(諡福式)이다.

(법-식)

공(工)   익(弋)

식(式)

'장인-공'(工)과 '주살-익'(弋)이 합했다. 공(工)은 옛날 기술자들이 사용했던 다용도 연장의 모습으로 노동을 상징한다. 익(弋)은 줄이 달린 화살, 즉 일종의 무기로서 전쟁을 상징한다. 옛날 사람들에게 가장 중요한 외부 행사는 노동과 전쟁이었다. 연장과 무기를 어떻게 다루느냐는 것은 사활이 걸린 문제였다. 그러므로 식(式)의 본뜻은 '연장과 무기의 사용법'이며, 이로부터 '용법, 법칙, 기준' 등의 뜻이 나오게 되었다. 방식(方式), 공식(公式), 형식(形式), 격식(格式), 양식(樣式) 등이 모두 그런 뜻으로 쓰였다. 운동 경기에서 단독으로 하는 방식을 단식(單式), 둘 이상 하는 방식을 복식(複式)이라 한다. 연장이나 무기는 절차에 따라 조심스럽게 다루어야 하므로 순서(順序)나 절차(節次)가 필요한 일에도 식(式)을 사용한다. 의식(儀式), 예식(禮式), 개막식(開幕式), 기념식(記念式), 결혼식(結婚式), 장례식(葬禮式), 영결식(永訣式) 등이 그러하다. 교황이 방한하여 집전한 시복식(諡福式)이 절차에 따라 순서대로 꽤 오래 진행되는 것을 보았을 것이다. 한편 주식(株式)의 본뜻은 '주권(株券)의 방식(方式)'인데, 지금은 주권(株券)의 뜻으로만 쓰는 것 같다.

皆

초창기나 지금이나 글꼴에 큰 변화는 없다. '견줄-비'(比) 아래에 있던 '가로되-왈'(曰)이 시간이 흐르며 '흰-백'(白)으로 변했을 뿐이다. 비(比)는 사람이 나란히 서 있는 모습으로, 견주어 서로 비슷하거나 같다는 뜻이다. '흰-백'(白)은 본디 '햇살'이었으나 여기서는 그로부터 파생된 '밝히다'의 뜻이므로, 입 모양을 그린 왈(曰)과 의미상 다를 바 없다. 따라서 개(皆)는 '여러 사람이 모두 한 목소리를 낸다'는 뜻이니, 쉽게 말해 이구동성(異口同聲)을 표현한 것이다. 이로부터 '모두'의 뜻이 나왔다. 일정한 기간에 휴일 외에는 모두 출석이나 출근했을 때 개근(皆勤)이라 한다. 졸업식 때 개근상(皆勤賞)이 무엇을 표창하는지 알 것이다. 우리나라 남자는 법에 따라 병역의 의무가 있기에 국민개병주의(國民皆兵主義)라 한다. 거개(擧皆)는 거의 대부분의 뜻이다. 금강산의 겨울 이름이 개골산(皆骨山)인데, 낙엽이 지고 산봉우리가 뼈대처럼 남아서 붙인 이름일 것이다. 중국 전국 시대 말기에 초나라의 귀족 대신 굴원은 혼탁한 세상을 견디지 못하고 자살로 생을 마감했다. 그가 지었다는 글에 거세개탁(擧世皆濁)이 보인다. 지위의 고하를 막론하고 모두 썩었다는 뜻이다. 위 넉 자 바로 다음에 다음 석 자가 이어진다. 아독청(我獨淸), 혼자 깨끗했으니 견디기 힘들었을 것이다.

（곳-처）

處

초창기나 지금이나 글꼴에 큰 차이는 없다. 다만 시간이 흐르면서 범의 머리 모양인 호(虍)가 붙기도 하고 생략되기도 했다. 범이 웅크리고 앉아 느긋하게 아래를 바라보는 모습 같기도 하고, 혹은 범의 탈이나 호피 모자를 쓴 사람(이 사람은 아마 위엄이 있거나 권위적인 사람일 것이다)이 안석에[几(궤)] 앉아 편하게 다리를 뻗고 아래를 굽어보는 모습 같기도 하다. 탈이나 모자를 벗으면 범의 모습도 사라지기에 글꼴에 따라서는 위쪽의 호(虍)가 생략되었다. 그렇다면 처(處)의 본뜻은 그 주체가 누구든 간에 '느긋하게 앉아 있다'이며, 이로부터 '쉬다, 그치다'의 뜻이 나왔을 것이다. 24절기 중에 처서(處暑)는 무슨 뜻일까? '더울-서'(暑), 곧 더위가 이제부터 쉰다는 것이니 더 이상 더워지지 않고 차츰 시원해진다는 뜻이다. 처녀(處女)는 아직 시집을 가지 않아 집에서 쉬고 있는 여자란 뜻이다. 시집가면 육아와 가사에 매진해야 하기 때문이다. 쉬거나 그치려면 '장소'가 있어야 하므로 '처소(處所), 부처(部處)'의 뜻이 나왔다. 근처(近處), 출처(出處), 처지(處地), 요처(要處), 각처(各處), 도처(到處), 상처(傷處), 교무처(敎務處), 거래처(去來處), 거처불명(去處不明) 등이 모두 그런 뜻으로 쓰였다. 처소에 기거하거나 부처에 출근하면 처리해야 할 일이 있으니 '처하다, 처리하다'의 뜻도 나왔다. 조처(措處), 처치(處置), 대처(對處), 처우(處遇), 처방(處方), 처분(處分), 처벌(處罰), 처형(處刑), 처신(處身), 난처(難處) 등이 그런 뜻으로 쓰인 것이다.

逆

초창기 글꼴을 보면, 양팔과 양다리를 벌리고 서 있는 사람의 모습 '큰-대'(大)가 물구나무를 선 모습이 '거스를-역'(屰)이었다. 세월이 흐르면서 그 밑에 '달릴-착'(辶=辵)을 더해 동작을 강조했다. 따라서 역(逆)의 본뜻은 '거꾸로 행하다'며, 이로부터 '거꾸로'의 뜻이 나왔다. 역풍(逆風)이나 역행(逆行)은 거꾸로 부는 바람이나 행동이고, 역경(逆境)은 순조롭지 못한 상황을 가리킨다. 역습(逆襲)이나 역공(逆攻)은 공격을 받던 쪽이 거꾸로 공격하는 것을 말한다. 역전(逆轉)은 승부나 상황이 뒤집히는 것을 말한다. 반역(叛逆)이나 역적(逆賊)이라고 할 때도 사용하고, 상부나 상사의 지시를 거부할 때 거역(拒逆)했다고 말한다. 순서를 거꾸로 하는 것이 역순(逆順)이다. 부당한 차별을 받는 대상을 보호하기 위한 제도나 방침이 너무 급진적이어서 도리어 반대편이 차별을 당하게 되는 경우에 종종 역차별(逆差別)이라 한다. 한편 용의 턱밑에 거슬러 난 비늘을 건드리면 용이 크게 노해 화를 면치 못한다는 전설이 있다. 그 비늘이 곧 역린(逆鱗)인데, 권력자를 설득할 때 섣불리 덤벼서는 낭패를 당하기 십상이라는 점을 비유하는 말이다.

(나눌 - 별)

別

초창기 글꼴은 칼로 뭔가를 도려내고 남은 모습이지만 그것이 무엇인지 확실하지 않다. 그 뒤로 뜻을 명확히 하고자 '뼈-골'(骨)에서 아래쪽에 붙은 '고기-육'(肉=月)을 칼로 발라내어 뼈만 남은 '뼈 발라낼-과'(冎)로 바뀌었다. 칼질을 했으므로 '칼-도'(刀)를 붙여 '살 발라낼-과'(剮)가 되었다. 이로써 초창기 글꼴은 살을 발라내어 뼈만 앙상하게 남은 모습을 그린 것으로 추측할 수 있다. 다시 시간이 흘러 과(冎)의 위쪽은 '입-구'(口)로 변하고, 아래쪽은 인(人), 력(力), 도(刀) 등으로 변했다. 우리나라와 대만, 일본은 '別'로 쓰지만, 현재 중국은 '别'로 쓴다. 유심히 보면, 전자는 '사람-인'(人)의 변형이고 후자는 '힘-력'(力)이다. 어찌 되었건 별(別)의 본뜻은 '해부하여 뼈를 발라내다'이며, 이로부터 '나누다, 떨어지다, 헤어지다'의 뜻이 나왔다. 이별(離別), 결별(訣別), 석별(惜別), 고별(告別), 송별(送別), 구별(區別), 식별(識別), 차별(差別), 판별(判別), 성별(性別) 등이 그런 뜻이다. 여기서 다시 '따로, 달리'의 뜻이 나왔다. 별도(別途), 개별(個別), 각별(各別), 별미(別味), 별관(別館), 별실(別室), 별장(別莊), 별명(別名), 별칭(別稱) 등이 그런 뜻으로 쓰였다. 옛날에는 큰 제사를 지낼 때 소를 잡았다. 아무 소나 잡는 것이 아니라 털색을 보고 골랐는데, 이를 물색(物色)이라 한다. 이때 고른 육중하고 강건한 수소를 특(特)이라 하며, 특색(特色)이 있다고 한다. 그런 소를 따로 선별(選別)하여 잡는 것이 특별(特別)이다. '특별하다'는 뜻은 이로부터 나온 것이다.

(저-피)　　(이-차)

彼此

피(彼)

차(此)

'저-피'(彼)는 '걸을-척'(彳)과 '가죽-피'(皮)가 합했다. 가죽은 몸에서 밖이자 외부이므로 피(彼)의 본뜻은 '밖으로 걸어 나가다'이며, 이로부터 '향해 걷는 저곳'을 표시했고, 더 나아가 '저쪽'이나 '그쪽' 혹은 '저 사람'이나 '그 사람'을 지칭하는 대명사로 사용하게 되었다. 한편 '이-차'(此)는 발바닥을 그린 지(止)와 '사람-인'(人)이 합한 것으로, 그 자리에서 '제자리걸음' 하는 것을 표시했다. 움직이지 않고 제자리걸음을 하는 차(此)는 저쪽으로 걸어 나가는 피(彼)와 대비되는 모습이 아니겠는가. 따라서 차(此)는 피(彼)의 상대되는 개념으로 쓰이게 되었다. 피차(彼此)는 상대방과 나, 저쪽과 이쪽을 표시한다. 피차일반(彼此一般)이란 '서로 마찬가지', 피차간(彼此間)은 '저쪽과 이쪽 사이'란 뜻이다. 불교에서 번뇌의 이승을 차안(此岸), 열반(涅槃)의 정토(淨土)를 피안(彼岸)이라 한다. 미혹의 이쪽 해안에서 깨달음의 저쪽 해안으로 도달하는 것을 산스크리트어로 pāramitā라 하는데, 한자로는 바라밀다(波羅密多)로 음역했다. 불교의 『반야바라밀다심경』이 대략 무슨 내용인지 짐작될 것이다. 『손자병법』에 그 유명한 지피지기(知彼知己)도 있다.

（ 착할 - 선 ）

善

『성경』(聖經)에서도 순한 동물로 양(羊)을 자주 언급했다. 양(羊)의
초창기 글꼴은 양의 뿔 아래로 두 눈을 그렸거나 '말씀-언'(言)을 두
개 붙였다. 자애로운 양의 눈빛을 뜻하거나 유순한 양이라고 이구동
성(異口同聲)으로 칭찬하는 모습일 것이다. 하긴 양처럼 착한 동물
도 없을 성싶다. 어미젖을 먹을 때 무릎을 꿇는 모습이 무척 인상적이
며, 어린 목동이 양 떼를 몰아도 잘 따른다. 게다가 사람들이 젖을 짤
때나 털을 깎을 때도 순순히 응한다. 이런 양의 특성을 선한 눈빛으로
압축하고, 이로부터 양이 착하다고 칭찬하여 '착할-선'의 뜻을 나타
냈을 것이다. 착한 음식이 좋은 음식이니 '좋다'는 뜻도 나왔다. 선행
(善行), 개선(改善), 최선(最善), 선의(善意), 선도(善導), 선량(善
良), 독선(獨善), 위선(僞善), 적선(積善), 개과천선(改過遷善), 다
다익선(多多益善) 등이 그러하다. 선하다는 것은 좋기도 하거니와
잘하는 일이다. 선전(善戰)은 싸움을 잘한다는 뜻이다. 현재 우리가
보는 선(善)은 옛날 글꼴 중에 양(羊)의 아래쪽 언(言) 두 개가 겹치
면서 변형된 것이다.

(버금-아) (악할-악·
미워할-오)

아(亞)

악/오(惡)

亞惡

아(亞)의 초창기 글꼴을 보면, 사방으로 건물이 둘러서 있고 건물 사이로 통로가 연결된 모습이다. 글꼴 중에는 정중앙에 더욱 큰 건물을 그려 넣어 그곳이 공공장소이거나 신전(神殿)임을 표시했다. 또 다른 글꼴은 '집-면'(宀)을 추가하여 사람들이 거주하는 가옥임을 표시했다. 인류가 농업 혁명으로 양곡을 생산하면서 마을을 이루어 정착할 수 있었다. 마을의 규모가 커지면서 마을끼리 접촉하고 교류하고 경쟁하고 충돌하여 마침내 몇 개의 '대형 문화권'을 형성했다. 지금으로부터 약 5천 년 전후로 추정되는 중국의 앙소(仰韶) 문화, 홍산(紅山) 문화, 양저(良渚) 문화 등이 그런 대형 문화권인데, 발굴된 주거지의 기본 형태가 아(亞)의 모습이었다. 문화인류학적으로 볼 때, 지위와 신분의 차별이 있는 '복잡 사회'의 취락 형태인 것이다. 따라서 아(亞)의 본뜻은 '차별이 있는 복잡 사회의 주거지'이며, 으뜸으로부터 순차적으로 계급이 있었기에 '버금'의 뜻이 나왔다. 아류(亞流), 아성(亞聖) 등이 그러하다. 능력 부족 때문이겠지만 누가 '버금'의 자리를 좋아하겠는가. 이에 '마음-심'(心)을 추가하여 '미워할-오'(惡)를 만들었다. 증오(憎惡), 혐오(嫌惡) 등이 그러하다. 선악(善惡)은 상대적이라 미워하는 대상을 악(惡)으로 보는 것은 당연하다. 악평(惡評), 악한(惡漢), 추악(醜惡) 등이 그러하다.

(스스로 - 자)

自

자(自)의 초창기 글꼴을 보면 사람의 '코'를 그렸다. 코의 윤곽선이 분명하며 콧등에 콧방울까지 그렸고 콧등의 잔주름도 보인다. '코'가 어떻게 '(외력이 아닌 나) 스스로' 혹은 '본인'을 뜻하게 되었을까? 아마 다른 사람 앞에서 자기(自己)를 가리킬 때 손가락이 대개 코를 향했기 때문이리라. '코'가 1인칭 대명사로 전용되자 비(畀)를 그 아래에 붙여 '코-비'(鼻)로 복원했다. 비(畀)는 '손가락으로 코를 만지다'의 뜻이다. 상단의 '밭-전'(田)은 콧구멍을 표시한 것이고, 그 아래 공(廾)은 양손가락을 그린 것이니, 실은 콧구멍을 후비는 모습이다. 자신(自身), 각자(各自), 자아(自我) 등이 본인을 뜻하고, 자제(自制), 자발(自發), 자초(自招), 자습(自習), 자동(自動), 자치(自治), 자립(自立), 자신(自信), 자부(自負), 자율(自律), 자백(自白), 자연(自然) 등은 모두 '스스로'의 뜻이다. 호흡이 시작되면 살고, 호흡이 끊기면 죽는다. 코로 호흡을 하므로 '시작하다' '비롯되다'의 뜻도 나왔다. 자초지종(自初至終)은 '처음부터 시작하여 끝까지 미치다'이므로 '처음부터 끝까지의 과정'을 말한다.

狀 狀 狀

狀

'나뭇조각-장'(爿)과 '개-견'(犬)이 합했다. '장'(爿)은 본디 통나무를 쪼갠 왼쪽 부분을 가리키지만 여기서는 '씩씩할-장'(壯)의 생략형이다. 그러므로 힘이 세고 덩치가 큰 개를 상(狀)이라 했다. 보통 개는 별것 아니겠지만 이런 개가 등장하면 모양이나 모습이 특별할뿐더러 보통 상황은 아니다. 이로부터 '모양, 모습'의 뜻이 나왔다. 상태(狀態), 상황(狀況), 증상(症狀), 실상(實狀), 형상(形狀), 참상(慘狀), 원상(原狀), 천태만상(千態萬狀) 등이 모두 모양이나 모습의 뜻이다. 인정상 차마 볼 수 없는 가련한 상태를 정상(情狀)이라 한다. 판사가 범죄의 사정을 참작하여 형벌을 가볍게 하는 것을 일컬어 정상참작(情狀參酌)이라 한다. 한편 저렇게 거대하고 건장한 개가 출몰하면 신고를 하게 된다. 신고할 때 당연히 그 모양이나 모습을 묘사해야 한다. 이로부터 '상황을 진술하다'는 뜻이 나왔고, 또한 '상황을 진술한 문서'도 뜻하게 되었다. 이때는 '장'으로 읽는다. 상장(賞狀), 졸업장(卒業狀), 청첩장(請牒狀), 연하장(年賀狀), 위임장(委任狀), 구속영장(拘束令狀), 연판장(連判狀) 등이 모두 문서의 뜻이다. 옛날 과거 시험에서 수석으로 합격한 자를 '장원'이라 한다. 대개 장원(壯元)으로 알지만 실은 장원(狀元)이 맞다. 응시 원서를 장(狀)이라하는데 그 응시자의 시험 성적이 으뜸이기에 '장원'이라 한 것이다.

(용-용)

龍

초창기 글꼴을 보면, 몸체를 동그랗게 구부리고 입을 벌린 모습이므로 한눈에 파충류임을 알 수 있다. 다른 글꼴은 벌린 입 위에 '매울-신'(辛)이 붙어 있다. 끌이나 송곳처럼 날카롭고 위험한 형구(刑具)를 뜻하는 신(辛)으로 파충류의 무서운 입을 표시한 것이다. 또 다른 글꼴에서 보듯, 이빨을 날카롭게 드러내며 크게 벌린 입 모양이 이를 증명한다. 시간이 흐르면서 신(辛)이 '설-립'(立)으로 변했고, 벌린 입과 날카로운 이빨이 '달-월'(月)로 변했다. 여기에 탈피(脫皮)하여 새롭게 변하는 파충류를 나타내고자 '바뀔-화'(化)의 오른쪽 '비'(匕)를 추가하고, 이어서 온몸에 비늘이 번들거리는 모양을 '터럭-삼'(彡)으로 표시하여 마침내 현재 우리가 보는 '용-용'(龍)의 모습이 나왔다. 그렇다면 이 용은 아나콘다나 코모도왕도마뱀처럼 '거대한 파충류'일 것이다. 이토록 거대한 파충류는 제법 큰 동물도 그냥 삼켜서 소화시키고, 주기적으로 허물을 벗으면서 부활하거나 몇 달씩 먹지 않아도 죽지 않는 것 같았기에 옛날 중국인들은 신성한 동물로 숭배했다. 따라서 용맹무쌍하거나 상서로운 동물의 특징을 하나씩 조합하여 용의 이미지를 신격화했다. 사자의 머리, 호랑이의 혀, 사슴의 뿔, 뱀의 몸, 독수리의 발톱, 물고기의 비늘과 지느러미가 결합된 용(龍)의 이미지는 하늘과 땅을 종횡무진 누비는 가장 영험하고 신묘한 존재가 되었다. 인간의 제왕(帝王)은 이런 용에 비견되기에 임금님의 얼굴을 용안(龍顔), 임금님의 두루마기를 용포(龍袍)라고 높여 불렀다.

九月

(있을 - 유)

有

초창기 글꼴은 '오른손-우'(又)를 벌려 무엇을 잡으려는 모습이다. 시간이 흐르며 '잡아서 가지고 있음'을 명확히 표시하고자 그 아래에 '고기-육'(肉=月)을 추가했다. 이로부터 '보유하다, 가지고 있다'의 뜻이 나왔다. 하필 왜 '고기'를 추가했을까? 지금은 육식이 어렵지 않다. 그러나 오랜 옛날에는 야생 동물을 사냥하는 것도 쉽지 않을뿐더러 짐승을 잡는다 해도 귀족이나 맛볼 수 있었다. 지금부터 약 3천 년 전 상(商) 왕조의 귀족들은 수렵 활동이 잦았다. 초창기 글꼴을 확인하면 호랑이나 들소처럼 맹수를 사냥하기도 했지만 대개 사슴이 주종을 이루었다. 대만 중앙연구원 역사언어연구소가 상 왕조의 도읍지에서 발굴한 청동기 중에 발이 넷 달린 '솥-정'(鼎)이 있는데, 소머리 문양의 우정(牛鼎)도 있고 사슴 머리 문양의 녹정(鹿鼎)도 있다. 소나 양은 모두 청동기 취사도구를 소유한 귀족의 음식물이었던 것이다. 중국에서 가장 오래된 시가집『시경』(詩經)에는 친구끼리 모여 토끼를 굽는 내용이 나온다. 또한 영주가 농부들을 인솔하고 사냥에 나섰는데, 포획한 멧돼지는 영주가 차지하고 농부들은 새끼 돼지를 가졌다는 내용도 나온다. 이렇게 본다면 '고기'는 귀족에게는 별미, 서민에게는 진미였을 테니, 고기를 가지고 있다는 것, 즉 '있을-유'(有)는 '풍족한 삶'을 상징했다고 봐도 무방하다.

羞

초창기 글꼴은 양(羊)의 머리를 '오른손-우'(又)로 잡고 있는 모습이다. 현재 글꼴의 양(羊) 밑의 '소-축'(丑)은 '오른손-우'(又)가 변형된 것이다. 따라서 '손으로 양고기를 집어 진상하다'가 본뜻이었다. 양은 성격이 온순하여 무리를 이룰 때도 다투는 일 없이 화목하기에 예로부터 행복(幸福)과 길조(吉兆)의 상징이었다. 그러므로 귀빈을 모실 때나 조상께 제사를 올릴 때 항상 양고기를 준비했던 것이다. 이런 양고기를 바칠 때는 공손하고 경건하게 진상했다. 공손하고 경건하게 양고기를 바친다고 할 때, 양고기 쪽으로 의미가 쏠리면 '진귀한 음식'을 뜻하게 된다. 진수성찬(珍羞盛饌)의 '수'(羞)가 곧 그 뜻이다. 한편 공손이나 경건 쪽으로 의미가 쏠리면 어떻게 될까? 공손이나 경건이 지나치면 비굴함과 부끄러움이 되지 않겠는가. 이로부터 '부끄럽다, 부끄러움'의 뜻이 나왔을 것이다. 수치(羞恥)의 '수'(羞)가 바로그 뜻이다. 그런데 수(羞)가 '부끄럽다'의 뜻으로 널리 사용되자 '진상'이나 '음식'의 뜻이 희미해졌다. 이에 그 옆에 식(食)을 추가하여 '드릴-수, 반찬-수'(饈)를 만들었다.

� 職

職

초창기나 지금이나 글꼴에 별 차이가 없다. '귀-이'(耳), '소리-음'(音), '창-과'(戈)가 합했다. 이 창은 살상용이 아니라 의장(儀仗)용이며, 음(音)은 창에 달린 장식(裝飾)을 그린 것이다. 지금도 그렇지만 옛날에도 높은 분이 행차하거나 정중한 행사를 거행할 때 의장대(儀仗隊)가 등장했다. 의장대의 예식용 창이 곧 지(戠)였다. 구령에 맞춰 일사불란하게 움직여야 하므로 그런 창을 전담하는 자가 있었다. 귀[耳]로 지령을 듣고 임무나 직분에 충실하면 된다. 이로부터 '임무, 직분'의 뜻이 나왔을 것이다. 직업(職業), 직무(職務), 직책(職責), 직위(職位), 관직(官職) 등이 모두 그런 뜻이다. 그런 창에 깃발[巾]을 달면 치(幟)가 되고, 기치(旗幟)로 사용한다. 그런 기치를 내걸면 어느 부서인지 말해 주는 표지(標識)가 되고, 그런 표지를 보면 무엇을 하는 곳인지 식별(識別)할 수 있다. 혹시 잊을까 싶어 기록해 놓기도 할 것이다. 표지(標識)의 '지'(識)가 '기록한다'는 뜻인데, 업무를 분담하고자 '기록할-지'(誌)를 따로 만들어 쓰고 있다. 지(誌)를 간단히 지(志)로도 쓴다. 위·촉·오 삼국 시대를 기록한 역사책이 『삼국지』(三國志)다.

(부끄러울 - 치)

頧 聤

恥

'귀-이'(耳)와 '마음-심'(心)이 합했다. 잘못을 지적하는 소리가 귀에 들리자 마음으로 수치심을 느끼는 모습이다. 이로부터 '부끄럽다'의 뜻이 나왔다. 치욕(恥辱), 치부(恥部), 수치(羞恥), 염치(廉恥), 국치(國恥) 등이 모두 그런 뜻이다. 흔히 하는 말에 '치사(恥事)하다'가 있다. 글자 그대로 풀면 '부끄러운 일'이며, '행동이나 말 따위가 남에게 보이기 부끄러울 정도로 쩨쩨하다'는 뜻이다. 남에게 신세를 지거나 폐를 끼치면 그 사람에게 감사하면서도 부끄러운 마음이 든다. 그런 마음의 상태를 일컬어 염치(廉恥)라 한다. 청렴결백하게 떳떳이 살아 온 입장에서는 남에게 신세졌다는 것 자체가 기본적으로 자신에게 부끄럽기 때문이다. 그러나 얼굴이 두꺼운 사람은 그런 마음조차 없으니 후안무치(厚顔無恥)라고 한다. 그런 염치가 파괴된 것이 파렴치(破廉恥)며, 범죄 중에서도 도덕적으로 비난받아 마땅한 범죄나 범인을 일컬어 파렴치범(破廉恥犯)이라 한다. 파렴치와 거의 비슷한 뜻이 몰염치(沒廉恥)다. 몰상식(沒常識)으로도 알 수 있듯 염치가 없는 게 몰염치다. 치(恥)를 간혹 치(耻)로 쓰기도 하는데, 글꼴의 변천 과정에서 심(心)이 비슷한 모양의 지(止)로 변형되었기 때문이다. 현대 중국어에서는 오히려 이 치(耻)로 쓴다.

(평평할 - 준)

準

'물-수'(水)와 '송골매-준'(隼)이 합했다. 목표물의 방향과 위치를 가늠하는 매의 눈매가 얼마나 날카롭고 정확한지 알 것이다. 물체가 정확하게 수평(水平)을 이루고 있는지, 그런 눈매로 재고 있는 모습이다. 따라서 '물체의 수평 여부를 관찰하다'가 본뜻이며, 이로부터 '기준이나 표준' 혹은 '기준이나 표준에 도달하다'의 뜻이 나왔다. 표준(標準), 기준(基準), 수준(水準), 준거(準據), 준칙(準則), 조준(照準) 등이 모두 그런 뜻으로 쓰였다. 되는 대로 하는 것이 아니라 필요한 기준이나 표준에 도달하고자 그에 맞춰 미리 갖추기에 준비(準備)라고 한다. 무엇에 '준(準)하다'도 이 용법이다. 그러므로 상황이나 상태가 기준이나 표준에 거의 도달했을 때도 사용한다. 준결승(準決勝)이란 결승전 바로 앞의 경기다. 기준이나 표준에 도달하면 인정하여 받아들이게 된다. 이 뜻은 준(準)을 약간 줄인 준(准)으로 분담한다. 인준(認准), 비준(批准)이 그러하다. 준위(准尉)는 소위, 중위, 대위 등 위관(尉官)급으로 인정한다는 뜻이고, 별 하나 계급인 준장(准將)은 소장(少將), 중장(中將) 등 장성(將星)급으로 인정한다는 뜻이다.

（욕되게 할 - 욕）

辱

위쪽의 신(辰)은 '조개'의 모습이다. 아래쪽의 촌(寸)은 '오른손-우'(又) 밑에 점이 하나 있다. 손목 1촌 거리 아래에 팔딱거리는 맥박을 표시한 것으로, 손동작을 의미한다. 따라서 욕(辱)은 '손으로 조개 껍데기를 잡는다'가 본뜻이다. 조개껍데기는 재질이 딱딱하고 무게가 가벼우며 가장자리는 날카로워 초창기 풀을 벨 때 사용하는 농기구의 하나였다. 따라서 자칫 소홀하면 손을 베기도 했다. 조개껍데기로 풀을 베다가 실수로 손을 베어 굴욕(屈辱)을 당했다는 의미에서 '부끄럽게 하다, 욕보이다'는 뜻이 나왔을 것이다. 욕설(辱說), 모욕(侮辱), 치욕(恥辱), 곤욕(困辱) 등으로 쓰인다. 영욕(榮辱)은 영광과 치욕이란 뜻이고, 설욕(雪辱)이란 상대를 이김으로써 지난번 패배(敗北)의 부끄러움을 씻고 명예(名譽)를 되찾는 것이다. 설욕의 설이 '눈-설'(雪)인 이유는 눈처럼 깨끗하게 부끄러움을 씻었다는 것이 아니라 발음상 비슷한 쇄(刷)의 뜻을 빌린 것이다. 여기서 쇄(刷)는 '칼-도'(刂=刀)가 의미하듯 '깎을-괄'(刮)의 뜻으로, 말하자면 깎아 없앤다는 뜻이다.

(이미 - 이)

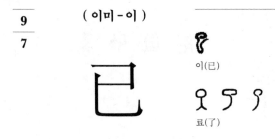

이(已)

료(了)

초창기 글꼴을 보면, 이(已)와 료(了)는 어원상 같다. 갓 태어난 아기의 모습이다. 엄마 배 속에 있을 때와는 반대 방향이므로 이미 태어난 태아(胎兒)를 그린 것이다. 아기가 '이미' 태어났는데, '태어났다'의 뜻은 희미해지고 '이미'의 뜻만 남아서 지금까지 사용되고 있다. '이왕 이렇게 된 것' 운운할 때 이왕(已往)은 '이미 지나갔다'는 뜻이다. '식사 끝낼-기'(旣)를 써서 기왕(旣往)이라 쓰기도 하고,• 아예 '일-사'(事)를 붙여 기왕지사(旣往之事), 즉 '이미 지난 일'로 쓰기도 한다. 태아가 나왔으니 더 이상 엄마의 배 속에서 지낼 수는 없다. 그런 일은 끝났기에 '그만두다' 혹은 '끝났다'의 뜻으로도 사용된다. 따라서 부득이(不得已)란 '그만둠을 얻을 수 없다'이니 곧 '그만둘 수 없다'는 것이고, 그렇다면 '어쩔 수 없다'는 뜻이다. 이런 '부득이'를 강조하고자 그 앞에 '일만-만'(萬)을 추가하여 만부득이(萬不得已)라고도 한다. 한문을 읽으면 종종 문장 끝에 이이(而已) 두 자가 보인다. 그것으로 '끝났다'는 것이니 어찌어찌할 '따름이다'로 새긴다.

• 기(旣)는 사람이 식사를 끝내고 빈 그릇을 외면하여 고개를 돌린 모습이다. 이로부터 식사를 끝냈다는 뜻이 나왔고, 다시 무슨 일을 끝내거나 마쳤음을 가리키게 되었다. 그 반대를 표시한 글자가 즉(卽)이다. 밥그릇을 바라보는 모습이다. 곧 식사하려는 모습을 그린 것이다.

(흰 - 백)

白

글꼴은 간단하지만 해설이 다양하다. 엄지손톱, 쌀알, 불꽃, 설명하다, 사람의 머리, 일출(日出), 심지어 해골(骸骨)이라 주장하기도 한다. 졸견으로는 '동이 트는 모습'을 그린 것이 아닐까 싶다. 초창기 글꼴의 중간에 가로로 그어진 선은 지평선을 상징하고, 그 위로 뾰족하게 올라간 부분은 밝은 기운이 상승하는 모습을 표현한 것이다. 따라서 백(白)의 본뜻은 '동이 트다'이다. 동이 트면 어둠이 흰색으로 변하면서 밝아지므로 '희다, 하얗다'의 뜻이 나오게 되었다. 백색(白色), 백옥(白玉), 백설(白雪), 표백(漂白) 등이 그런 뜻으로 쓰였다. 흰색은 깨끗한 느낌이므로 '깨끗하다'는 뜻이 나왔다. 담백(淡白), 결백(潔白), 청백리(淸白吏) 등이 그런 뜻으로 쓰였다. 깨끗하게 하면 텅 비기에 '없다, 비었다'의 뜻도 나왔다. 공백(空白), 백지(白紙), 백지화(白紙化), 백수(白手), 백치(白痴) 등이 그런 뜻으로 쓰였다. 밝아지면 사물의 모습이 서서히 드러나기 시작하므로 '분명하다, 말하여 밝히다'의 뜻도 나왔다. 명백(明白), 자백(自白), 독백(獨白), 고백(告白) 등이 그런 뜻으로 쓰였다. 그렇다면 백의종군(白衣從軍)의 '백'(白)은 무슨 뜻으로 사용되었을까? 옛날 관복(官服)은 지위와 등급에 따라 색깔이 달랐다. 그런 색깔이 없이 백색이니 평민의 신분이다.

百

백(白)과 일(一)이 합했다. 팔다리를 벌리고 서 있는 사람 '큰-
대'(大) 위에 일(一)을 추가하여 '하늘-천'(天)을 만든 것처럼 백(白)
위에 가로줄이 하나 그어져 있다. 백(白)의 본뜻은 '동이 트다'이므
로, 백(百)은 태양이 하늘까지 떠올라 중천(中天)에 떠 있는 모습을
그린 것이다. 태양 안의 세모꼴은 아마 이글거리는 불길을 나타낸 것
이 아닐까. 따라서 백(百)의 본뜻은 '해가 중천에 떴다'이다. 해가 중
천에 떴다면 더 이상 높이 올라갈 수 없는 극한(極限)이다. 한자에서
숫자 단위의 최대수가 일(一), 이(二), …… 십(十)인데, 거기에 다
시 최대수 십(十)을 곱한 100은 극한으로 '모든 수'를 상징한다. 따라
서 백(百)은 단순히 '일백'을 뜻하는 것이 아니라 '모두, 온갖, 수많은'
의 뜻으로 사용된다. 백화(百花), 백화점(百貨店), 백성(百姓), 백방
(百方), 백발백중(百發百中), 백약무효(百藥無效), 백과사전(百科
辭典), 백만장자(百萬長者), 백해무익(百害無益), 일벌백계(一罰
百戒), 백년대계(百年大計), 백년해로(百年偕老), 백년하청(百年河
淸), 제자백가(諸子百家), 백가쟁명(百家爭鳴), 백전백승(百戰百
勝), 백전노장(百戰老將), 백배사죄(百拜謝罪), 백문불여일견(百聞
不如一見) 등이 모두 그러하다.

(일천 - 천)

千

초창기 글꼴을 보면, 측면으로 서 있는 사람의 무릎 부분에 가로줄이 하나 그어져 있다. 수직으로 그은 사람의 다리와 십(十)의 세로줄이 겹쳐진 것이다. 따라서 천(千)은 '사람-인'(人)과 '열-십'(十)의 결합이다. 중국의 고전시에 무척 유명한 구절이 있다. '인생불만백, 상회천세우.'(人生不滿百, 常懷千歲憂) 사람은 살아도 백 년을 채우지 못하는데, 항상 천 년의 근심을 품고 있다는 뜻이다. '일백-백'(百)은 한자에서 극한(極限)을 상징한다. 옛날 중국인은 100년을 인간 수명의 극한으로 보았다. 따라서 인간 수명의 극한인 백(百)에 십(十)을 곱하여 '일천-천'(千)을 만들었을 것이다. 천자문(千字文), 삼천리(三千里), 오천만(五千萬) 등이 모두 숫자 '천'의 뜻으로 쓰였다. 물론 1,000이란 숫자도 '매우 많다'는 뜻으로 활용된다. 천리마(千里馬), 천부당만부당(千不當萬不當), 천만번(千萬番) 등이 그러하다. 천재일우(千載一遇)나 일확천금(一攫千金) 같은 숙어에서도 '매우 오래거나 매우 많음'을 비유하는 뜻으로 사용되었다.

(완전할 - 완)

完

신랑, 신부 두[二] 사람[人]을 위해 집[宀]을 말끔히 수리 완료(完了)했음을 그린 글자가 '완전할-완'(完)이다. 이로부터 '결함이나 부족함이 없다'의 뜻이 나왔다. 보완(補完), 완비(完備), 완벽(完璧), 완전무결(完全無缺) 등이 모두 그런 뜻이다. 부품을 따로 구입하여 PC를 조립하지 않고 기업이 미리 만들어 놓은 제품을 구입하면 비싸긴 해도 편하다. 완제품(完製品)이기 때문이다. 또한 압도적인 상황이 일방적으로 진행될 때도 사용하는데, 완전히 이긴 것을 완승(完勝), 완전히 패한 것을 완패(完敗), 완전히 종결된 것을 완결(完結), 완전히 치료하여 재발 위험이 없는 것을 완치(完治)라 한다. 중도에 포기하지 않고 끝까지 진행하여 완료(完了), 완성(完成), 완수(完遂)했을 때도 사용한다. 그러므로 마라톤을 포기하지 않고 끝까지 뛰어 종착점에 도착하면 완주(完走), 야구에서 투수가 끝까지 투구하면 완투(完投)했다고 한다. 신조어로 '완판'(完販)이 있는데 매진(賣盡)의 다른 말이다.

(밖-외)

까 가 까

外

초창기 글꼴은 '달-월'(月)과 '점-복'(卜)이 합했다. '달-월'(月) 대신에 '저녁-석'(夕)이 들어간 글꼴도 있다. 그 글꼴 외(外)가 지금까지이어지고 있다. 달이 뜨는 저녁 시간에 점을 쳤다는 뜻이다. 따라서외(外)의 본뜻은 '밤에 점치다'이다. 그러나 옛날 사람들은 일반적으로 새벽에 점을 쳤지, 밤에 점을 치는 경우는 극히 드물었다. 밤에 점을 쳤으므로 이는 예외(例外)였다. 이로부터 '예외, 예상 밖'의 뜻이나왔고, 여기서 다시 '밖, 바깥'의 뜻이 나온 것이다. 외국(外國), 외교(外交), 해외(海外), 외면(外面), 제외(除外), 소외(疏外), 외부(外部), 과외(課外), 대외(對外), 이외(以外), 외환(外患), 외환(外換), 외가(外家), 외계(外界), 외과(外科), 야외(野外), 교외(郊外) 등이모두 그런 뜻이다. 도외시(度外視), 문외한(門外漢), 외유내강(外柔內剛), 내우외환(內憂外患), 기상천외(奇想天外) 등도 자주 쓰이는숙어이다. 중국 역사와 사상에 꼭 등장하는 내성외왕(內聖外王)이란용어가 있다. 이것은 중국 전국 시대 『장자』「천하편」(天下篇)에 처음 등장한다. 송나라 이후 유불도(儒佛道)가 융합하면서 이학(理學)이 등장했고, 이때부터 유가(儒家)는 '내성외왕'을 이상적인 목표로삼았다. 내성(內聖)이란 내적으로 성인의 인격을 갖추는 것이고, 외왕(外王)이란 외적으로 왕도(王道) 정치를 펼친다는 뜻이다. 따라서'내성외왕'이란 도덕과 정치를 통합하는 것이다. 도덕적이지 못한 정치는 패도(覇道) 혹은 폭정(暴政)으로 보았다.

(쓸 - 용)

用

나뭇조각을 잇대 둥글게 만든 통, 곧 '나무통'의 모습을 그린 글자가 용(用)이다. 물을 긷기도 하고 물건을 담기도 하고 여러모로 쓰기에, '쓸-용'의 뜻이 나왔을 것이다. 쓸모가 있으니 유용(有用)이고, 쓸모가 없으면 무용(無用)이다. 잘 사용하면 이용(利用)이자 실용(實用), 적용(適用), 응용(應用), 활용(活用)이지만 잘못 사용하면 남용(濫用)이자 악용(惡用)이다. 사람을 쓸 때 고용(雇用)한다고 하지만 기용(起用)한다거나 임용(任用), 등용(登用), 중용(重用)한다고도 한다. 경세치용(經世致用)이란? 학문은 세상을 경영하는 데에 유용해야 한다는 주장이니, 곧 실용적인 학풍을 강조한 것이다. 중국 청나라 초기에 시작되어 조선에도 영향을 준 실학 사상이 바로 그것이다. 나무통의 본뜻이 희미해지자 손잡이를 위에 붙여 용(甬)을 만들었고, 재질이 나무이기에 '나무-목'(木)을 추가하여 지금의 '통-통'(桶)으로 사용하고 있다. 휴지통(休紙桶)이 뭔지 잘 아실 것이다.

通

통(通)은 착(辶=辵)과 용(甬)이 합했다. 착(辶=辵)은 '걸을-척'(彳)과 '발바닥-지'(止)가 합해 '걷다, 달리다'가 본뜻이다. 한편 길쭉한 나뭇조각을 잇대 둥글게 만든 나무통의 모습이 용(用)이다. 나무통은 쓸모가 다양하여 '쓸-용'의 뜻으로 널리 쓰였다. 이에 '나무통'의 본뜻을 회복하고자 손잡이를 위에 붙여 용(甬)을 만들었고, 재질이 나무이기에 목(木)을 추가하여 '통-통'(桶)이 되었다. 따라서 나무통의 모습을 닮은 길이나 도로를 용도(甬道)라 한다. 벽돌을 아치형으로 쌓아 이쪽에서 저쪽으로 통하게 만든 길, 양쪽에 담장을 쌓아 고속도로처럼 질주할 수 있게 만든 길, 건물과 건물 사이를 지붕과 난간이 있는 복도로 연결한 길, 사람이 편히 다닐 수 있게끔 바닥에 나무나 돌을 깔고 양쪽으로 난간을 만들어 조성한 숲길 등이 모두 '용도'이다. 따라서 통(通)의 본뜻은 '용도를 걷거나 달리다'이며, 이쪽과 저쪽이 연결되어 오고갈 수 있도록 통했기에 '왕래하다, 통하다'의 뜻이 나왔다. 교통(交通), 유통(流通), 통상(通商), 통화(通話), 통역(通譯), 통로(通路), 통과(通過), 통행(通行), 관통(貫通), 융통(融通) 등이 모두 그런 뜻이다. 만사가 막힘없는 것이 만사형통(萬事亨通), 박식하여 막힘없으면 정통(精通), 신기할 정도로 통달(通達)하면 신통(神通), 널리 통하여 일반적이면 보통(普通), 상황과 형편에 따라 융통성 있게 변하면 변통(變通)이다.

(넉 - 사)

四

옛날 중국인들이 다섯 미만의 숫자를 기록할 때 개수대로 간단히 줄을 그었다. 줄을 하나 그어 일(一), 두 개 그어 이(二), 세 개 그어 삼(三)으로 표시했다. 그렇다면 '넷'은 어떻게 표시했을까? 초창기 글꼴을 확인하면, 가로줄을 넷 그어 ☰로 표시했다. 그런데 현재 우리는 '넷'을 사(四)로 쓰고 있다. 가로줄 네 개가 어떻게 그리고 왜 사(四)로 변했을까? 일(一)과 이(二)는 어지간해서 혼동되지 않는다. 일(一)과 삼(三), 일(一)과 사(☰)도 명백히 구분된다. 그러나 이(二)와 삼(三), 삼(三)과 사(☰)는 정확히 그리지 않으면 혼동된다. 만일 흘려 쓰거나 급히 쓴다면, 특히 삼(三)과 사(☰)는 혼동될 가능성이 꽤 높다. 이에 사(☰)의 모양을 변별력이 있게끔 바꿀 필요성이 대두되었을 것이다. 글꼴의 변천사를 유심히 관찰하고 훗날 확장된 한자를 살펴보면, 사람의 얼굴 윤곽을 먼저 그리고 그 안에 콧구멍 두 개와 윗입술, 아랫입술을 그려 넣으면 모두 합쳐 '넷'이란 숫자가 명확해진다. 너무 코믹한 해설인가? 그런데 갑골문 이후의 글꼴들이 그런 모습을 보여 주고 있다. 세월이 흐르면서 콧구멍 두 개는 어렴풋이 남았지만 입술은 얼굴 윤곽선의 아래쪽에 붙어 보이지 않는다. 사(四)에 있는 콧구멍은 다음 한자에 여전히 살아 있다. 사(四)에 '입-구'(口)를 더한 희(呬)는 '숨 쉬다, 휴식하다'의 뜻이 되었고, '물-수'(水)가 추가된 사(泗)는 '콧물'의 뜻이 되었다.

(다섯 - 오)

五

줄을 그어 숫자를 표시할 때 사람마다 필체가 달라 넷 이상의 숫자는 혼동하기 쉽고, 개수를 일일이 헤아려 확인해야 하니 무척 불편했을 것이다. 따라서 '다섯-오'(五)는 삼(三)까지만 가로로 세 줄을 긋고, 나머지 두 줄은 X자로 교차시켜 모두 다섯 개 줄을 표시했다. 그 뒤로 사람들은 X자형의 글꼴을 보면 모두 '다섯'임을 알았으므로 교차점을 통과하던 한 획은 어느 순간부터 자연스럽게 생략되었을 것이다. 삼 삼오오(三三五五), 오십보백보(五十步百步), 오리무중(五里霧中), 오장육부(五臟六腑), 삼강오륜(三綱五倫), 음양오행(陰陽五行) 등 이 모두 '다섯'의 뜻으로 쓰였다.

(여섯 - 육)

육(六)의 초창기 글꼴은 '집-면'(宀)과 같았다. 지붕과 벽의 모양을 소박하게 그린 집의 모습이었다. 따라서 육(六)의 본뜻은 '주거 공간인 집'이다. 한자가 만들어질 당시의 집이 구체적으로 어떤 모습이었는지는 실물이 없어 확인할 길이 없다. 다만 고고학적 발굴로 추측컨대, 지금의 반지하 건물처럼 땅을 약간 파고 들어가 바닥을 단단히 다져 방바닥을 만든 다음 사방으로 기둥을 세운 뒤에 벽면을 만들고 지붕을 얹었을 것이다. 동서남북 사방의 벽면 그리고 위로는 지붕, 아래로는 방바닥이 있으므로 여섯 면의 주거 공간이 만들어졌다. 처음에는 육(六)을 여섯 면으로 이루어진 주거 공간이라 했으나, 점차 '여섯'의 뜻으로 널리 쓰이자 정작 '집'의 뜻은 희미해졌다. 이에 한쪽 귀퉁이가 열린 '집-엄'(广)을 추가하고 아울러 발음을 표시하는 로(盧)를 덧붙여 '오두막-려'(廬)를 만들었다. 이제 육(六)은 숫자로 사용되고, 려(廬)는 초가집의 뜻으로 사용되어 두 글자 사이에 연관성은 전혀 없어 보인다. 그런데 중국 안휘성(安徽省)의 행정 중심지 합비시(合肥市) 근처가 예전에는 행정구역상 여주(廬州)였고, 근방에 지금의 육안시(六安市)가 있다. 육(六)과 려(廬)가 밀접하다는 점을 지명이 넌지시 알려주고 있다.

(일곱 - 칠)　　(열 - 십)

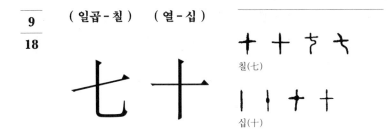

칠(七)

십(十)

칠(七)의 초창기 글꼴을 보면 '열-십'(十)으로 오해하기 십상이다. 가로세로가 십자가(十字架)처럼 교차한 모습이 영락없이 십(十)이기 때문이다. 그런데 정작 십(十)의 초창기 글꼴은 세로로 한 줄만 그어져 있거나 중간에 점 하나를 굵게 찍어 주었을 뿐이다. 옛 중국인들도 칠(七)과 십(十)이 혼동될 가능성에 주목했다. 그리하여 칠(七)은 세로줄을 중간에서 굽혀 주었고, 십(十)은 중간의 점을 가로줄로 길게 늘여 현재 우리가 보는 모습이 되었다. 그렇지만 십(十)의 실물은 단순한 막대가 아니라 열 개의 눈금이 새겨진 눈금자였을 것이다. 초창기 글꼴에 보이는 중간의 굵은 점이 곧 눈금을 가리킨다. 눈금 열 개가 새겨진 막대[十]를 오른손가락[又]으로 잡고 있는 모습이 곧 장(丈)이며, 그 길이를 1장(丈)이라 했다. 그렇다면 칠(七)의 본뜻은 무엇일까? 세로로 세운 눈금자 막대를 밑으로부터 10분의 7 위치에서 가로로 절단(切斷)했다는 뜻이다. 따라서 '절단하다'가 본뜻인데, 10분의 7 위치에서 절단했기에 '일곱'의 뜻이 나왔다. 이후로 '일곱'의 뜻이 널리 쓰이자 정작 본뜻은 희미해졌다. 이에 본뜻을 복원하고자 '칼-도'(刀)를 추가하여 '끊을-절'(切)을 만들었다. 칠(七)을 볼 때 다음 성어와 그 내력이 쭉 떠오른다면 당신은 한자에 조예가 깊은 분이다. 칠전팔기(七顚八起), 칠종칠금(七縱七擒), 죽림칠현(竹林七賢), 칠보성시(七步成詩), 인생칠십고래희(人生七十古來稀).

(여덟 - 팔)

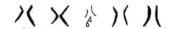

초창기 글꼴을 보면, 자루의 목을 묶었다가 푸는 모습이다. 글꼴 중에는 아래쪽에 흙더미를 뜻하는 부(阜=自=堆)가 있는 것으로 보아 자루 속에 흙과 같은 물건을 담았을 것이다. 나뉜 부분이 서로 등을 돌리고 있는 모습으로부터 완전히 분리되었음을 나타냈다. 시간이 흐르면서 중간의 간격은 점점 멀어졌지만 상단은 오히려 점점 가까워져 현재 우리가 보는 모양이 되었다. 따라서 팔(八)의 본뜻은 '나누다, 분리하다'였다. 자루에 물건을 담으면 대략 밑으로부터 10분의 8 정도 되는 지점에서 묶는다. 묶음을 열 때도 당연히 그 지점에서 풀어 준다. 이로부터 숫자 '여덟'의 뜻이 나왔을 것이다. 팔(八)이 '여덟'의 뜻으로 널리 쓰이자 정작 본뜻은 희미해졌다. 이에 본뜻을 복원하고자 '칼-도'(刀)를 아래쪽에 추가하여 '나눌-분'(分)을 만들었다. 지금 팔(八)은 오로지 숫자 '여덟'의 뜻으로만 쓰고, '분리'의 뜻은 분(分)이 담당하지만 팔(八)의 본뜻이 완전히 사라진 것은 아니다. 묶이거나 닫힌 것을 손가락으로[扌=手] 열어서[八] 빼내거나 뽑아내는 것을 배(扒)라 한다. 현대 중국어에서 '扒手'[páshǒu]는 '소매치기'다.

(아홉-구)

九

초창기 글꼴을 보면, 굴곡이 있는 물체의 끝자락에 사선을 그어 그 지점이 몸체의 끝이자 꼬리의 시작임을 표시하고 있다. 따라서 구(九)의 본뜻은 '꼬리'였다. 숫자도 전체를 '열-십'(十)으로 볼 때, '아홉-구'(九)가 꼬리 부분이다. 이로부터 구(九)는 숫자 '아홉'을 뜻하게 되었다. 구(九)가 '아홉'의 뜻으로 널리 쓰이자 정작 '꼬리'의 본뜻은 사라졌다. 이에 '주검-시'(尸)를 추가하여 '꽁무니-고'(尻)를 만들었다. 현존하는 가장 오래된 점서(占書)로『주역』(周易)이 있다. 시초(蓍草) 마흔아홉 가닥을 두 무더기로 나눈 뒤, 다시 넷 단위로 헤아리는 작업을 세 차례 진행하면 마침내 남는 숫자는 24, 28, 32, 36인데, 이 숫자는 각각 4의 6, 7, 8, 9배이다. 6과 8은 짝수로 음(陰)이라 하고, 7과 9는 홀수로 양(陽)이라 했다.『주역』에서는 음(陰)의 대표로 6을 택하여 '--'로 표시했고, 양(陽)의 대표로 9를 택하여 '—'로 표시했다. 이렇게 하여 음효(陰爻)든 양효(陽爻)든 한 효(爻)를 뽑으며, 이런 효(爻)를 세 개 뽑으면 한 괘(卦)가 된다. 음효나 양효가 나올 확률은 2이며, 이런 효를 3번 뽑으면 2의 3제곱, 즉 8괘(八卦)가 된다. 팔괘를 상하로 겹치면 64괘다. 이런 이야기를 꺼낸 이유는 옛 중국인들이 숫자 육(六)을 음(陰), 구(九)를 양(陽)으로 삼았던 근거가 무엇인지 알아보려는 것이다. 육(六)의 본뜻은 '집'이고, 구(九)의 본뜻은 '꼬리'이다. 아기집이 자궁(子宮)이란 점만 언급하기로 한다. 몸 밖으로 튀어나온 꼬리가 무엇인지는 상상에 맡긴다.

(들을-청)

聽

초창기 글꼴은 '귀-이'(耳)와 '입-구'(口)가 합했다. 입으로 말하는 것을 귀로 듣는 모습이다. 어떤 글꼴은 '입-구'(口)가 상하로 두 개 있다. 여러 사람이 이야기하는 것을 귀담아듣는 모습이다. 따라서 본뜻은 '입으로 말하는 것을 귀로 듣다'이며, 이로부터 '듣다'의 뜻이 나왔다. 세월이 흐르며 글꼴이 복잡해졌다. '귀-이'(耳) 아래로 임(壬)이 더해졌고, 우측은 '입-구'(口)가 없어진 자리에 '곧을-직'(直)과 '마음-심'(心)이 더해져 현재 글꼴 청(聽)이 되었다. 임(壬)은 '사람-인'(人)과 '흙-토'(土)가 합한 것으로 흙더미나 언덕 위에 서서 키가 커진 모습이다. 귀를 쫑긋 세운 모양을 표현하려는 뜻일 것이다. 현재 글꼴은 임(壬)도 마치 왕(王)처럼 변형되었다. 또한 옛날 사람들은 인간의 감정(感情)이나 지각(知覺) 그리고 사상(思想) 등의 활동이 가슴에서 발생한다고 믿었다. 따라서 청(聽)의 본뜻은 '사람이[壬] 소리를 들으면[耳] 곧바로[直] 무슨 뜻인지 안다[心]'이며, 이로부터 '듣다, 들어 알다' 등의 뜻이 나왔다. 청취(聽取), 시청(視聽), 도청(盜聽), 청문회(聽聞會), 공청회(公聽會), 경청(傾聽), 방청(傍聽), 청강(聽講) 등이 모두 그런 뜻으로 쓰인 것이다.

(흩을 - 산)

散

산(散)의 현재 글꼴을 보면, 왼쪽 위는 공(共)의 생략형 같고, 그 아래는 육달월(肉=月), 오른쪽은 '칠-복'(攴)이다. 그러므로 현재 글꼴로만 판단하면 두 사람이 고기를 양손으로 잡고 두드리는 모습이다. 육질을 부드럽게 만들고 양념이 잘 배게 하려는 것인데, 그 과정에서 고기는 사방으로 흩어지며 펴질 것이다. 이로부터 '흩어지다'의 뜻이 나왔다고 추론해도 틀리지 않다. 그런데 옛 글꼴을 확인하면 공(共)이 아니라 나무를 수직으로 쪼개 좌우로 갈라진 '나뭇조각-장'(爿)과 '조각-편'(片)의 모습이다. 그렇다면 나무를 쪼개듯 고깃덩어리를 저민다는 뜻일까? 거슬러 올라가 더욱 오래된 글꼴을 보면 손가락으로 '삼-마'(麻)를 벗기거나 손에 술병을 들고 있는 모습이다. 삼의 껍질에서 삼실을 뽑아내면 그 둘은 분리되는 것이며, 술에 취하면 손이 흔들려 술이 사방으로 튈 것이니 곧 흩어지는 것이다. 이로부터 '흩어지거나 분리되다'의 뜻이 나왔을 것이다. 분산(分散), 확산(擴散), 해산(解散), 산화(散華), 산재(散在), 산만(散漫), 발산(發散), 집산(集散), 산발적(散發的), 산문(散文) 등은 물론이고, 풍비박산(風飛雹散), 혼비백산(魂飛魄散), 이산가족(離散家族) 등에도 모두 그런 뜻이 담겨 있다.

策

'대-죽'(竹) 아래에 '가시-자'(束)가 있다. 대나무에 무슨 가시가 있겠는가. 여기서 가시는 자극(刺戟)을 상징한다. 따라서 책(策)은 대나무 지팡이이며, 지팡이로 말의 엉덩이를 때려 질주하도록 자극한다는 뜻이다. 대나무 지팡이는 말을 달리게 하는 수단이나 도구이므로, 이로부터 방법(方法)이나 수단(手段) 나아가 계략(計略)의 뜻이 나왔다. 책동(策動)은 남이 움직이도록 획책(劃策)하여 자극하고 선동(煽動)한다는 뜻이다. 정책(政策), 계책(計策), 책략(策略), 묘책(妙策), 실책(失策), 책정(策定), 해결책(解決策) 등은 계략의 뜻이다. 옛날에 임금이 정치적인 문제를 간책(簡策 : 댓조각을 잘 묶어 편찬한 책)에 써서 물어보는 것을 책문(策問)이라 했는데, 이에 대답하는 것이 곧 대책(對策)이다. 문제에 대한 해결책이 곧 대책(對策)인 것이다. 대책이 없으면 무책(無策)이다. 손을 묶인 듯 어찌할 바를 모르고 꼼짝 못하는 것을 일컬어 속수무책(束手無策)이라 한다. 터진 옷을 임시로 꿰매듯 임시변통으로 꾸며 낸 해결책이 미봉책(彌縫策)이다. 나이가 들면 격렬한 운동보다는 산보(散步)가 좋다. 대지팡이를 짚고 산보하면 산책(散策)이다.

(잇닿을 - 연)

連

연휴(連休), 휴일이 계속되는 것은 언제든 좋으니 '연'에 대해 알아보자. 연(連)은 '달릴-착'(辵=辶)과 '수레-거'(車)가 결합하여 '사람이 수레를 끌고 달리다'는 뜻이다. 인력거를 떠올리면 되겠다. 수레를 끌고 달리려면 당연히 수레의 끌채나 멍에목이 사람과 연결되어야 한다. 이로부터 '연결하다'의 뜻이 나왔다. 연결(連結), 연계(連繫), 연락(連絡), 연대(連帶), 연쇄(連鎖) 등이 모두 '연결'의 뜻이다. 또한 연속적(連續的)으로 이어질 때도 사용하여 연일(連日), 연휴(連休), 연임(連任), 연재(連載), 연승(連勝), 연판장(連判狀) 등으로도 쓰인다. 한편 좋지 않은 일에 연결되었을 때도 연루(連累), 연좌제(連坐制) 등으로 쓴다. 당나라 시인 백낙천(白樂天)은 현종(玄宗)과 양귀비(楊貴妃)의 사랑을 노래한 「장한가」(長恨歌)에서 두 사람의 서약을 "하늘에서는 비익조, 땅에서는 연리지"로 표현했다. 연리지(連理枝)란 두 나무의 가지가 맞닿아 결이 서로 통한 것으로 금슬 좋은 부부나 남녀 사이를 비유한다.

歸 歸 歸

歸

귀(歸)의 초창기 글꼴은 흙더미[부(阜)의 윗부분] 옆에 빗자루를 쥐고 있는 손의 모습[추(帚)]이었다. 그 뒤 움직임을 나타내는 '발바닥-지'(止)를 추가하여 현재 우리가 보는 모습을 갖추었다. 흙더미와 빗자루를 들고 발길을 옮기는 이는 누구일까? 아마 신부(新婦)일 것이다. 일단 출가하면 시댁 일과 육아 그리고 가사에 바쁠뿐더러 교통마저 여의치 않았던 그 옛날에 문득 친정이 그리우면 어떡했을까? 가져간 고향의 흙을 보며 향수(鄕愁)를 달래지 않았을까. 또한 집 안을 청소하는 빗자루는 신부에게 가장 기본적이고도 대표적인 가구(家具)이니, 여기서는 일종의 혼수(婚需)를 상징할 것이다. '며느리-부'(婦)나 '빗자루로 쓸-소'(掃)를 보면 이해될 것이다. 결국 신부가 고향의 흙과 혼수를 가지고 출가하는 모습을 그린 것이 곧 귀(歸)다. 결혼식장에서 신랑이 장인으로부터 신부를 넘겨받듯, 옛날 신랑은 처갓집에 가서 신부를 데려갔다. 신랑이 돌아갈 때 신부도 함께 따라간다. 신랑을 따라서 돌아가기에 '돌아가다'의 뜻이 나왔다.● 귀가(歸家), 귀향(歸鄕), 귀성(歸省), 귀경(歸京), 귀국(歸國), 귀순(歸順), 귀환(歸還), 귀납(歸納), 귀속(歸屬), 복귀(復歸) 등이 모두 그런 뜻이다. 사필귀정(事必歸正)처럼 멋진 표현도 있다.

● '친정 나들이'를 중국어로 귀녕(歸寧)이라 한다. 신랑 따라 시댁으로 갔다가 다시 친정으로 돌아와 부모님을 뵙고 편안하신지 여쭙는다는 뜻이다.

鄉

귀향(歸鄕)의 '향'에 대해 알아보자. 향(鄕)의 초기 글꼴은 식기를[식(食)] 가운데 놓고 입을 벌린 채[입-구(口)] 마주 보고 꿇어앉은[절(卩=巳)] 두 사람의 모습이다. 따라서 '마주앉아 음식을 먹다'가 본뜻이기에 '잔치할-향'(饗)의 원래 글자임을 알 수 있다. 향연(饗宴)이다. 그 후 세월이 흘러 '입-구'(口)와 '꿇어앉은 사람-절'(巳)이 결합하여 비슷한 모양의 '고을-읍'(邑)으로 변했다. 이어 양쪽의 읍(邑)이다시 오른쪽은 읍(阝)으로, 왼쪽은 향(乡)으로 변해 지금의 향(鄕)이된 것이다. 마주앉았다는 '방향'에 집중하면 '향할-향'(嚮)이 된다. 방향(方向=方嚮)이다. 서로 음식을 권하는 '소리'에 집중하면 '울릴-향'(響)이 된다. 음향(音響)이다. 잔치를 하려면 사람이 모여야 하는데, 모여 사는 기층(基層) 행정조직으로 중국에는 향(鄕)과 촌(村)이있다. 향촌(鄕村)은 대개 도시로부터 멀리 떨어져 있어 흔히 '시골'이라 부른다. '시골'의 뜻은 이렇게 나왔다. 시골에 연고(緣故)가 있다면곧 고향(故鄕)이다. 타향(他鄕)에서 고향 생각에 시름겨운 것이 향수(鄕愁)인데, 실향민(失鄕民)에겐 더욱 절실하리라.

帠 龝 烌

秋

추석 전후이니 추(秋)에 대해 살펴보자. '벼-화'(禾)와 '불-화'(火)가 합했다. 벼가 익어 가는 계절, 곧 가을을 뜻한다. 그런데 초창기 글꼴을 보면, 메뚜기나 귀뚜라미를 그린 것도 있고, '가을-추'(秋) 옆에 심지어 '거북이'도 그려져 있다. 메뚜기나 귀뚜라미는 가을 곤충이라 '가을'을 상징한다고 볼 수도 있다. 그런데 거북이는 무슨 사연일까? 농사를 시작할 때 수확량이 어떨지 점쳤던 거북점 내용을 가을이 되어 실제 추수(秋收)와 대조한다는 뜻일까? 여하튼 모두 가을을 직간접적으로 표현했다. 봄과 가을은 일 년에 한 번씩이므로 춘추(春秋)는 곧 연도를 뜻하고, 연도별로 역사를 기록한 책으로 공자가 지었다는 『춘추』(春秋)가 있다. 동물이 겨울을 나려면 가을에 털갈이를 시작하는데, 그 가늘어진 털이 추호(秋毫)다. 늦가을 서리는 추상(秋霜)인데, 옛날에는 만물이 시들기 시작하는 가을에 형을 집행했기에 엄한 형벌 또한 '추상'이라 했다. 가을 호수에 이는 잔잔한 파도가 추파(秋波)인데, 여인의 유혹적인 눈빛을 종종 그렇게 표현한다. 낙엽 하나로도 가을이 왔음을 아는 것이 일엽지추(一葉知秋)다. 추풍낙엽(秋風落葉)이나 일일여삼추(一日如三秋)는 다 알 테니 생략한다.

(저녁 - 석)

夕

가을 저녁은 운치가 있으니 석(夕)에 대해 알아보자. 석(夕)과 월(月)은 모두 달의 모양을 그린 것으로 초창기 글꼴은 같았으나 시간이 흐르며 다른 뜻으로 나뉘었다. '저녁-석'(夕)은 '달-월'(月)에서 가로선 하나가 빠졌는데, 이는 달이 막 뜰 때의 모습으로 본뜻은 '희미한 달'이었다. 이로부터 황혼녘의 '초저녁'을 뜻했다. 초저녁의 황혼(黃昏)은 해가 져서 어둑어둑하긴 하지만 햇빛이 조금은 남아 있다. 초저녁이기에 석(夕), 햇빛이 조금은 남아 있기에 '볕-양'(陽), 합쳐서 석양(夕陽)이라 한다. 석간(夕刊)은 초저녁에 간행되는 신문이다. 석(夕)이 부수로 들어가는 한자 중에 자주 보는 것으로 '밖-외'(外), '밤-야'(夜), '꿈-몽'(夢), '많을-다'(多) 등이 있다. 달이 막 뜰 때가 석(夕)이면, 해가 막 뜰 때는 무엇일까? 공자는 "아침에 도를 들으면 저녁에 죽어도 괜찮다"(朝聞道夕死可矣)고 탄식한 적이 있다. 원문의 아침은 조(朝), 저녁은 석(夕)으로 되어 있으니 상대적인 개념으로 사용되었음을 알 수 있다. 따라서 해가 막 뜰 때는 '이른 아침-조'(朝)이다. 조(朝)는 우측에 달이 있는 것으로 보아 달이 희미하게 남아 있는 상태에서 아침 해가 풀밭 사이로 떠오르는 모습이다.

余 余 帛 京 京 京

京

연휴 끝자락엔 귀경(歸京) 차량이 몰린다. 이에 경(京)에 대해 알아
보자. 건축 기술이 떨어졌던 옛날, 평지에 고층을 올리려면 흙이나 돌
을 쌓아 지대를 높인 후 건물을 짓거나 기둥을 높이 세웠다. 경(京)은
기둥을 높이 세운 모습으로 군대의 망루초소(望樓哨所)나 성루(城
樓) 혹은 종루(鐘樓)를 떠올리면 되겠다. 경(京)의 상단은 지붕, 중간
은 망루(望樓), 하단은 기둥을 그린 것이다. 그러므로 하단의 '작을-
소'(小)처럼 보이는 것은 통나무로 받치거나 돌로 쌓아 올린 기둥이
었다. 이런 건물은 대개 감시용인데 외부의 동태를 파악하여 내부를
보호하려고 만들었다. 이렇게 높은 건물이 있는 일대는 당연히 매우
중요한 지역으로 대개 도읍지(都邑地)나 식량 창고였다. 수도(首都)
나 '서울'의 뜻은 대략 이렇게 생겼을 것이다. 서울의 옛 이름은 경성
(京城)이었다. 중국에는 지금도 북경(北京)과 남경(南京)이 있는데,
옛 왕조의 수도였던 곳이다. 물론 일본에도 도쿄(東京)과 교토(京都)
가 있다. 경부선(京釜線)이 무엇인지 다 알 것이다. 대외적으로 널리
알려진 중국의 전통 희극 '북경 오페라'는 한자로 경극(京劇)이라 한
다. 영화로도 제작된 『패왕별희』(覇王別姬)를 떠올리면 될 것이다.

从 化 代

代

'대체 공휴일' 덕분에 하루 이틀을 더 쉬기도 한다. 이에 대체(代替)의 '대'를 살펴보자. 대(代)는 '사람-인'(人)에 '주살-익'(弋)을 합했다. 주살이란 오늬●에 줄을 매어 쏘는 화살이다.●● 늪지나 숲에서 새를 쏘아 맞히면 줄을 잡아당겨 바로 획득할 수 있다. 사람이 할 일을 대신해 주고, 또 몇 번이고 번갈아 사용할 수 있다. 이로부터 '대신하다, 번갈아'의 뜻이 나왔다. 대신(代身), 대체(代替), 대표(代表), 대안(代案), 대변(代辯), 대리(代理), 대독(代讀), 대타(代打) 등이 모두 대행(代行)한다는 뜻이다. 식대(食代)나 대금(代金)은 음식이나 물건 값을 돈으로 대납(代納)하는 것이니 곧 그 대가(代價)가 되겠다. 신진대사(新陳代謝)란 편의상 그리 쓴 것이고 실은 진사신대(陳謝新代)이다. 진부(陳腐)한 것이 사직하고 새것이 대신한다는 뜻이다. 아버지 세대(世代)가 죽으면 아들이 집안을 대신 이어 가 아들의 시대(時代)가 된다. 고대(古代), 근대(近代), 현대(現代), 역대(歷代)는 물론이고 초대(初代), 후대(後代), 선대(先代), 태평성대(太平聖代), 자손만대(子孫萬代) 등이 모두 시대나 세대의 뜻이다.

●오늬란 화살의 머리를 활시위에 끼도록 에어 낸 부분.
●●주살을 증작(繒繳)이라 하는데 화살에 매인 줄을 작(繳)이라 하고, 그런 화살을 일컬어 증(繒)이라 한다.

十月

(소리-음)

音

설(舌)　　언(言)

음(音)

음(音)의 초창기 글꼴은 '말씀-언'(言)이나 '혀-설'(舌)과 비슷했다. 그러므로 설(舌), 언(言), 음(音)의 어원은 같다. 설(舌)에 한 획을 더해 언(言)을 만들고, 언(言)에 한 획을 더해 음(音)을 만들었다. 이때부터 설(舌)과 언(言)과 음(音)은 각기 다른 뜻으로 활용됐다. '혀-설'(舌)은 '입-구'(口)에서 혀가 밖으로 나온 모습을 그린 것이다. 동물 중에 파충류의 혀가 가장 인상적이므로 끝에서 양쪽으로 갈라진 모양을 그렸다. 갈라진 혀끝 앞에 가로줄을 그어 혀를 움직이며 말하는 모습을 그린 것이 언(言)이다. 그러므로 언(言)의 본뜻은 동사로 사용되어 '말하다'이다. 언(言)의 아래쪽 '입-구'(口) 안에 가로줄을 그어 '가로되-왈'(曰)로 만들고, 위쪽의 혓바닥 모양이 입(立)으로 변형된 것이 음(音)이다. 그러므로 음(音)의 본뜻은 명사로 사용되어 '말소리'이며, 이로부터 '소리'의 뜻이 나왔다. 소음(騷音), 잡음(雜音), 녹음(錄音), 발음(發音), 독음(讀音), 부음(訃音), 지음(知音) 등이 모두 그런 뜻으로 쓰인 것이다. 그렇다면 '소리-음'(音)과 '소리-성'(聲)은 무슨 차이가 있을까? 어원으로 볼 때, 음(音)은 위 설명처럼 '말소리'였다. 그런데 성(聲)은 걸대에 매어 놓은 석제 타악기, 곧 석경(石磬)의 소리가 '귀-이'(耳)에 들린다는 뜻으로, '악기의 소리'였다. 하지만 모두 '소리'이므로 혼용한다. 음성(音聲), 음향(音響), 음악(音樂), 성악(聲樂) 등이 그러하다.

(소리 - 성)

聲

초창기 글꼴을 보면, 위쪽의 '열-십'(十)처럼 생긴 것은 매단 줄의 모양이고, 그 아래 엄(厂)처럼 생긴 것은 '돌-석'(石)의 초기 모양이다. 바로 그 아래로 '귀-이'(耳)가 붙어 있다. 줄에 매달린 석제 악기의 소리를 귀담아 듣는 모습을 그린 것이다. 따라서 성(聲)의 본뜻은 '석제 악기 소리를 귀로 듣다'이며, 이로부터 '석제 악기의 소리'가 나왔다. 석제 악기의 뜻은 훗날 '귀-이'(耳)가 빠지고 그 자리에 '돌-석'(石)을 추가하여 '경쇠-경'(磬)으로 표시했다. 세월이 흐르면서 '칠-복'(攴)이 추가되어 도구를 손에 쥐고 두드리는 타악기(打樂器)임을 분명히 했고, 아울러 '입-구'(口)까지 추가되어 소리가 나오는 곳이 어디인지 표시했다. 그 뒤로 '입-구'(口)는 생략되고, '돌-석'(石)이 '구멍-혈'(穴)의 모양으로 변했다. 구멍이 뚫려 있는 석제 타악기임을 분명히 한 것이다. 현재 우리가 보는 성(聲)은 매달린 줄이 사(士)로 변했을 뿐 그 외에는 초기 글꼴의 모양을 거의 갖추고 있다. '석제 악기의 소리'로부터 자연스럽게 '소리'의 뜻이 나왔다. 굳이 구분한다면 음(音)은 본디 사람의 목소리였고, 성(聲)은 본디 악기의 소리였다. 악기의 소리에는 높낮이가 있기에 성조(聲調)라 한다. 악기의 소리는 멋지고 아름답기에 탄성(歎聲)이라 쓴다. 훌륭한 이름은 아름다운 악기 소리에 비유하여 명성(名聲)이라 한다.

（열-개）

開 閑 閑 開 开

開

문짝이 좌우로 두 개 달린 문이 곧 '문-문'(門)이다. 문을 잠그려면 빗장을 지른다. 빗장을 지른 모습이 곧 '문빗장-산'(閂)이다. 문을 열려면 손으로 빗장을 빼야 한다. 양손가락을 그린 공(廾)을 그 밑에 추가한 글자가 곧 '열-개'(開)이다. 따라서 '문짝의 빗장을 빼다'가 본뜻이며, 이로부터 '열다'의 뜻이 나왔다. 개업(開業), 개막(開幕), 개최(開催), 개척(開拓), 개설(開設), 개장(開場), 개시(開始), 개방(開放), 개발(開發), 공개(公開), 전개(展開), 개벽(開闢), 개회(開會) 등이 모두 '열다'의 뜻이다. 문을 연다는 것은 개방적(開放的)이므로 외부의 정보나 문물을 적극적으로 받아들인다는 뜻이다. 그렇지 않은 것이 미개(未開)이니 미개인(未開人)이란 문화적으로 덜 깨인 인종을 가리킨다. 한편 책을 세는 단위가 권(卷)이다. 초창기 책은 나무나 대나무 조각을 엮어 만들었고, 읽은 다음에는 두루마리 화장지처럼 둘둘 말아서 보관했기 때문이다. 권(卷)은 본디 '말-권'(捲)의 뜻이었다. 이에 권(卷)은 책을 상징하게 되었다. 따라서 개권(開卷)이라 하면 책을 펼친다는 뜻이다. 독서를 권장하는 말로 개권유익(開卷有益)이 있으니 이제 무슨 뜻인지 잘 아실 것이다.

(하늘 - 천)

인(人) 대(大) 천(天)

天

초창기 글꼴을 보면, 서 있는 사람의 측면을 그린 자가 '사람-인'(人)이다. 팔다리를 벌리고 서 있는 정면 모습을 그린 자가 '큰-대'(大)이다. 팔다리를 벌리고 선 사람의 머리 위쪽으로 네모나 원형을 그려 넣어 '머리 위의 공간'을 가리키는 자가 천(天)이다. 글꼴에 따라서는 머리에 비녀를 꽂은 '지아비-부'(夫)의 위쪽에 원형이 있기도 하다. 또한 '두-이'(二)처럼 보이지만 실은 '위-상'(上)을 머리 위에 붙여 '머리 위쪽'을 가리키기도 했다. 세월이 흐르면서 머리 위쪽 부분을 표시했던 네모나 세모의 빈 공간이 진하게 채워지기도 했다. 그 뒤로 머리 위쪽을 가리키는 원형의 큰 점이 좌우로 길게 늘어나 선형으로 변하면서 현재 우리가 보는 글꼴 천(天)이 되었다. 따라서 천(天)의 본뜻은 '머리 위쪽 공간'이며, 이로부터 '하늘'의 뜻이 나왔다. 옛날 사람들은 하늘을 인간이 어찌할 수 없는 존재로 여겼기 때문에 '불가항력'의 뜻이 나왔다. 선천적(先天的), 천부적(天賦的), 천성(天性), 천명(天命), 천수(天壽) 등이 그런 뜻으로 쓰였다. 옛날 사람들은 우주를 지배하는 신이 하늘에 있다고 믿었기에 '하느님'의 뜻이 나왔다. 천사(天使), 천국(天國), 천당(天堂) 등이 그런 뜻으로 쓰였다. 천재(天才)란 인간의 재주가 아니란 뜻이다. 하늘은 자연(自然)을 지배하므로 '자연'이란 뜻도 있다. 천연(天然), 천적(天敵) 등이 그러하다.

(마디 - 절)

節

'대-죽'(竹)과 '곧-즉'(卽)이 합했다. '즉'은 발음을 표시하지만 세월이 흘러 '절'로 변했다. 물론 뜻도 보조해 준다. 즉(卽)은 사람이 무릎을 꿇고 앉아 밥그릇을 대하는 모습이다. 따라서 절(節)의 본뜻은 '대나무 밥통'이다. 지금은 '대통밥'이 별미로 통하지만 오랜 옛날 조리기구를 발명하기 전에는 대나무 통에 알곡을 넣어 구워 먹기도 했을 것이다. 대나무를 밥통으로 사용할 수 있었던 것은 '마디'가 있기 때문이다. 이로부터 '마디, 단락'의 뜻이 나왔다. 구절(句節), 음절(音節), 관절(關節), 절기(節氣), 계절(季節), 명절(名節), 절차(節次) 등이 그러하다. 일 년 중 특정한 날을 '마디'나 '단락'으로 끊어 기념하기에 '개천절'처럼 기념일의 뜻으로 쓰는 것이다. 한편 대나무 마디는 규칙적으로 반복되기에 '법칙, 절개'의 뜻이 나왔다. 예절(禮節), 범절(凡節), 수절(守節), 절도(節度), 오상고절(傲霜孤節) 등이 그런 뜻이다. 법칙, 절개로부터 '절제'의 뜻이 나왔다. 절제(節制), 절약(節約), 절감(節減), 조절(調節) 등이 그런 뜻이다. 절약으로부터 전체의 핵심을 '요약'한다는 뜻이 나왔다. 방대한 『자치통감』(資治通鑑)을 요약한 책이 『통감절요』(通鑑節要)다. 절제로부터 '제한'한다는 뜻이 나왔다. 신분을 제한하고자 발급하는 신분증을 옛날에는 부절(符節)이라 했다. 사절(使節)이 사용하는 것이다.

(가르칠 - 교)

초창기나 지금이나 글꼴에 큰 변화는 없다. 왼쪽이 효(爻)와 자(子), 오른쪽이 복(攵=攴)으로 구성되었다. 효(爻)는 잣대를 겹치며 셈하는 모습이다. 자(子)의 본뜻은 '갓난아이'인데, 이로부터 '아이, 어린이'의 뜻이 나왔다. '아들'이나 '선생님'의 뜻은 훗날 파생된 것이다. 한편 복(攵=攴)은 '막대기를 든 손'의 모양으로 '때리다, 혼내다'의 뜻이다. 그렇다면 교(敎)의 본뜻은 '어린이에게 셈을 가르치며 매질하다'이며, 이로부터 '가르치다'의 뜻이 나온 것이다. 어린이는 주의력이 산만하여 예전에 훈장은 종종 매를 들었다. 이런 매를 아름답게 표현하여 '사랑의 매'라 했다. 초창기 글꼴 중에는 복(攵=攴) 위에 '마음-심'(心)이 있기도 하여 '애정의 매질'이 과연 존재했음을 확인할 수 있다. 교육(敎育), 교사(敎師), 교실(敎室), 교재(敎材), 교과(敎科) 등이 '가르치다'의 뜻으로 쓰인 것이다. 물론 지식적인 가르침뿐 아니라 신앙적인 가르침도 있으므로 '종교'의 뜻으로도 쓰인다. 불교(佛敎), 유교(儒敎), 도교(道敎), 회교(回敎), 기독교(基督敎), 천주교(天主敎) 등이 그러하다. 지상의 어느 종교 대표도 속세의 황제처럼 군림하지 않지만 유독 천주교는 예외다. 그래서 천주교의 수반을 교황(敎皇)이라 한다. 피라미드식 계급 구조로 엄밀하게 조직되어 사제(司祭) 중심으로 운영되기 때문이다. 프란치스코 교황은 소탈하고 겸손하여 계급 질서를 많이 허물었지만 그 주변을 유심히 보라. 다들 아직도 얼마나 격식을 차리고 전전긍긍하는지.

(모일-사)

〇 秙 祁 秙 社

社

초창기 글꼴은 커다란 흙덩이의 모습으로 훗날 '흙-토'(土)의 원형이었다. 채취나 수렵으로 살아가던 구석기시대에는 음식물의 공급이 불규칙하여 생활이 쉽지 않았다. 야생 작물을 식용 작물로 순화시켜 식량을 재배하게 되면서 신석기시대로 접어들었다. 고정적인 음식물을 확보하고 저장까지 할 수 있게 되자 비로소 한곳에 정착하여 부락(部落)을 이루고 번식할 수 있었다. 따라서 부락민들은 양식을 키워 주는 땅에 대해 한없는 존경과 감사를 표했다. 흙을 쌓아 제단을 만들고 그 옆에 나무를 심어 토지신(土地神)의 은덕과 위치를 표시했다. 훗날의 글꼴 중에 제단(祭壇)을 그린 '보일-시'(示)가 추가되고, 토(土) 위에 '나무-목'(木)이 얹힌 것도 이 때문이다. 따라서 사(社)의 본뜻은 '토지신'이며, 토지신에게 감은(感恩)의 제사를 올릴 때는 부락민들이 신전에 모였다. 모임을 '모일-회'(會)라 하므로, 그런 모임을 사회(社會)라 불렀다. 훗날 회사나 정당 그리고 국가처럼 특정한 목적과 이해관계로 형성된 인간 집단을 부르는 '사회'도 여기서 유래했다. 한편 춘궁기 때 나라가 농민에게 꾸어 주고 추수 때 약간의 이자를 보태어 반환(返還)토록 했던 곡식을 환곡(還穀)이라 했으며, 환곡을 저장하던 곡식 창고(倉庫)의 명칭이 사창(社倉)이었다. 농업 사회에서 토지와 곡식은 국가의 기반이었다. 토지의 신이 사(社), 곡식의 신이 직(稷)이므로 사직(社稷)은 곧 국가의 별칭이다.

(참 - 진)

眞

위쪽은 '숟가락-비'(匕)이고, 아래쪽은 '솥-정'(鼎)이 생략되어 일부만 남아 있는 모습이다. 비(匕)는 끝이 뾰족한 숟가락이라 무기도되기에 비수(匕首)란 뜻으로 널리 쓰이자, 시(是)를 붙여 '숟가락-시'(匙)를 만들었다. 흔히 듣는 십시일반(十匙一飯)이 그것이다. 솥위에 숟가락이 있다면, 솥으로 요리한 음식이 제대로 됐는지 한 숟갈떠서 맛보는 모습일 것이다. 천지신명이나 조상이 흠향하는 음식이든, 군왕이나 어른이 드시려는 음식이든, 가족이 먹으려는 음식이든 간에 조리한 자가 미리 맛을 볼 때의 심정은 진지하고 순수하고 참된마음일 것이다. 이로부터 '참되다'의 뜻이 나왔을 것이다. 진심(眞心), 진실(眞實), 진정(眞正), 진솔(眞率), 순진(純眞), 진지(眞摯) 등으로 쓰인다. 있는 모습 그대로 옮겼다 하여 사진(寫眞)이다. 중국 강서성 소재 여산(廬山)은 안개에 싸여 실제 모습을 파악하기 힘들기에 '여산진면목' 혹은 진면목(眞面目)을 모르겠다고 한다. 본디 좋은 뜻이었으나 지금은 나쁜 뜻으로 쓰인다. 사물이나 사람의 본래 모습이드러날 때 진면목이 드러났다고 한다.

(으뜸-종)

宗

'보일-시'(示)가 들어가면 십중팔구 제사(祭祀) 혹은 조상(祖上)과
관계가 있다. 위쪽에 '집-면'(宀)이 있으므로 종(宗)은 조상의 위패
(位牌)를 모시고 제사를 올리는 건물이다. 그 건물을 지키는 집안이
곧 종가(宗家)다. 조선 시대 역대 왕과 왕비의 위패를 모신 곳이 종묘
(宗廟)다. 종실(宗室)이란 제왕의 집안, 곧 왕의 친인척을 가리켰다.
조상은 자손의 근원이므로 정종(正宗)은 직계 정통이란 뜻이고, 종
족(宗族)이란 같은 조상의 자손을 일컫는다. 종법(宗法)이란 혈연관
계의 멀고 가까움에 따라 차별적으로 규정한 옛날 예법을 가리켰다.
종족(宗族)의 시조(始祖)는 초대 우두머리 조상으로 후손들이 존경
하는 인물이었다. 이로부터 종(宗)은 '중요하다'거나 '존경할 만한 인
물'을 뜻하게 되었다. 종지(宗旨)는 중요한 취지, 종사(宗師)는 어느
분야의 태두(泰斗)를 일컫는다. 물론 만인이 그 가르침에 따르는 종
교(宗敎)도 있다.

(보배-보)

寶

초창기 글꼴은 '집-면'(宀) 아래에 '조개-패'(貝)와 옥(玉) 꾸러미가 있어, 집 안에 귀중품이 있음을 나타냈다. 오랜 옛날, 중국의 내륙 지역에는 조개껍질이 희귀하여 화폐로 사용되기도 했다. 또한 옥(玉)은 쉽게 구할 수 없는 보석이었다. 세월이 흐르면서 질그릇의 일종인 '장군-부'(缶)까지 추가하여, 집 안에 귀중품이 있으며 그런 물품을 소중히 간직하고 있음을 표시했다. 이로부터 '귀한 물건'이나 '귀하다'의 뜻이 나오게 되었다. 귀한 물건이 보물(寶物)이고, 국가적인 보물이 국보(國寶)다. 보물창고가 보고(寶庫)이니 무척 희귀한 자료가 많을 때도 비유적으로 이 용어를 쓴다. 『명심보감』(明心寶鑑)이란 책이 있다. 용모를 가꾸려면 거울을 보고 단장하듯, 인품을 수양하려면 좋은 글을 읽어 자신을 비추어야 한다는 취지에서 '마음을 밝게 만드는 보배 같은 거울'의 뜻으로 위와 같이 서명을 붙인 것이다. 이로부터 보감(寶鑑)은 본보기가 될 만한 귀한 책을 뜻했다. 『동의보감』(東醫寶鑑)이 무슨 뜻인지 짐작할 것이다. 한편 보석 같은 옛글을 모아 편찬한 책으로 『고문진보』(古文眞寶)가 있다. 이 또한 무슨 뜻인지 짐작할 수 있을 것이다.

(씻을 - 세)

洗　洗

洗

'물-수'(氵=水)와 '먼저-선'(先)이 합했다. 선(先)의 초창기 글꼴을 보면, 위쪽에 발바닥을 그린 지(止)가 있고, 중간에 일(一)로 땅을 표시했으며, 아래쪽에는 '어진사람-인'(儿)이 있었다. 따라서 앞에 걸어가는 사람을 그린 글자가 선(先)이다. 앞서 가고 있으니 '먼저'의 뜻은 이로부터 나왔을 것이다. 먼저 도착하고자 쉬지 않고 오래 걸으면 '발바닥'이 아플 것이고, 그런 피로를 풀어 주는 데는 따뜻한 물로 족욕(足浴)을 하는 것이 좋다는 것을 옛사람들도 잘 알고 있었다. 따라서 세(洗)의 본뜻은 '발을 씻다'이며, 이로부터 '씻다'의 뜻이 나온 것이다. 세수(洗手), 세면대(洗面臺), 세탁(洗濯), 세척(洗滌), 세례(洗禮), 세뇌(洗腦), 세정(洗淨) 등이 모두 그런 뜻으로 쓰였다. 옛 한자에서는 씻는 것도 부위에 따라 달리 썼다. 머리를 감는 것을 목(沐), 몸을 씻는 것을 욕(浴), 손을 씻는 것을 관(盥), 발을 씻는 것을 세(洗), 샤워를 조(澡)로 구분했다.

練 練 練

練

초창기 글꼴이나 지금 글꼴이나 별 차이가 없다. '실-사'(糸)와 '가릴-간'(柬)이 합했다. 간(柬)은 '나눌-분'(分)의 원래 글자인 팔(八)과 '묶을-속'(束)의 결합이다. 묶어 놓은 자루를 풀어 그 안에서 원하는 물건을 뽑아낸다는 뜻이다. 따라서 연(練)은 생사(生絲)를 여러 번 삶아 희고 부드러운 명주실로 뽑아내는 것이다. 이렇게 뽑아낸 명주실을 숙사(熟絲)라 하는데, 여러 차례 삶고 씻기를 반복하여 실올이 매우 부드럽고 하얗다. 그러므로 '씻을-세'(洗)와 '누일-연'(練)을 합하면 세련(洗練)이다. 삶고 씻기를 반복하여 불순물을 말끔히 제거했으니 매끈하고 멋진 모습이 아니겠는가. 기술이나 지식을 배우는 과정도 '세련'과 다를 바 없기에 수련(修練)하고 연수(練修)하고 훈련(訓練)하여 숙련(熟練)되게 연습(練習)하고 정련(精練)되게 조련(調練)하는 것이다. 세련이 명주실을 곱게 뽑는 것이라면, 쇠를 불에 달구어 두드려서 단단하게 만드는 것이 '쇠 불릴-연'(鍊)이다. 단련(鍛鍊)으로 기억하면 되겠다.

(익힐 - 습)

켬 쳥 켬 習

習

초창기 글꼴은 '깃-우'(羽) 아래에 '입-구'(口)가 있었다. 우(羽)는 새의 좌우 깃털을 그린 것이고, 구(口)는 둥지의 출입구(出入口)일 것이다. 비슷한 시기의 다른 글꼴은 둥지의 출입구를 '날-일'(日)로 그렸는데, 시간이 지나면서 비슷한 모양의 '흰-백'(白)으로 변해 현재 글꼴이 되었다. 여기서 백(白)은 햇살을 뜻하므로 '낮'을 가리켰을 것이다. 그렇다면 어린 새가 아직 날지는 못하고 낮에 둥지 입구에서 날갯짓을 익히는 모습일 것이다. 이로부터 '익히다'의 뜻이 나왔다. 학습(學習), 자습(自習), 연습(練習), 복습(復習), 예습(豫習), 실습(實習), 수습(修習), 견습(見習), 습득(習得), 교습(敎習), 강습(講習), 습작(習作) 등이 모두 '익히다'의 뜻이다. 『동몽선습』(童蒙先習)은 무지몽매한 어린이들이 우선적으로 익혔던 옛 교재였다. 한편 날갯짓을 익히다 보면 관성적으로 날개를 움직여 자기도 모르게 날고 있을 것이다. 이로부터 '늘 그러하거나 그런 모습'을 뜻하게 되었다. 습관(習慣), 습성(習性), 악습(惡習), 상습적(常習的), 관습(慣習) 등이 그런 뜻이다. 풍습(風習)이란 의식주(衣食住) 및 기타 생활에 관한 버릇이 오랜 세월 바람처럼 곳곳에 스며들어 자연스럽게 드러나는 사람들의 습관을 일컫는다. 『논어』의 첫 구절이 학이시습(學而時習)이다. 배우고 기회가 있을 때마다 실습하여 효과를 보면 기쁘지 않겠느냐는 뜻이다.

因

사각형 안에 '팔다리를 벌린 사람'의 모습인 '큰-대'(大)가 들어 있다. 사람이 널찍한 방석 혹은 돗자리에 팔다리를 펴고 앉거나 누운 모습을 그린 것이다. 딱딱한 자리에 앉거나 누우려면 방석이나 돗자리가 있어야 하므로, 이로부터 '의지(依支)하다'의 뜻이 나왔다. 결과도 원인에 '의지'하거나 '따르는' 것이므로 원인(原因)이나 인습(因襲)의 뜻도 나왔다. 인연(因緣), 동인(動因), 사인(死因), 승인(勝因), 패인(敗因) 등은 물론이고, 인과관계(因果關係)라든가 인과응보(因果應報)에 모두 그런 뜻이 담겨 있다. 인(因)이 이렇듯 파생된 뜻으로 널리 쓰이자 정작 돗자리나 방석의 본뜻은 희미해졌다. 돗자리나 방석은 대개 왕골이나 골풀의 줄기를 잘게 쪼개어 엮은 자리이므로 그 위에 '풀-초'(艹)를 얹어 '자리-인'(茵)을 다시 만들었다. 중국어를 배운다면 녹초여인(綠草如茵) 넉 자를 만나게 될 것이다. 푸른 풀이 무성하게 자라 마치 돗자리를 펼쳐 놓은 것 같다는 뜻이다. 그 위에 누우면 얼마나 푹신하고 편안하겠는가. 운동장에 잔디가 잘 조성되어 있을 때라든가 온통 부드럽고 고운 풀이 평원을 뒤덮고 있을 때, 그 광경을 종종 이렇게 표현한다.

(이길 - 극)

克

현재 글꼴 극(克)을 보면, '큰-대'(大) 중간에 '입-구'(口) 모양이 삽입되었다. '큰-대'(大)는 팔다리를 벌리고 서 있는 사람의 모습인데, 상반부에 끼어든 '입-구'(口)는 무엇을 뜻할까? 초창기 글꼴로 보면, 이 네모꼴은 맨 위에 있고 또 전체 비율상 비정상적이리만치 거대하다. 게다가 초창기 다른 글꼴을 확인하면, 손으로[又] '창-과'(戈)까지 쥔 모습도 있다. 그렇다면 이 네모꼴은 머리를 보호하는 요즘의 헬멧(helmet), 옛날로 말하면 '투구'일 것이다. '투구'를 썼으니 용감해 질 수 있고, 과감하게 진격해 어려움을 이기고 마침내 승리했음을 표현한 것이다. 이로부터 '이겨 내다, 이겼다'의 뜻이 나왔다. 극복(克服)은 '싸워서 이겨 적을 복종시키다'가 본뜻이지만, 지금은 비유적으로 사용하여 주로 곤경(困境)을 이겨 냄을 뜻한다. 극기(克己)도 '사사로운 욕망을 눌러 이기다'가 본뜻이지만, 지금은 정신력이나 체력을 단련하는 용어에 많이 쓰인다. 공자가 주장했던 극기복례(克己復禮)란 개인의 사사로운 욕망을 억제하고 당시의 질서인 예법(禮法)으로 복귀하자는 것이었다. 이겨 냈으니 해낸 것이다. 이로부터 조동사로 쓰여 '할 수 있다'의 뜻이 나왔다. 우리가 종종 쓰는 극명(克明)의 본뜻은 '밝혀낼 수 있다'인데, 곧 '속속들이 명확하게 밝혔으니' 결국 '매우 분명하다'는 뜻이다.

(옷 - 복)

服

초창기 글꼴을 보면, '우물-정'(井), '병부-절'(卩), '오른손-우'(又)가 합했다. '병부-절'(卩)은 사람이 무릎을 꿇고 있는 모습이다. 절(卩)과 우(又)가 합하면 급(及)인데, '쫓아가 손으로 사람을 잡았다'는 뜻이다. 한편 정(井)은 우물을 덮는 나무 덮개처럼 생긴 형구로서 범인이나 죄인의 목에 씌우는 '칼'을 그린 것이다. 따라서 복(服)은 '범인이나 죄인을 체포하여 꼼짝 못하게 항쇄(項鎖, 칼)를 채우다'가 본뜻이며, 이로부터 '제압하다, 굴복시키다' 혹은 '(명령에) 따르다, 복종하다'의 뜻이 나왔다. 복종(服從), 굴복(屈服), 항복(降服), 극복(克服), 상명하복(上命下服) 등이 모두 그런 뜻이다. 원치 않는 노동에 끌려가는 것이 복역(服役), 맡은 업무에 따라 하는 것이 복무(服務)이다. 결정에 따르면 승복(承服), 따르지 않으면 불복(不服)이다. 내키지 않아도 의사의 지시에 따라 약을 복용(服用)하기에 복약(服藥)이라 한다. 사회 규범이나 예절에 굴복하고 그와 동시에 자신의 몸에 따라 옷을 꾸미기에 복장(服裝) 혹은 복식(服飾)이라 하며, 그렇게 몸에 맞춰 입는 옷이기에 의복(衣服)이라 한다.

(아닐 - 불)

不

초창기 글꼴을 보면 꽃받침이 아래로 늘어진 모습이다. 꽃이 피지 않아 꽃받침이 할 일이 없는 상황을 그린 것으로 추측된다. '꽃이 아직 피지 않았다' 그리고 '꽃받침이 할 일이 없다'로부터 부정부사(否定副詞) '아니, 안, 못' 등의 뜻이 나왔을 것이다. 불가(不可), 불가피(不可避), 불안(不安), 불법(不法), 불만(不滿), 불편(不便), 불행(不幸), 불황(不況), 불허(不許), 불참(不參), 불순(不純) 등이 모두 부정하는 뜻이다. 편의상 '부'로 발음하기도 하는데, 부단(不斷), 부실(不實), 부족(不足), 부정(不正) 등이 그러하다. 권불십년(權不十年)은 막강한 권세도 10년을 못 간다는 뜻이다. 과유불급(過猶不及)이란 지나침은 미치지 못함과 같다는 뜻으로 이른바 '오버'를 경계하는 유가 사상의 가르침이다. 꽃받침이 위처럼 다른 뜻으로 전용되자 '꽃받침-부'(柎)를 따로 만들었다.

(서로-상)

相

'나무-목'(木)과 '눈-목'(目)이 합했다. 초창기 글꼴을 보면, 눈이 나무 위에 있기도 하고, 나무 옆에 있기도 하다. 나무의 상태를 이모저모 자세히 살피는 모습이다. 이로부터 '관찰하다'의 뜻이 나왔지만, 우리 한자에서는 별로 사용하지 않는다. '나무의 상태'로부터 '상황, 상태, 모습'의 뜻이 나와, 오히려 이 뜻으로 많이 사용한다. 양상(樣相), 인상(人相), 면상(面相), 관상(觀相), 진상(眞相), 위상(位相), 실상(實相) 등이 그러하다. 많은 일을 혼자 자세히 살필 수 없으므로 도와주는 사람이 필요하다. 이로부터 '돕다, 돕는 사람'의 뜻이 나왔다. 왕을 보필하여 국정을 총괄하는 국무총리를 옛날에는 재상(宰相)이라 했다. 일본 행정부의 장관 명칭에도 이 상(相)을 쓴다. 외무장관을 외상(外相)이라 한다. 한편 결혼식에서 신랑, 신부가 마주하는 인사를 상견례(相見禮)라 한다. 마주 보고 서로 인사하는 것에서 '서로'의 뜻이 나왔다. 상호(相互), 상생(相生), 상대(相對), 상봉(相逢), 상응(相應), 상당(相當), 상관(相關), 상쇄(相殺), 상위(相違) 등으로 널리 쓰인다. 유유상종(類類相從), 명실상부(名實相符), 일맥상통(一脈相通)도 자주 쓴다. 눈으로 보는 것인 상(相)에 '마음-심'(心)을 더해 상(想)으로 쓴다. 마음으로 어떻게 보겠는가. 상상(想像)하는 것이다.

(시기할 - 질)

嫉 嫉

嫉

"사촌이 논을 사면 배가 아프다"는 속담이 있다. 우리만 그랬던 것이 아니라 중국인도 그랬다. 질투(嫉妬)의 질(嫉)이 곧 그 뜻이다. 남이 잘되는 것을 보면 샘이 나고, 그 샘이 깊어지면 병이 난다는 뜻에서 '병-질'(疾)이 들어갔을 것이다. 물론 '질'은 발음 역할도 하고 있다. 그런데 이 글꼴의 전서(篆書)를 보면 '병날-질'(疾)의 왼쪽에 '여자-여'(女)만 있는 것이 아니라 '사람-인'(人)도 있었다. 남자도 사람인데 왜 질투심이 없었겠는가. 다만 옛날에는 여성의 사회 진출이 제한적이었고, 또한 남녀 관계에서 여성은 피동적인 위치였으며, 게다가 일부다처(一夫多妻) 사회였으므로 여성의 자기 보호 본능으로 인한 시기나 질투심은 현대인이 이해하기 어려울 정도로 치열했을 것이다. 특히 진나라·한나라 이후 남존여비(男尊女卑) 사상이 강해지면서 시기(猜忌)나 질투(嫉妬)를 여성의 속성으로 폄하(貶下)하여 '여자-여' 부수의 질(嫉)로 굳힌 것이 아닌가 싶다. 흔히 쓰는 말로 질시(嫉視)가 있다.

(사이-간)

間

초창기 글꼴은 '문-문'(門) 안에 '날-일'(日)이 아니라 '달-월'(月)이 있는 '한가할-한'(閒)이었다. 전기나 등불이 없던 오랜 옛날에는 생활 리듬이 간단명료했다. 해가 뜨면 일어나 일하고, 달이 뜨면 들어와 쉬었다. 따라서 문틈으로 '달'이 보이는 한(閒)은 쉬고 있거나 잠들기 직전의 '한가한 시간'을 표시했다. 밤이 되어 한숨을 돌릴 틈이 생겼기에 '틈'이나 '사이'의 뜻도 나오게 되었다. 그런데 아무리 낮에 바쁘게 일한다고 설마 쉴 틈이 없었으랴. 그리하여 '날-일'(日)로 '사이-간'(間)을 쓰면 비교적 짧거나 좁은 틈을 가리켰고, '달-월'(月)로 '한가할-한'(閒)을 쓰면 비교적 길거나 넓은 틈, 곧 '한가로움'을 뜻했다. 이로부터 '한가로움'과 무관한 '틈'이나 '사이'는 모두 간(間)을 쓰는 것 같다. 순간(瞬間), 기간(期間), 시간(時間), 이간(離間), 간첩(間諜), 민간(民間), 공간(空間), 간격(間隔), 간접(間接), 간혹(間或) 등이 모두 그러하다. 사람과 사람 '사이'이므로 인간(人間)이다. '막을-한'(閑)은 본디 '나무 울타리'로 '한가할-한'(閒)과 엄연히 다른 글자였지만 지금은 '한가할-한'(閒)을 거의 대체했다. 한가(閑暇), 한산(閑散), 한적(閑寂), 한량(閑良), 한담(閑談), 농한기(農閑期) 등에 공통으로 들어가는 '한'을 '한가할-한'(閒)으로 쓰는 경우는 거의 없다. 마찬가지로 '한가로이 대수롭지 않게 본다'는 뜻의 '등한시'는 원칙상 등한시(等閒視)로 써야 하지만 대개 등한시(等閑視)로 쓴다. 바쁜 중의 한가함을 '망중한'이라 한다. 어떻게 써야 제대로 쓴 것일까?

(쉴 - 헐)

歇

헐(歇)의 왼쪽 갈(曷)은 소리를 나타내고, 오른쪽 흠(欠)은 뜻을 나타낸다. 당초 발음은 '갈'이었으나 세월이 흐르며 '헐'로 변했다. '하품-흠'(欠)은 입을 벌리고 하품하는 사람의 모습을 그린 것이다. 아래쪽이 '사람-인'(人)이고 위쪽에 '쌀-포'(勹)처럼 생긴 것이 입을 크게 벌린 모습이다. 하품은 잠이 부족하거나 피곤할 때 나온다. 기력이 떨어졌으니 쉬라는 신호이다. 이로부터 헐(歇)은 '쉬다, 그치다'의 뜻으로 쓰였다. 간헐적(間歇的) 단식이나 운동이 유행이다. 단식이나 운동을 지속적으로 하는 것이 아니라 간격(間隔)을 두고 한다는 뜻이다. 비가 올 때만 물이 흐르는 내를 간헐천(間歇川), 주기적으로 뜨거운 물이 솟는 온천을 간헐온천(間歇溫泉)이라 한다. 물건을 '헐가'에 판다는 것은 무슨 뜻일까? 정가(定價)의 힘이 떨어지고 가격이 그쳤으니 헐가(歇價)가 된 것이다. 가(價)는 '값'이니 헐가를 '헐값'이라 부르기도 한다. "비 그치자 긴 둑에 풀빛이 파릇하고"로 시작되는 정지상(鄭知常)의 작품 「송인」(送人)의 원문은 '우헐장제초색다'(雨歇長堤草色多). 참으로 멋진 작품이니 전문을 찾아 음미하시기 바란다.

壯 壯

壯

'나뭇조각-장'(爿)에 선비-사(士)가 합했다. 통나무를 장작 패듯 세로로 쪼개 두 조각을 내면 왼쪽이 '나뭇조각-장'(爿)이고, 오른쪽이 '조각-편'(片)이다. 둘을 다시 붙이면 '나무-목'(木)이 된다. 장(爿)을 눕히면 평평한 면에 누울 수도 있다. 이로부터 침상의 뜻이 나왔다. 사(士)는 본디 '도끼'의 모습이었다. 이런 도끼를 휘두르는 자가 무사(武士)다. 무사 중에 무기를 놓고 붓을 든 자가 문사(文士)고, 문사가 훗날 선비가 되었다. 무사가 도끼를 옆에 놓고 누워 있는 모습을 그린 것이 곧 장(壯)이다. 누울 때도 도끼를 옆에 놓았으니 얼마나 장관(壯觀)인가. 이로부터 '씩씩하다, 장하다, 훌륭하다' 등의 뜻이 나왔다. 웅장(雄壯), 비장(悲壯), 굉장(宏壯), 건장(健壯), 장렬(壯烈), 장정(壯丁), 장년(壯年), 장도(壯途), 소장(小壯), 노장(老壯), 호언장담(豪言壯談), 항우장사(項羽壯士) 등이 모두 그런 뜻을 담고 있다. 삼국 시대 조조는 간웅이라지만 영웅은 영웅이었다. "열사는 늙어도 장심(壯心)은 여전하다."(烈士暮年, 壯心不已) 그가 지은 시구를 읽으면 장렬한 기개가 약동한다. 장심(壯心)이란 마음에 품은 훌륭하고 큰 뜻이다. 후한 때 마원(馬援)은 주위 사람들에게 항상 말했다. "대장부가 뜻을 세웠으면 궁할수록 더욱 굳세고 늙을수록 더욱 씩씩해야지."(丈夫爲志, 窮當益堅, 老當益壯) 노익장(老益壯)은 여기서 유래한 말이다.

(살필 - 심)

审

현재 글꼴 '살필-심'(審)은 '집-면'(宀) 아래에 '갈마들-번'(番)이 있다. 번(番)은 '분별할-변'(釆)과 '밭-전'(田)으로 나눌 수 있다. 초창기 글꼴도 현재 글꼴의 모양과 크게 다를 바 없다. 다만 변(釆)과 전(田)의 뜻이 지금과는 상당히 달랐다. 변(釆)은 짐승의 날카로운 발톱이 찍힌 발자국, 전(田)은 짐승의 뭉툭한 발자국을 그린 것이었다. 모두 짐승의 발자국이므로 번(番)으로 합쳤다. 짐승은 걸을 때 아무리 바빠도 발바닥을 순서대로 내밀기에 번(番)이 점차 '차례' 혹은 '갈마들다'의 뜻으로 널리 사용되자, 그 옆에 '발-족'(足)을 추가하여 '짐승 발바닥-번'(蹯)으로 복원했다. 그러므로 심(審)은 집 안에 짐승의 발자국이 있다는 뜻이다. 도대체 어떤 짐승인지, 어떻게 들어왔는지 자세히 살펴볼 필요가 있다. 이로부터 '세심하게 조사하다'의 뜻이 나왔다. 법관은 사건을 심리(審理)하고 심판(審判)한다. 서류나 원고를 자세히 점검하여 결정하는 것을 심사(審査)라 한다. 심미안(審美眼)이란 미추를 구별하여 살필 수 있는 안목이다. 예전에는 불심검문(不審檢問)이 있었다. 수상한데 자세히 알지 못하므로 명백히 파악하고자 경찰이 행인을 붙잡고 검사하듯 질문했던 것이다.

亂

亂 亂 亂

베틀에서 종횡으로 엮이던 실올이 엉키어 엉망이 된 모습을 그렸다. 왼쪽 상단이 '손톱-조'(爪), 하단이 '오른손-우'(又), 중간이 베틀의 모양이다. 오른쪽의 '새-을'(乙)처럼 생긴 것은 실올이 꼬인 모습을 강조하고 있다. 따라서 란(亂)은 베틀의 실올이 엉켜 정리가 잘 안 되는 모습을 묘사한 것이다. 본뜻은 '실올이 엉켜 방직할 수 없다'이며, 이로부터 '질서를 잃어 무질서하다'의 뜻이 나왔다. 우리가 종종 '난리(亂離)도 아니다'라 하는데, 이는 곧 전쟁이나 재해 등으로 세상이 소란하고 무질서한 상태를 뜻한다. 혼란(混亂), 요란(擾亂), 교란(攪亂), 음란(淫亂), 문란(紊亂), 동란(動亂), 내란(內亂), 대란(大亂), 변란(變亂), 반란(叛亂), 산란(散亂), 난국(亂局), 난잡(亂雜), 난조(亂調), 난장(亂場), 난시(亂視), 난맥(亂脈) 등이 모두 그런 뜻이다. 한편 란(亂)은 매우 엉망인 상황이므로 부사적으로 '마구, 어지럽게'의 뜻으로도 사용된다. 난무(亂舞), 난사(亂射), 난립(亂立), 난개발(亂開發), 난입(亂入), 난타(亂打) 등이 그런 뜻이다. 일사불란(一絲不亂)이나 쾌도난마(快刀亂麻)처럼 멋진 말도 있지만 자중지란(自中之亂)처럼 한심한 상황도 있다. "집안이 어려우면 현모양처가 그립고, 나라가 어지러우면 충신이 그립다." 뒤 구절의 원문은 이러하다. 국란사충신(國亂思忠臣).

（ 심할-극 ）

劇

호(虍)와 시(豕)와 도(刂=刀)가 합했다. 호(虍)는 범의 머리 부분을 그린 것으로 범을 가리킨다. 시(豕)는 멧돼지가 서 있는 모습인데 전체 글꼴 모양을 정사각형으로 맞추고자 세워 놓았다. 칼자루까지 그린 것이 '칼-도'(刀)이고, 칼날과 칼등만 그린 것이 '선 칼-도'(刂=刀)이다. 현재 글꼴은 '선 칼-도'이나 옛 글꼴은 '칼-도'가 완연하다. 로마인은 원형 경기장을 만들어 마치 극장(劇場)에서 공연(公演)을 관람하듯 각종 격투기를 즐겼다. 검투사끼리의 결투는 물론이고, 맹수끼리 싸우게 하거나 심지어 맹수와 노예가 싸우기도 했다. 범과 멧돼지 그리고 칼이 합친 극(劇)은 로마인의 원형 경기장을 상기시키지만, 옛 중국인의 삶과는 거리가 있어 보인다. 그렇다면 극(劇)은 범이 칼처럼 예리한 이빨과 발톱으로 멧돼지를 포획하는 장면이 아닐까 억측해 본다. 일상에서는 보기 힘든 '심하고 빠르고 대단하고 혹독한' 극적(劇的)인 장면이 속출했을 터이니, 그로부터 연극(演劇)의 뜻이 나왔을 것이다. 창극(唱劇), 가극(歌劇), 사극(史劇) 등이 연극의 뜻이다. 이제는 현실에서 드라마틱한 일이 발생할 때마다 연극에 비유한다. 웃기는 일을 희극(喜劇), 슬픈 일을 비극(悲劇), 끔찍한 일을 참극(慘劇), 우발적이고 우스꽝스러운 일을 촌극(寸劇)이라 한다. 인질 사건이 발생하면 인질극(人質劇)이다.

怒

怒 怒 怒

전리품으로 끌고 오거나 혹은 유괴한 여자를 노(奴)라 한다. '오른손-우'(又)로 여자[女]를 끌고 왔기 때문이다. 주인은 이런 여자를 하녀(下女)나 노예(奴隷)로 부린다. 하녀나 노예가 주인에게 화나지 않을 수 없을 것이다. 오랜 옛날 중국인들은 사상이나 감정 활동이 심장에서 비롯된다고 믿었기에 그 밑에 '마음-심'(心)을 붙여 '성내다, 화내다'의 뜻을 표현했다. 노기(怒氣), 분노(憤怒), 격노(激怒), 노발대발(怒發大發), 일노일로(一怒一老) 등으로 쓴다. 화난 듯 사나운 파도를 묘사할 때도 이 글자를 사용하여 노도(怒濤)라 한다. 인간뿐 아니라 하늘까지 분노할 극악무도한 사람이나 행위를 천인공노(天人共怒)라 한다. 다른 사람에게 엉뚱하게 화풀이하는 것을 천노(遷怒)라하는데, 공자는 수제자 안회(顔回)를 가리켜 '천노'하지 않는다고 칭찬했다. 요즘으로 말하면, 직장 스트레스를 귀가하여 가족에게 풀지않는 것이니 무척 훌륭한 인품이었다. 하녀가 혹사당해 화를 내는 것이 '성낼-노'(怒)라면, 참고 받아주는 것은 무엇일까? 글자대로라면 용서(容恕)의 '서'(恕)가 될 것이다.

(옳을 - 시)

是

'날-일'(日)과 '짝-필'(疋)이 합했다. 필(疋)은 일(一)과 지(止)의 결합으로, 본디 '바를-정'(正)이었는데 시간이 흐르면서 변형된 것이다. 따라서 시(是)는 머리 위 정면에서 해가 내리쬐는 모습이다. 계절로 볼 때는 낮이 가장 긴 하지(夏至)겠고, 하루로 볼 때는 정오(正午)다. 머리 위 수직으로 떠 있는 태양으로부터 '곧다, 바르다'의 뜻이 나왔고, 다시 '곧다, 바르다'로부터 '옳다, 맞다, 그러하다'는 뜻이 나왔다. 옛날, 하지나 정오는 다양한 농사일에 한창 바쁠 때이므로 대명사로서 '이것, 그것, 이런 것, 그런 것'이라 하면 굳이 자세히 말하지 않아도 무엇인지 다 알았다. 그러므로 역시(亦是)는 '마찬가지로 그러하다'의 뜻이고, 시인(是認)은 '옳다고 인정하다', 시정(是正)은 '옳게 바로잡는다'의 뜻이다. 색즉시공(色卽是空)에서 시(是)는 '그러하다'로 우리말의 서술격 조사에 해당하는 '-이다'의 뜻이다. 한편『논어』에 "過而不改, 是謂過矣"(과이불개, 시위과의)라는 구절이 있다. 잘못을 하고도 고치지 않는다면, 이것(그것)을 잘못이라 한다는 뜻인데, 이 문장에서 이것(그것), 즉 시(是)가 바로 대명사로 쓰인 경우다.

(아닐-비)

非

초창기 글꼴을 보면, 날아가는 새의 양쪽 날개를 그린 듯하다. 새가 날려면 날개를 펼쳐야 하는데, 그때 양쪽 날개는 각기 반대쪽을 향하게 된다.[같은 쪽으로 향한 모습은 '깃-우'(羽)] 따라서 비(非)의 본뜻은 '새의 날개가 반대로 향하다'이다. 이로부터 '서로 틀리다고 비난하다'의 뜻이 나왔고, 상대방이 '잘못, 허물'이라 주장하면서 서로를 부정하여 '아니다'의 뜻으로까지 사용하게 되었다. 비난(非難)은 잘못이라고 힐난하는 것이며, 시비(是非)는 옳고 그름, 비리(非理)는 옳은 도리가 아님, 비상(非常)은 정상적인 상태가 아님을 가리킨다. 비범(非凡)이란 범상치 않음을 뜻한다. 우리가 흔히 말하는 사이비(似而非)는 비슷하긴 한데 실은 '아니다, 틀리다'의 뜻이다. 한마디로 가짜나 '짝퉁'을 이르는 말이다. 위처럼 비(非)가 다른 뜻으로 전용되자 '날다'의 뜻을 복원하고자 그 아래 '벌레-충'(虫)을 붙여 만든 자가 곧 '날-비'(蜚)다. 유언비어(流言蜚語)로 기억하면 되겠다.

富

지금은 술을 간편하게 사 마실 수 있지만 옛날에는 그렇지 못했다. 곡주(穀酒)였으므로 양곡(糧穀)이 남아야 비로소 술을 빚을 수 있었다. 한마디로 사치품이기에 누구나 언제든지 즐길 수 있는 음료는 아니었다. 따라서 집 안에 술항아리가 있다면 부자(富者)였다. 복(畐)의 초창기 글꼴을 보면, 넓은 입에 목이 있고 배가 부르며 바닥이 비교적 뾰족한 술항아리의 모습이다. '집-면'(宀) 아래에 술항아리[畐]를 그린 글자가 부(富)인 것이다. 이로부터 '부유하다'의 뜻이 나왔다. 부유(富裕), 풍부(豊富), 부귀(富貴), 치부(致富), 졸부(猝富), 거부(巨富), 부귀영화(富貴榮華), 부국강병(富國强兵) 등에 사용된다. 집 안에 술항아리가 있다면 부자일뿐더러 복(福)이 많은 사람이기도 하다. 좋은 술을 빚어 조상이나 귀신에게 제사를 올릴 수 있고, 그 덕에 복(福)도 빌 수 있기 때문이다. 술[畐]로 제사[示] 지내는 일이 복(福)인 까닭이다. 사회주의 국가 중국에서 치부(致富)는 죄악이었다. 그러나 등소평(鄧小平)은 일부 사람들이 먼저 부유해지는 것을 허용하면서 개혁개방을 이끌었다. 그것이 선부론(先富論)이다.

(사귈 - 교)

交

인(人)은 사람의 측면 모습이었다. 양팔과 양다리를 빌리고 서 있는 사람을 정면에서 그린 모습이 '큰-대'(大)이다. 초창기 글꼴을 보면, 다리를 교차시키고 서 있는 모습이 교(交)이다. 다리를 교차시켰으니 다리가 서로 만났다. 사귀지 않으면 만날 리가 있겠는가. 이로부터 '교차하다, 사귀다'의 뜻이 나왔다. 교차(交叉), 교우(交友), 교통(交通), 교류(交流), 교역(交易), 수교(修交), 외교(外交), 교섭(交涉), 교대(交代), 교감(交感), 교신(交信) 등으로 사용된다. 성적인 사귐은 물론 성교(性交)다. 나이 차이를 잊고 허물없이 사귀는 것을 망년지교(忘年之交)라 하며, 생사를 함께할 정도의 깊은 우정을 가리켜 문경지교(刎頸之交), 관중(管仲)과 포숙아(鮑叔牙)의 전설적인 우정을 일컬어 관포지교(管鮑之交)라 한다. 군자의 교제(交際)는 물처럼 담백하고, 소인의 교제는 식혜처럼 달콤하다고 했다. 왜 그런지 곰곰이 생각해 보자.

(무리 - 유)

糒 類 類

類

유(類)의 현재 글꼴은 '쌀-미'(米)와 '개-견'(犬)과 '머리-혈'(頁)이 합했다. 그런데 초창기 글꼴에는 '개-견'(犬)이 없다. 머리를 근접시켜 쌀알을 살피는 모습이다. 그 속에서 불순물을 걸러 내려는지 쌀벌레를 잡으려는지 모르겠지만, 여하튼 쌀알의 모양이 서로 닮아 구분하기는 어려웠을 것이다. 이로부터 '닮거나 비슷하다'는 뜻이 나왔다. 유사(類似)는 비슷하다는 뜻이다. 닮거나 비슷한 사물은 한 무리로 묶을 수 있는데, 이를 종류(種類)라 한다. 종류로 나누는 것이 분류(分類)이고, 각 종류마다 가진 특정한 모습이 유형(類型)이다. 사람인 경우는 인류(人類), 새인 경우는 조류(鳥類), 술인 경우는 주류(酒類), 글 종류는 서류(書類)다. 비슷하거나 같은 종류끼리는 서로 따른다고 하여 유유상종(類類相從)이며, 공자는 어떤 무리든 차별 없이 가르쳤는데, 『논어』에는 그것을 유교무류(有敎無類)로 기록했다. 세월이 흐르며 '개-견'(犬)이 추가됐다. 인류에게 가장 친숙한 가축은 개이며, 개들도 생긴 모양이 엇비슷하기에 닮았다는 뜻을 강조하고자 붙인 듯하다.

十一月

(나아갈 - 진)

추(隹)

진(進)

進

'새-추'(隹)와 '달릴-착'(辶=辵)이 합했다. 새의 모습을 그려 일반적인 새를 두루 칭하는 글자가 조(鳥)다. 그러나 추(隹)는 단단한 날개, 날카로운 부리와 발톱을 그린 모습으로 솔개나 매와 같은 '맹금류'를 지칭한다. '독수리-주'(雕), '매-응'(鷹)은 물론이고, 원래는 '올빼미'나 '부엉이'였던 '예-구'(舊)에도 추(隹)가 들어 있으니 맹금(猛禽)이 분명하다. 사냥꾼 중에는 이런 사나운 날짐승을 훈련시켜 작은 새나 짐승을 포획(捕獲)하는데, 목표물을 겨냥해 쏜살같이 뒤쫓아 '달려가' 한 방에 낚아챈다. 그 모습을 묘사한 것이 '나아갈-진'(進)이다. 송골매가 사냥꾼의 팔뚝에 앉아 있는 모습을 그린 것이 '매-준'(隼)이다. 목표물을 향해 방향과 거리를 정확히 잡기에 정조준(正照準)이라 한다. 중국어에서 준(準)은 '정확하다'는 뜻이다. '새-추'(隹)가 '쫓을-추'(追)와 발음이 같고 뜻까지 유사한 이유도 이 때문이다. 사람을 뒤쫓는 것이 '쫓을-추'(追), 들짐승을 뒤쫓는 것이 '쫓을-축'(逐), 날짐승을 뒤쫓는 것이 진(進). 그렇다면 진(進)은 그저 나아가는 정도가 아니라 매섭게 질주하는 것이다. 여러분의 학업에 '진'(進)이 있기를.

（물러날-퇴）

退

초창기 글꼴은 '안-내'(內) 아래에 '발바닥-지'(止)가 있다. 지(止)는 발가락의 방향으로 걸어감을 표시한다. 따라서 퇴(退)의 본뜻은 '집 안으로 들어가다'이다. 시간이 흐르며 의미를 명확히 하고자 '어긋날-간'(艮)과 '달릴-착'(辶=辵)이 합한 모습으로 변했다. 옛 글꼴로 보건대, '날-일'(日)과 '뒤져서 올-치'(夂)가 합하여 간(艮)으로 변한 것이다. 치(夂)는 지(止)가 도치된 모양으로 '돌아오다'가 본뜻이다. 그렇다면 일을 나갔다가 해를 등지고 돌아오는 모습이다. 해가 뜨면 나가 일을 하고, 해가 지면 돌아와 쉬는 것이 옛사람들의 생활인데, 해를 등지고 돌아왔으니 일상적인 업무에서 물러난 것이 아니겠는가. 퇴근(退勤), 퇴임(退任), 퇴직(退職), 퇴출(退出), 사퇴(辭退), 퇴진(退陣), 퇴장(退場), 은퇴(隱退), 퇴보(退步), 퇴색(退色), 퇴화(退化) 등이 모두 자의든 타의든 '물러나다'의 뜻이다. 나갈 수도 물러날 수도 없는 상황을 흔히 진퇴양난(進退兩難) 혹은 진퇴유곡(進退維谷)이라 한다.

姓 姓 姓 姓

姓

성(姓)의 초창기 글꼴은 왼쪽에 생(生)이 있고, 오른쪽에 여(女)가 있었지만 세월이 흐르며 위치가 바뀌어 현재 모습이 되었다. 생(生)은 싹이 지면을 뚫고 움트는 모습으로부터[屮(철)＋土(토)＝生(생)] '낳다, 태어나다'의 뜻이 나왔다. 한편 여(女)는 꿇은 무릎 위에 양손을 다소곳이 얹고 있는 여자의 모습이다. 따라서 성(姓)의 본뜻은 '아기를 낳은 여자', 즉 생모(生母)였다. 인류가 음식물을 채취하거나 사냥하여 연명하던 시절, 성인 남자는 밖으로 나가 음식을 구하거나 맹수의 습격을 방어하느라 아기나 어린이를 돌볼 여유가 없었다. 따라서 아기나 어린이는 자기를 낳아 준 엄마밖에 몰랐다. 마을의 구심점은 엄마였다. 원시 모계 사회는 이렇게 형성되었을 것이다. 같은 엄마로부터 태어난 자식들에게 똑같은 표시를 한 것이 성(姓)이다. 부락민은 모두 같은 성(姓)이었다. 중국에서 가장 오래된 성(姓)으로 희(姬), 강(姜), 요(姚), 사(姒), 영(嬴) 등이 있는데, 모두 여(女)가 들어간 것은 우연이 아니다. 인구가 증가하여 마을의 부양 능력을 초과하면 일부 부락민은 일부 부족을 이끌고 다른 지역으로 분가하여 정착했을 것이다. 바로 그 다른 지역을 씨(氏)라 한다.

ㅓ ㅅ ㅓ ㅌ

氏

초창기 글꼴을 보면, '사람-인'(人)이 팔을 아래로 뻗어 땅에 닿은 모습이다. 글꼴 중에는 양손을 모아 땅을 가리키는 모습도 있다. 세월이 흐르면서 아래로 뻗은 팔뚝에 굵은 점을 찍어 팔이 땅으로 향해 지면에 닿았음을 표시했다. 그 후로 굵은 점은 가로로 펼쳐져 현재 글꼴이 되었다. 따라서 씨(氏)의 본뜻은 '팔을 뻗어 땅에 닿다'이다. 아주 오랜 옛날의 일이다. 개체수가 늘어 그간 살던 마을이 포화 상태가 되자 일부 부락민은 본거지를 떠나 타지의 적당한 지역을 물색해 정착했다. 새로운 주거지의 땅을 가리키며 어루만지는 모습이 그려지지 않는가? 그런 모습이 씨(氏)이므로, 이들을 일컬어 씨족(氏族)이라 했다. 따라서 최초의 부락에 살던 사람들을 표시한 것이 성(姓), 분가하여 새롭게 마을을 이룬 사람들을 씨(氏)라 했다. 성(姓)은 혈통을 표시하고, 씨(氏)는 주거지를 표시한다. 다른 성(姓)이라도 같은 씨(氏)가 될 수 있다. 다른 부락민이 그들의 본거지를 떠나 같은 곳으로 합류했다면 같은 씨(氏)가 되기 때문이다. 동성(同姓)은 기본적으로 동본(同本)이므로 결혼할 수 없다는 것이 이 때문이다. 중국 신화에서 염제(炎帝)를 신농씨(神農氏)라 하는데, 농경 지대에 사는 씨족이었을 것이다. 황제(黃帝)를 헌원씨(軒轅氏)라 하는데, 유목 지대에 사는 씨족이었을 것이다. 사마천은『사기』「오제본기」에서 헌원씨가 신농씨를 제압했다고 기록했다.

(이름 - 명)

名

초창기나 지금이나 글꼴의 구성에는 차이가 없다. 당초 '저녁-석'(夕)과 '입-구'(口)가 좌우로 배치되었던 것이 훗날 상하로 조정되었을 뿐이다. 인력(人力)이 곧 경제력이던 오랜 옛날, 여자든 어린이든 힘이 약한 자는 유괴되거나 납치되는 일이 비일비재했다. 특히 어린이는 사라지기 십상이었다. 따라서 날이 저물면 부모는 아이들을 불러 귀가시켰다. 마을의 다른 집 아이와 구분하려면 '이름'이 있어야 할 것이다. 그러므로 명(名)의 본뜻은 '저녁에 부르는 아이의 호칭(呼稱)'이며, 이로부터 사람이나 사물을 지칭하는 '이름'의 뜻이 나왔다. 성명(姓名), 명예(名譽), 명칭(名稱), 지명(地名), 명실상부(名實相符) 등이 그런 뜻으로 쓰였다. 이름이 없으면 무명(無名)이니 존재감이 없다는 뜻이다. 존재감이 있으면 유명(有名)한 것이고, 이는 곧 명성(名聲)과 명망(名望)이 있는 것이다. 명작(名作), 명의(名醫), 명문(名門), 명승(名勝) 등이 그런 뜻으로 쓰였다. '이름-명'(名)은 본디 어린이의 이름, 곧 아명(兒名) 혹은 애칭(愛稱)이었다. 성인이 되면 애칭을 부를 수는 없다. 이에 어린 시절의 이름과 어울리는 '새로운 이름'을 지어 준다. 성인의 새 이름이 곧 자(字)였다.

字

초창기나 지금이나 글꼴에 차이는 없다. '집-면'(宀) 아래에 '아기-자'(子)가 있다. 아기를 낳아 집 안에서 안전히 키우고 있는 모습이다. 따라서 자(字)의 본뜻은 '아이를 낳아 안심하고 키우다'이다. 오랜 옛날, 인구는 곧 노동력과 군사력을 의미했다. 부족의 영고성쇠(榮枯盛衰)는 부락민의 숫자에 달렸던 것이다. 영양 수준과 위생 시설이 열악했던 그 시절에 아이를 낳고 키우기 쉽지 않았지만, 그와 동시에 유괴되거나 납치되는 일을 방어하는 것도 매우 중요했다. 아기를 출산하려면 시간도 걸리고 위험 부담도 많은 데 비해 이미 낳은 아기를 빼앗아 오면 무척 남는 장사였기 때문에 아기가 없어지는 예가 비일비재했다. 그렇게 끌고 온 여자애를 '종-노'(奴), 남자애를 '아이-동'(童)이라 했다. 그러므로 아기가 태어나면 몸에 '글자'를 새겨 누구의 자식인지 분명히 했다. 없어지더라도 나중에 찾으면 소유권을 주장할 수 있었다. 이로부터 '글자-자'(字)의 뜻이 나온 것이다. 훗날 아기가 성인이 되면 그 '글자'에 해당하는 '이름'을 지어 주어 무사히 성장했음을 경축했는데, 그 '이름'이 곧 자(字)다. 공자의 이름은 구(丘)이고, 자는 중니(仲尼)였다. 태어날 때 머리 모양이 짱구였기에 아명은 '언덕-구'(丘)였다. 부모가 '니구산'에 기도하여 낳은 둘째 아들이라 성인이 되었을 때 '둘째-중'과 '니구산-니'를 더해 '중니'로 지었다.

(부르짖을 - 호)

號

號號號

초창기나 지금이나 글꼴에 차이는 없다. '부를-호'(号)와 '범-호'(虎)가 합했다. 호(号)는 호(號)의 속자로 쓰지만 의미상 차이가 있다. 호(号)의 '입-구'(口) 아래쪽 교(丂)처럼 생긴 글꼴은 본디 관악기의 모습이었다. 관악기의 구멍에서 흘러나오는 멜로디를 그 위에 '한-일'(一)을 그어 우(亏)로 표시했다. 우(亏)를 간략히 만든 한자가 우(于)인데, 옛날 관악기의 재질은 대개 대나무였기에 '대-죽'(竹)을 위에 붙여 '피리-우'(竽)로 만들었다. 따라서 호(号)의 본뜻은 '입으로 악기를 불다'이다. 신호를 보내거나 경고할 때는 물론이고, 사람들을 집합시키고 지령을 내릴 때도 이런 악기를 사용했다. 이로부터 '부르다'의 뜻이 나온 것이다. 악기를 이용하는 것이 아니라 호랑이가 직접 성대를 진동시켜 포효(咆哮)하는 모습을 표현한 한자가 곧 '부르짖을-호'(號)다. 따라서 취주(吹奏) 악기의 소리가 호(号), 호랑이의 소리가 호(號)다. 지시하거나 경고한다는 뜻에서는 서로 통한다. 구호(口號), 신호(信號), 호령(號令) 등이 그런 뜻으로 쓰였다. 한편 누군가를 부르려면 '이름'을 말해야 하므로 '명칭'의 뜻이 나왔다. 명칭을 기록한 것이 기호(記號), 순번대로 부르게끔 매겨진 숫자가 번호(番號)다. 성인의 이름을 마구 부를 수는 없었다. 이에 별칭(別稱)으로 부르는 것이 곧 호(號)였다. 당나라 시인 이백(李白)은 연꽃을 좋아한 불교도여서 호가 청련거사(靑蓮居士)였다.

(성품-성)

性

심(心)

생(生)

성(性)

성(性)은 '마음-심'(心)과 '날-생'(生)이 합했다. 심(心)은 사람의 심장 모양을 그린 것이다. 옛 중국인들은 인간의 감정과 사상을 심장이 담당한다고 생각했다. 감정(感情), 사상(思想) 등이 '마음-심'(心)을 부수(部首)로 사용하는 것도 이런 까닭이다. 한편 생(生)의 초창기 글꼴은 지면을 상징하는 일(一)이나 '흙-토'(土) 위에 '싹-철'(屮=艹)을 얹어, 땅 위로 싹이 올라오는 모습을 그렸다. 따라서 생(生)의 본뜻은 '싹이 트다'이며, '나다, 낳다, 태어나다, 생겨나다' 등의 뜻이 파생했다. 그렇다면 성(性)은 '인간이 태어나면서부터 갖게 되는 마음'이며, 이로부터 '본성, 천성, 성격, 성품'의 뜻이 나온 것이다. 중국 전국 시대 맹자(孟子)는 식욕(食慾)과 성욕(性慾)을 인간의 본성(本性)이라 지적했고, 전국 시대 저서인 『예기』(禮記)에도 음식남녀(飮食男女)는 인간의 거부할 수 없는 욕망임을 인정했다. '음식남녀'는 곧 식욕과 성욕이다. 옛 성현들이 본성을 논했던 이유는 천성(天性)대로 살아가란 뜻은 아니고, 욕망을 없앨 수는 없으니 적당한 선에서 절제(節制)하는 것이 좋다는 뜻이었다. 중국 사상사에서 성(性)은 하늘이 인간에게 부여한 착한 심성(心性)을 뜻하기도 했으나, 현대 중국과 우리 한자에서는 주로 '성욕'을 가리킨다.

每

초창기 글꼴을 보면, 아래쪽은 다소곳이 무릎을 꿇고 양손을 모은 채 앉아 있는 '여자-여'(女)가 분명하지만 머리 위쪽으로 얹힌 것이 무엇인지는 확실하지 않다. 머리를 한껏 아름답게 꾸민 모습이 아닐까 싶다. 세월이 흐르면서 여(女)의 가슴 부위에 두 점으로 유두(乳頭)를 표시하여 '어미-모'(母)로 변했고, 머리 장식은 '사람-인'(人)처럼 변하여 현재 우리가 보는 매(每)가 되었다. 따라서 매(每)의 본뜻은 '여자가 머리를 아름답게 꾸미다'이다. 여자가 머리를 아름답게 꾸미고 유지하려면 무척 부지런해야 하고 항상 신경을 써야 할 것이다. 특히 아기를 키우는 엄마라면 처녀보다 더욱 부지런하고 신경을 써야 한다. 이로부터 '늘, 항상, 매번'의 뜻이 나왔다. 매일(每日), 매주(每週), 매월(每月), 매년(每年), 매사(每事), 매번(每番) 등이 모두 그런 뜻으로 쓰인 것이다. 바쁜 와중에 머리를 아름답게 가꾸려면 둔하거나 굼떠서는 안 된다. 손동작을 표시하는 '칠-복'(攵)을 추가하여 '재빠를-민'(敏)을 만든 것도 이런 내력이 있기 때문이다. 민첩(敏捷), 민감(敏感), 예민(銳敏), 기민(機敏) 등이 모두 그런 뜻으로 쓰였다.

(아내-처)

妻

초창기 글꼴을 보면, 매(每)의 머리 부위에 우(又)가 있다. '오른손-우'(又)는 오른손가락으로 무엇을 꽉 잡은 모습이고, 매(每)는 머리를 아름답게 손질한 여인의 모습이다. 그렇다면 처(妻)는 손가락으로 여인의 머리카락을 잡아끄는 모습이다. 세월이 흘러 일부 글꼴 중에는 '어미-모'(母)의 머리를 잡아끄는 것도 있다. 인류의 초기 혼인 풍속으로 약탈혼(掠奪婚)이 있었다. 여자를 약탈하여 아내로 삼는 것이다. 아름답게 치장할 수 있는 머리라면 머리카락이 풍성하다는 증거이고, 그런 여자는 대개 젊은 여자이므로 생식 능력이 우수하여 자손을 번식할 때 유리하다. 따라서 처(妻)의 본뜻은 '젊은 여자를 납치하여 아내로 삼다'이며, 이로부터 '아내'의 뜻이 나오게 되었다. 처가(妻家), 처남(妻男), 처자식(妻子息), 애처가(愛妻家), 공처가(恐妻家), 조강지처(糟糠之妻) 등이 모두 그런 뜻으로 쓰인 것이다. 예전에는 혼인 때 신랑 측이 나무 궤짝에 채단(采緞)과 혼서지(婚書紙)를 넣어 신부 측에 보냈다. 신랑 친구들이 그 나무 궤짝을 메고 가서 '함'을 파는 행사가 바로 그것이다. 이 행사는 주로 밤에 거행했다. 결혼(結婚)의 '혼'(婚)이 여(女)와 '어두울-혼'(昏)의 결합인 이유는 음양오행설에 근거하여 여자는 음(陰)이니 밤이라고 해야겠지만, 더 거슬러 올라가면 '약탈혼'을 만나게 된다. 야심한 밤에 습격하여 약탈했기 때문이다.

(닦을-수)

修

매년 이맘때면 대입 수학능력고사가 있으니 오늘은 수(修), 내일은 능(能)에 대해 살펴보자. 수(修)의 초창기 글꼴은 유(攸)였다. 유(攸)의 현재 글꼴은 '사람-인'(人), '칠-복'(攴)이 약간 변형된 '등글월문-복'(攵), 그 사이에 '뚫을-곤'(丨)이 있다. 그런데 초창기 글꼴은 '곤'(丨)이 아예 없거나, 있는 경우는 '물-수'(氵=水)였다. '칠-복'(攴)은 손으로 막대기 같은 것을 잡은 모습으로, 손동작을 상징한다. 그렇다면 유(攸)의 본뜻은 '막대기로 사람을 치다' 혹은 '사람이 물을 끼얹으며 손으로 몸을 씻다'일 것이다. 시간이 흐르면서 유(攸)가 어조사(語助辭)로만 쓰이자, 본뜻을 복원하고자 그 우측 밑에 '터럭-삼'(彡)을 추가하여 수(修)로 만들었다. 삼(彡)은 머리카락이 보기 좋게 자란 모양을 그린 것이다. 따라서 수(修)에는 크게 두 가지 뜻이 담겼다. 첫째는 사람이든 물건이든 좋고 바르게 되도록 조치를 취하는 것이다. 수리(修理), 수정(修正), 수교(修交), 수사(修辭), 수선(修繕), 개수(改修), 보수(補修), 감수(監修) 등이 그런 뜻으로 사용된 것이다. 둘째는 몸을 씻어 깨끗하고 빛나게 하듯 인격을 도야하고 능력을 향상시키는 것이다. 수신(修身), 수행(修行), 수도(修道), 수양(修養), 수학(修學), 이수(履修), 재수(再修), 수식(修飾), 수료(修了), 수련(修練) 등이 그런 뜻으로 사용된 것이다. 갈고 닦는 것이 연수(研修)이다. 수험생들이 그간 갈고 닦은 실력을 수능 시험에서 유감없이 발휘하길 기원한다.

（ 능할-능 ）

能

초창기 글꼴을 보면 곰의 모습이 완연하다. 현재 글꼴 능(能)으로 대입하면, 왼쪽 상단은 곰의 머리, 하단은 길쭉한 입과 예리한 이빨의 모양이다. 오른쪽은 곰의 몸통이 생략되고 날카로운 발톱만 위아래로 이어져 마치 서 있는 모습처럼 보인다. 따라서 능(能)의 본뜻은 '곰'이다. 곰은 강력하고 용맹하고 추위에 잘 견딜뿐더러 육중한 몸매에 비해 날렵하고 지구력도 있고 나무도 곧잘 타기에 인간은 그 능력과 재주에 감탄했을 것이다. 이로부터 '능력, 재주'의 뜻이 나왔고, 그런 능력과 재주로부터 '할 수 있다'는 조동사로 사용되기도 한다. 성능(性能), 지능(知能), 본능(本能), 유능(有能), 만능(萬能), 예능(藝能), 가능(可能), 불능(不能), 능수(能手), 능란(能爛), 능통(能通), 능률(能率), 능문능무(能文能武) 등이 모두 그런 뜻으로 쓰인 것이다. 능력이나 힘으로부터 '에너지'의 뜻도 나와 방사능(放射能)처럼 쓰기도 한다. '곰'이 이처럼 '능력'이나 '재주', '가능성'의 뜻으로 전용되자, 폭발적인 에너지의 상징인 '불-화'(灬=火)를 그 밑에 추가하여 '곰-웅'(熊)으로 복원했다. 곰은 다재다능(多才多能)하기에 다양한 몸짓을 '모양-태'(態)로 표현했다. 천태만상(千態萬狀)으로 기억하면 되겠다.

(슬플 - 애)

哀

애(哀)의 중간에 있는 '입-구'(口)를 빼면 '옷-의'(衣)이다. 그렇다면 상복(喪服)을 입고 소리 내어 우는 모습을 그린 것이다. 따라서 '애도(哀悼)하다'가 본뜻이다. 이로부터 '슬프다'의 뜻이 나왔다. 애통(哀痛), 애상(哀傷), 비애(悲哀), 애환(哀歡), 애수(哀愁) 등에 모두 '슬프다'의 뜻이 담겼다. 인간의 대표적인 감정인 희로애락(喜怒哀樂)은 기쁨과 노여움 그리고 '슬픔'과 즐거움이다. 요즘 상복은 흑색의 양복이나 저고리 치마지만 예전에는 거친 삼베로 만들었다. 쇠(衰)가 곧 그런 상복의 특징을 묘사했다. 중간의 축(丑)처럼 생긴 것은 소매 끝이나 도련에 단을 하지 않아 실이 너풀거리는 삼베의 모양을 그린 것이다. 황망 중에 급히 상복을 만든 탓도 있지만 특히 부모상을 치르는 경우 불효를 사죄한다는 뜻에서 자식들은 일부로 불편한 옷차림을 했다. 옛날에는 예법대로 상을 치르다가 몸이 쇠약(衰弱)해지는 경우도 많았다. 이에 '상복-쇠'(衰)가 '여윌-쇠'(衰)로 전용되자, '실-사'(糸)를 좌측에 붙여 '상복-최'(縗)로 복원했다.

（빌-축）

兄 祝 祝 祝

祝

축(祝)은 시(示)와 형(兄)이 합했다. 형(兄)은 '입-구'(口)와 '어진 사람-인'(儿)으로 구성되었는데, 초창기나 지금이나 글꼴에 차이는 없다. 무릎을 꿇은 사람의 모습을 그린 인(儿)의 머리 부분에 '입-구'(口)가 크게 걸려 있다. 공손한 자세로 무릎을 꿇고 입으로 중얼거리는 것이니 제사(祭祀)를 올리며 기도(祈禱)하는 모습이다. 따라서 형(兄)의 본뜻은 '제사를 올리며 기도하다'이다. 집안에서 대개 큰형님이 이런 제사를 봉행하기에 '맏-형'(兄)의 뜻이 나왔다. '맏-형'의 뜻이 널리 쓰이면서 정작 '기도하다'의 뜻이 희미해지자 본뜻을 살리고자 제단(祭壇)의 모습을 그린 '보일-시'(示)를 추가하여 '빌-축'(祝)으로 복원했다. 행복을 비는 것이 축복(祝福)이다. 금품을 주면서 행복을 비는 것이 축하(祝賀)다. 매년 대학교를 비롯하여 이곳저곳에서 다양한 축제(祝祭)가 열리는데, '축제'의 본뜻은 무엇일까? 특정한 대상을 섬기는 문화권의 사람들이 특정한 기간에 한곳에 모여, 그 대상을 찬미하며 감사의 제사를 올리고 아울러 행복을 빈 다음에 음주가무로 흥겹게 즐기며 문화적 동질성을 확인하는 것이다. 그러므로 축제의 바탕에는 종교적 요소와 함께 문화적 공동체 의식이 있다. 이런 요소와 의식 없이 그저 모여서 떠들며 먹고 마신다거나 혹은 단순한 구경거리나 놀이에 그치기에 축제다운 축제가 드문 것이 아닌가 싶다.

姉

초창기 글꼴을 보면, '여자-여'(女)와 '올-래'(來)가 합했다. 세월이 흘러도 여(女)는 변하지 않았지만 래(來)가 변하기 시작하여 예서 (隸書) 때는 자(姉)가 되고, 해서(楷書) 때는 자(姉)가 되어 현재까 지 사용하고 있다. 지금은 자(姉)를 정자, 자(姉)를 속자로 보고 있다. 따라서 자(姉)의 본뜻은 '시집온 여자'였다. 시누이들이 '시집온 여자' 를 '새언니'라 불렀는데, 그 '새언니'를 한자로 자(姉)라 했던 것이다. 이로부터 '언니'의 뜻이 나왔다. 자매(姉妹), 자형(姉兄), 자매결연 (姉妹結緣) 등이 모두 그런 뜻으로 쓰였다. 한편 현대 중국어에서는 '손윗누이'의 뜻으로 저(姐)를 겹쳐 저저(姐姐 : jiějie)로 쓰고 있다. 저 (姐)는 여(女)와 차(且)의 결합으로 보이지만, 차(且)는 본디 '조상-조'(祖)의 생략형이었다. 따라서 저(姐)는 여자 조상이니, 본뜻은 '어머니'였다. 어머니가 어떻게 손윗누이가 되었을까? 어머니가 자리를 비우면 누이들이 살림을 대신하지 않는가? 아마 이런 이유로 세월이 흐르면서 '손윗누이'의 뜻이 파생되지 않았을까 억측해 본다. 옛날, 존 귀한 집안의 따님을 중국어로 소저(小姐 : xiǎojiě)라 했다. 어린 대감마 님이란 뜻이다.

(누이 - 매)

妹

초창기 글꼴은 왼쪽에 미(未), 오른쪽에 매(每)가 있었다. 매(每)는 머리를 아름답게 장식한 여자의 모습이다. 세월이 흐르며 매(每)는 단순히 여(女)로 변했고, 또한 좌우의 위치가 바뀌어 현재 우리가 보는 매(妹)의 모양이 되었다. 미(未)는 나무의 가지와 이파리가 풍성한 모양인데, 아직 열매를 맺지 않은 모습으로부터 '아직 아닐-미'의 뜻이 나왔다. 이를 여자에 비유하면 이미 성숙했으나 아직 결혼하지 않아 아이를 낳지 않았다는 뜻이다. 따라서 매(妹)의 본뜻은 '미혼 여성'이며, 시집온 새언니 자(姉)에 비해 어렸으므로 '누이'의 뜻이 나온 것이다. 남매(男妹)란 오라비와 누이를 일컫는다. 매제(妹弟)는 손아래 누이의 남편을 가리킨다. 손윗누이 남편은 본디 자형(姉兄)이지만 우리는 습관상 매형(妹兄)이라고 부른다. 신라의 승려 월명사(月明師)가 지은 작품으로「제망매가」(祭亡妹歌)가 있다. 젊은 나이에 죽은 누이동생을 추모하는 내용이다. 같은 부모로부터 태어난 누이의 죽음을 한 가지에 돋아났다가 떨어져 흩어지는 낙엽에 비유했고, 요절한 것을 어느 가을 이른 바람에 떨어지는 이파리에 비유하여, 유명(幽明)을 달리하는 데서 오는 아련한 슬픔과 허무를 불교적으로 승화시켜 묘사했다.

(견줄 - 비)

比

현재 글꼴 비(比)로는 짐작하기 어렵지만 초창기 글꼴은 직립 측면을 그린 '사람-인'(人) 둘이 나란히 서 있는 모습이다. 비(比)의 본뜻은 '두 사람이 나란히 서 있다'이며, 이로부터 '나란히 하다'의 뜻이 나왔다. 어깨를 나란히 하는 것이 비견(比肩)이니, 낮고 못함이 없이 서로 비슷하게 한다는 뜻이다. 빗에 나란히 쭉 늘어선 빗살을 일컬어 즐비(櫛比)라고 한다. 비슷비슷한 것들이 나란히 쭉 늘어선 모습을 표현하는 용어다. 가자미는 눈이 나란히 붙어 있어 한자로 비목어(比目魚)라 한다. 새 두 마리가 서로 날개를 가지런히 맞대는 것을 비익(比翼)이라 한다. 암컷과 수컷이 눈과 날개가 하나씩이라 짝을 짓지 않으면 날지 못한다는 새가 비익조(比翼鳥)다. 남녀 사이 혹은 부부애의 두터움을 이르는 말인데, 당 현종과 양귀비의 애절한 사랑을 노래했던 장편 서사시 「장한가」에 연리지(連理枝)와 함께 등장하여 더욱 유명해졌다. 한편 사람이 나란히 서 있으면 높낮이가 비교된다. 이로부터 '비교(하다)'의 뜻이 나왔다. 비중(比重), 비율(比率), 대비(對比), 비례(比例), 비유(比喩) 등이 모두 그런 뜻으로 쓰였다.

(아우를 - 병)

丼

병(幷)

병(竝)

초창기 글꼴을 보면 나란히 서 있는 두 사람의 다리 쪽에 가로줄이 그어져 있다. 발걸음을 나란히 맞추고 있다는 표시다. 세월이 흐르며 발걸음을 나란히 맞추고 있음을 강조하고자 가로줄을 하나 더 붙였다. 그 뒤로 두 사람의 다리 쪽을 엮어 주었던 가로줄 두 개가 각각 분리되었고, 또 다시 세월이 흘러 예서(隸書)에서는 위쪽의 '사람-인'(人)이 각각 점으로 변해 병(幷)이 되었다. 따라서 병(幷)의 본뜻은 '보조를 맞추어 나란히 걷다'이며, 이로부터 '함께하다, 어울리다'의 뜻이 나왔다. 그런데 병(幷)에 '사람'의 모습이 보이지 않자 '사람-인'(人)을 왼쪽에 붙여 '아우를-병'(倂)을 만들었다. 한편 사람이 팔다리를 벌리고 서 있는 모습 '큰-대'(大)에 발을 딛고 있는 땅을 '한-일'(一)로 표시하여 '설-립'(立)을 만들었다. 세월이 흘러 예서(隸書)에 이르자 립(立)이 두 개 붙으면서 병(竝)으로 변했다. 따라서 병(竝)의 본뜻은 '두 사람이 나란히 서 있다'이며, 이로부터 '나란히 하다'의 뜻이 나왔다. 병(幷)과 병(倂)은 '나란히 걸어가는 모습'이고, 병(竝)과 병(竝)은 '나란히 서 있는 모습'이다. '나란히 하다'의 뜻으로 우리 한자는 병(竝)을 사용하나 중국어에서는 병(幷), 일본어에서는 병(竝)으로 쓴다. 나란히 걸어가는 모습이 병행(竝行)이니 한 글자로 줄이면 곧 병(幷)이고, 여기에 또 한 사람을 합친 것이 병(倂)이다. 따라서 '나란히 합치다'의 뜻일 때는 병(倂)을 사용한다. 합병(合倂)이 그러하다.

(좇을 - 종)

從

종(從)의 초창기 글꼴은 두 사람이 나란히 서 있는 측면 모습이다. 이 모습은 비(比)의 초창기 글꼴과 비슷하다. 이에 비(比)와 구분하고 자 '걸을-척'(彳)과 '발바닥-지'(止)를 추가했다. 종(從)은 두 사람이 앞뒤로 서 있는 모습이 아니라 한 사람이 앞에 가고 다른 사람이 뒤에서 좇아 가는 모습을 나타냈다. 따라서 종(從)의 본뜻은 '앞서 가는 사람을 뒤좇다'이며, 이로부터 '좇다, 따르다'의 뜻이 나왔다. 추종(追從), 복종(服從), 순종(順從), 종사(從事), 시종(侍從), 종속(從屬), 종전(從前), 주종(主從) 등이 모두 그런 뜻으로 쓰인 것이다. 이제 유유상종(類類相從)이 무슨 뜻인지 확실히 알았을 것이다. 종(從)을 중국어 간체자로 '从'(cóng)으로 표기하는데, 옛 글꼴 중에 이미 선례가 있어 그에 따른 것이다. 한편 "부자가 될 수 있다면 마부라도 기꺼이 하련다. 원한다고 부자가 되는 게 아니라면 그냥 내가 좋아하는 바를 좇아 살련다." 여기서 '내가 좋아하는 바를 좇아'의 원문은 '종오소호'(從吾所好)이다. 누가 한 말일까? 바로 공자다.

(나-아)

我

'나-아'(我)의 초창기 글꼴은 무기의 모양이다. 일반적인 '창-과'(戈)가 아니라 왼쪽에 날카로운 톱니가 여럿 달린 무시무시한 무기의 모습이었다. 세월이 흘러 톱니 날은 점차 유사한 모양의 '벼-화'(禾)로 변했고, 이후 화(禾)의 아래쪽 오른편의 사선이 사라지면서 현재 우리가 보는 글꼴 아(我)가 되었다. 무기가 어떻게 '나'를 뜻하게 되었을까? '나의 존재'를 드러내고자 위협적인 무기를 들고 시위했기 때문일까? '나'를 가리키는 일인칭 대명사의 발음은 있었으나 해당하는 한자가 아직 없었는데, 톱니가 달린 이 겁나는 무기의 발음이 마침 일인칭 대명사의 발음과 같았기에 굳이 새로운 한자를 만들지 않고 빌려 썼을 수도 있다. 이를 학계에서는 가차(假借)라 한다. 도무지 해석이 안 될 때마다 '가차'로 처리하면 그만이니 개인적으로는 불만스럽다. 이런 학계의 중론에 대해서는 독자들이 현명하게 판단하길 바란다. 여하튼 톱니 날이 부착된 무기가 '나'를 가리키는 일인칭 대명사로 쓰이기 시작했다. 자아(自我), 아집(我執), 아전인수(我田引水), 유아독존(唯我獨尊) 등이 모두 '나'의 뜻으로 쓰인 것이다. 그렇다면 '톱니 날 무기'는 어디로 갔을까? 놀라움을 표시하는 감탄사 '놀라 소리칠-아'(哦), 배고파 물불 안 가리는 '주릴-아'(餓)에 숨어 있다. 또한 의장대(儀仗隊)에서 흔히 보는 전시용 무기 의(義)에도 숨어 있다. '의'에 대해서는 내일 소개하겠다.

(옳을 - 의)

義 義 義

義

양(羊)과 아(我)가 합했다. 아(我)는 왼쪽에 톱니 날이 부착된 위협적인 무기의 모습이다. 미(美)의 위쪽에 있는 양(羊)이 아름다운 깃털 장식인 것처럼, 의(義)의 위쪽에 있는 양(羊)도 깃털 장식의 모양이다. 그렇다면 의(義)는 정중한 예식이나 행사에 사용되는 전시용 무기였을 것이다. 지금도 중요한 행사에 총칼로 무장한 의장대(儀仗隊)가 도열하듯, 예전에도 의전이나 의식에는 이런 장식용 무기가 등장했다. 이런 무기를 응당 배치해야만 하기에 '반드시 해야 할 일'의 뜻이 나왔다. 의무(義務), 의리(義理), 도의(道義), 의거(義擧), 의연금(義捐金), 의형제(義兄弟) 등이 그런 뜻으로 쓰인 것이다. 이런 무기는 대개 전시용일 뿐 실전용은 아니므로 '가짜'의 뜻이 나왔다. 의수(義手), 의족(義足), 의치(義齒) 등이 그런 뜻으로 쓰인 것이다. 사회생활을 하려면 설령 진심이 아닐지라도 사회 규범에 합당하게 예의나 체면을 차리지 않을 수 없다. 진심이든 위선이든, 원하든 원치 않든 간에 '사람으로서 반드시 갖추어야만 하는 모습'이기에 인(人)과 의(義)를 합해 '예절-의'(儀)를 만들었다. 의전(儀典), 의식(儀式), 의례(儀禮) 등이 모두 그런 뜻으로 쓰인 것이다.

(병사-병)

근(斤)

병(兵)

兵

현재 글꼴에도 어렴풋이 보이지만 위쪽에 근(斤)이 있고, 아래쪽에 공(廾)이 있다. 초창기 글꼴로 보면, '도끼-근'(斤)은 기역(ㄱ) 모양의 나무토막 끝에 날카로운 돌멩이나 쇠붙이를 묶은 모습이다. 세월이 흐르며 훗날의 철제 도끼 모습으로 변해 현재 우리가 보는 글꼴이 되었다. 한편 '두 손으로 받들-공'(廾)은 양쪽 '손가락-우'(又)로 위쪽의 도끼를 단단히 잡은 모습이다. 옛 글꼴 중에는 병(兵)의 우측에 '사람-인'(人)이 추가된 것도 있는데, 이런 도끼를 쥐고 싸우러 나가는 자를 그린 것이다. 따라서 병(兵)의 본뜻은 '도끼를 양손으로 잡다'이며, 이로부터 '도끼를 든 병졸'의 뜻이 나왔다. 병사(兵士), 병졸(兵卒), 장병(將兵), 병력(兵力), 병역(兵役), 파병(派兵), 해병대(海兵隊) 등이 모두 그런 뜻으로 쓰였다. 초창기 사(士)나 왕(王)의 글꼴도 역시 도끼의 모습인데 크기에 차이가 있다. 가장 작은 도끼가 병(兵), 중간 크기가 사(士), 가장 큰 도끼가 왕(王)이었다. 거대한 도끼를 휘두르는 자가 부족의 왕, 보통 도끼를 사용하는 자는 부족의 지도부, 작은 도끼를 쥔 자는 졸병(卒兵)이었던 것이다.

役

현재 글꼴은 척(彳)과 수(殳)가 합했다. '걸을-척'(彳)은 '네거리-항'(行)의 생략형이므로 본뜻은 '거리'지만, 이로부터 '걷다'의 뜻이 파생되었다. 한편 '창-수'(殳)는 '손가락-우'(又)로 철퇴(鐵槌)와 같은 무기나 공구(工具)를 쥐고 있는 모습이다. 초창기 글꼴을 보면, '사람-인'(人)이 무기나 공구를 쥔 모습이었는데 세월이 흐르며 '걸을-척'(彳)으로 변했다. 따라서 역(役)의 본뜻은 '무기나 공구를 들고 걸어가다'이다. 어디로 가는 것일까? 국경으로 향한다면 변경을 지키려는 수졸(戍卒)의 임무일 것이고, 일터로 향한다면 백성에게 부과된 의무 노동(勞動)의 임무일 것이다. 옛날 장정들은 국가에 네 가지 의무가 있었다. 국유지에서 농사를 지은 대가를 지불하는 세(稅), 국방의 의무를 지는 병(兵), 특산물을 상납하는 공(貢) 그리고 의무 노동을 제공하는 역(役)이다. 의무 노동은 대략 1년에 1개월 정도 국가의 각종 토목 공사에 노동력을 봉사하는 것이었다. 노동력(勞動力)을 봉사하는 역할(役割)이기에 노역(勞役)이라 한다. 징계의 차원에서 강제로 일하는 것이 징역(懲役)이다. 노동 현장에서 역할과 임무가 배정되므로 '역할, 임무'의 뜻이 나왔다. 주역(主役), 현역(現役), 고역(苦役), 용역(用役), 잡역(雜役), 병역(兵役) 등이 그러하다.

（날-출）

出

현재 글꼴은 '뫼-산'(山)이 위아래로 겹친 듯하다. 그러나 초창기 글꼴을 보면, 위쪽은 '발바닥-지'(止)이고 아래쪽은 '입-구'(口)였다. 출구(出口)를 나서는 모습이다. 나가는 동작을 강조하고자 '걸을-척'(彳)을 추가한 글꼴도 있다. 한편 출구를 '입 벌릴-감'(凵)처럼 움푹 들어간 모양으로 그린 글꼴도 있었다. 세월이 흐르며 위쪽의 지(止)가 '싹-철'(屮)처럼 변하면서 아래쪽의 감(凵)과 결합하여 예서(隸書) 때부터 현재 우리가 보는 글꼴이 되었다. 따라서 출(出)의 본뜻은 '출구를 나서다'이며, 이로부터 '나서다, 나오다'의 뜻이 파생됐다. 출입(出入), 출몰(出沒), 출발(出發), 출석(出席), 출근(出勤), 출범(出帆), 수출(輸出), 추출(抽出), 노출(露出) 등이 모두 그런 뜻으로 쓰인 것이다. 자주 쓰는 숙어나 성어로는 청출어람(靑出於藍), 신출귀몰(神出鬼沒), 두문불출(杜門不出) 등이 있다. 출세(出世)의 본뜻은 숨어살던 사람이 세상에 나왔다는 것이지만, 지금은 사회적으로 유명해지거나 성공한 것을 가리킨다. 문맥에 따라서는 세상을 등지고 불문(佛門)에 귀의하는 것을 뜻하기도 한다. 그렇다면 불세출(不世出)은 무슨 뜻일까? 좀처럼 세상에 출생(出生)하지 않을 만큼 출중(出衆)하다는 뜻이다. 따라서 불세출의 인재(人才)나 영웅(英雄)이라 한다.

(쏠-발)

현재 글꼴은 위쪽에 '걸을-발'(癶), 아래쪽에 '활-궁'(弓)과 '창-수'(殳)가 있다. '발'(癶)은 한자 부수의 하나로 흔히 '필발머리'라 한다. 이 부수가 들어간 한자 중에 가장 많이 쓰이는 '필-발'(發)의 '머리' 쪽에 위치한 글꼴이라 그리 부른 것이다.● 그런데 '발'(癶)의 초창기 글꼴은 '발바닥-지'(止)가 엇갈려 있는 모양이다. 두 발로 걷거나 뛰는 모습인 것이다. 왜 걷거나 뛰고 있을까? 초창기 글꼴을 확인하면 손가락으로[又] 길쭉한 막대기, 즉 창과 같은 무기를 멀리 던지려고 두 발로 달리는 모습이었다. 세월이 흐르며 멀리 던진다는 의미를 강조하고자 '활-궁'(弓)을 추가하여 마침내 현재 우리가 보는 글꼴이 되었다. 따라서 발(發)의 본뜻은 '멀리 던지려고 달리면서 투창(投槍)하다'이며, 이로부터 '던지다, 쏘다'의 뜻이 나왔다. 발사(發射), 발신(發信), 백발백중(百發百中) 등이 그런 뜻으로 쓰인 것이다. 창을 던지거나 활을 쏘면 무기가 드러난다는 것에서 '나타나다, 펼쳐지다'의 뜻이 나왔다. 발생(發生), 발표(發表), 발견(發見), 발언(發言), 개발(開發), 폭발(爆發), 발휘(發揮), 유발(誘發), 남발(濫發), 발달(發達) 등이 모두 그런 뜻으로 쓰인 것이다. 일촉즉발(一觸卽發), 노발대발(怒發大發)도 많이 쓰인다.

● '집-면'(宀)을 흔히 '갓머리'라 부른다. 가(家)나 안(安)처럼 대개 한자의 '머리' 부분에 위치하고, 그 모양이 '삿갓'처럼 생겨서 붙은 명칭이다. '필발머리'와 비슷한 경우다.

罪(罪)

벌(罰)

죄(罪)와 벌(罰)의 위쪽에 모두 붙어 있는 글꼴은 '눈-목'(目)이나 '넉-사'(四)처럼 보인다. 그러나 옛 글꼴은 '그물-망'(网=網)으로 세월이 흐르며 변형된 것이다. 한자 글꼴 중에 '网, ⼌, ⺲' 형태를 만나면 '그물'로 봐도 무방하다. 그물을 던져 물고기나 날짐승을 잡듯, '아닐-비'(非)의 비리(非理)를 저지른 사람을 체포한 모습이 죄(罪)다. 따라서 죄(罪)의 본뜻은 '체포된 범인'이며, 이로부터 '허물, 잘못, 죄' 등의 뜻이 나왔다. 범죄(犯罪), 죄인(罪人), 죄송(罪悚), 사죄(謝罪), 면죄부(免罪符) 등이 그런 뜻으로 쓰인 것이다. 석고대죄(席藁待罪)란 거적을 자리로 깔고 엎드려 죗값을 기다린다는 뜻이다. 한편 벌(罰)은 죄(罪)보다 더욱 무섭다. 범인을 체포한 다음[⺲] 심문하고 판결하여[言] 마침내 형벌(刑罰)[刂=刀]을 내렸기 때문이다. 따라서 벌(罰)의 본뜻은 '범인을 체포하여 처벌하다'이며, 이로부터 '벌하다'의 뜻이 나왔다. 징벌(懲罰), 엄벌(嚴罰), 벌금(罰金), 천벌(天罰), 일벌백계(一罰百戒) 등이 그런 뜻으로 쓰였다. 신상필벌(信賞必罰)은 어려운 숙어 같지만 실은 쉽다. 여기서 신(信)은 '반드시-필'(必)과 비슷한 의미의 부사로 사용되어 '분명히'의 뜻이다. 따라서 상벌(賞罰)을 엄정히 한다는 것으로 잘한 자에겐 분명히 상을 주고, 잘못한 자에게는 반드시 벌을 준다는 뜻이다.

(길-장)

長

우리 몸은 부모로부터 받았기에 함부로 훼손하지 않는 것이 도리라고 옛사람들은 생각했다. 따라서 성인 남자도 머리카락을 길렀으며, 때가 되면 상투를 틀고 비녀를 질러 단정하게 하는 것이 예의였다. 그런데 노인이 되면 긴 머리 그대로 휘날려도 무례를 탓하지 않았다. 머리카락이 긴 모습은 곧 '어른'을 상징하게 된 것이다. 장(長)의 초창기 글꼴은 '사람-인'(人) 위쪽의 머리 부분에 기다란 머리카락이 바람에 나부끼는 모습이며, 글꼴에 따라서는 지팡이를 손가락으로 잡고 있는 모습도 있다. 현재 글꼴 장(長)으로 보건대, 상단이 머리카락이고, 하단의 왼쪽이 인(人)의 변형이며, 하단 오른쪽이 지팡이를 잡은 '손가락-우'(又)의 모습으로 그간의 변형 과정이 어렴풋이 남아 있다. 따라서 장(長)의 본뜻은 '머리카락이 긴 노인장'이며, 이로부터 '어른'의 뜻이 나오게 되었다. 대개 높은 자리나 지도자는 어른이 맡았으므로 장관(長官), 총장(總長), 회장(會長), 사장(社長), 국장(局長), 교장(校長), 시장(市長), 반장(班長), 가장(家長), 장로(長老) 등이 그런 뜻으로 쓰인 것이다. 노인장의 긴 머리로부터 '길다'의 뜻도 나왔다. 장기(長期), 장수(長壽), 장고(長考), 만리장성(萬里長城) 등이 그런 뜻으로 쓰인 것이다. 긴 머리는 길게 자란 것이므로 '자라다'의 뜻도 나왔는데, 성장(成長)이 그러하다.

(콩-두)

豆 亙 亙 묘 묘

豆

두(豆)의 초창기 글꼴을 보면 본디 다리가 있는 그릇으로 제사상에 올리는 제기(祭器)를 연상하면 된다. 제기의 몸통 안에 그은 가로획은 음식물을 가리키고, 위쪽의 가로획은 뚜껑이다. 중국은 자고로 농업 위주였으므로 단백질의 공급은 유목 민족과 달리 콩에 대폭 의지했다. 제기 두(豆)의 모양이 콩과 식물의 뿌리혹박테리아를 닮았기에 그 위에 '풀-초'(艹)를 얹어 '콩-두'(荳)로 사용하다가 마침내 두(豆)를 '콩'의 뜻으로 빌려 사용하게 되었다. 그렇지만 두(豆)의 초창기 뜻은 다른 한자 속에 여전히 남아 있다. 음식을 제기에 담아 제단(祭壇)으로 올라가는 모습을 그린 한자가 '오를-등'(登)이다. 등(登)의 위쪽 '발'(癶)의 초기 형태는 양쪽 발바닥의 모습으로 '걷다'가 본뜻이기 때문이다. 제기에 음식을 담아 제단에 올려 놓은 모습이 '풍성할-풍'(豐=豊)이다. 풍(豐=豊)을 '굽 높은 그릇-례'로 새기기도 하는데 그 이유는 바로 두(豆)가 그런 '제기'였고, 그 제기 위에 음식을 풍성하게 담은 모습이기 때문이다. 이런 식으로 천지신명과 조상께 감사의 뜻을 전하는 것이 그 당시로서는 매우 중요한 행사이자 '예도-예'(禮)였다. 예(禮)의 왼쪽에 있는 '보일-시'(礻=示)는 제단의 모습이다.

(짧을 - 단)

短

시(矢)

두(豆)   두(豆)

단(短)은 시(矢)와 두(豆)가 합했다. '화살-시'(矢)의 초창기 글꼴을 보면, 위쪽에는 뾰족한 화살촉이 있고 아래쪽에는 깃이 달린 '화살'의 모양이 분명하다. 한편 두(豆)는 앞서 소개했듯 다리가 있는 그릇의 일종이었다. 화살은 원거리 투척용 살상 무기로서 전쟁터에서 일단 발사하면 회수하기 힘든 소모품이었다. 따라서 이런 화살은 사전에 대량으로 제작하여 비축하지 않을 수 없었다. 화살의 각 부위는 물론이고 길이도 일정하게 규정하여 표준화해야만 대량 생산과 보관에 용이했다. 그러므로 길이가 일정한 이런 화살을 기준으로 장단(長短)을 말하면 옛 중국인들은 길고 짧음을 금세 알아차렸다. 화살의 길이에 비해 그릇 두(豆)의 높이는 낮았기에 이로부터 '짧다'의 뜻이 나온 것이다. 단발(短髮), 단신(短身), 단축(短縮), 단기(短期), 단검(短劍), 단명(短命), 단타(短打), 단편소설(短篇小說) 등이 모두 그런 뜻으로 쓰였다. 자신의 의견을 겸손하게 일컬어 졸견(拙見) 혹은 단견(短見)이라 하는데, '좁은 소견'을 '단견'이라 한다. 무슨 일이든 일장일단(一長一短)이 있다고 하는데, 곧 장점도 있고 단점도 있다는 뜻이다. 휴대전화 문자메시지(SMS : Short Message Service)를 중국어로 뭐라고 할까? 단신(短信 : duǎnxìn)이다. 우리 한자에서도 '간략하게 쓴 편지'를 '단신'이라 한다.

(기운-기)

氣

三 느 ㆆ
기(气)

己 乙 云 彡 云 雲
운(雲)

氣 氣 氣 饖
기(氣)   희(饖)

기(气)의 초창기 글꼴은 '석-삼'(三)과 비슷하지만 실은 운층(雲層)을 그린 것이다. 그러나 삼(三)과 너무 비슷해 헷갈리자 구름의 모양이 수시로 변하는 데 착안하여 상단과 하단의 일부를 구부리고 길게 뽑아 기(气)로 변형시켜 사용했다. 한편 구름을 그린 또 다른 한자는 운(云)이었다. 기(气)의 초창기 모양은 '새털구름'처럼 날렵하지만 운(云)은 아래쪽이 뭉쳐 있어 마치 '뭉게구름'을 연상시킨다. 뭉게구름의 모양이 마치 입을 열고 말하는 모습이라 '이를-운'(云)으로 전용되자, 그 위에 '비-우'(雨)를 얹어 '구름-운'(雲)으로 복원했다. 기(气)든 운(云)이든 모두 '구름'이므로 합쳐서 운기(云气)라 칭했다. 진나라, 한나라 시절의 천문기상 전문가는 구름의 형태를 관찰하여 길흉을 판단하기도 했다. 구름의 발생은 단순한 기상 변화가 아니라 자연과 인간의 상호 작용이라 생각했기에 영웅호걸이나 귀신이 있는 곳에는 비범한 '운기'가 피어오른다고 믿었다. '운기'를 간단히 '기'라고도 했다. 따라서 '기'는 곧 '힘'을 뜻했고, 이 '힘'은 고정적인 것이 아니라 마치 구름처럼 움직이는 '유동 에너지'의 개념이었다. '힘'이 빠지면 기(气)의 중간 획이 빠져나가 '빌-걸'(乞)이 되어, '기운'을 구걸(求乞)하게 된다. 사람이 밥을 먹지 않으면 '기운'이 없으므로 '쌀-미'(米)를 추가하여 현재 우리가 쓰는 '기운-기'(氣)를 만들었고, 또 '밥-식'(食)을 추가하여 '양식[사료] 보낼-희'(饖)까지 만들었다.

（물건-품）

品

지금이나 초창기나 글꼴에 차이가 없다. '입-구'(口)를 세 개 그렸다. '입'이 위쪽에 둘, 아래쪽에 하나인 글꼴도 있었지만 세월이 흐르면서 안정감 있게 아래쪽에 둘, 위쪽에 하나로 고정되었다. 입을 세 개씩이나 그려서 무엇을 표시하려고 했을까? 음식물을 허겁지겁 한 입에 먹어 치우는 것이 아니라 천천히 한 입씩 음미도 하고 평가도 해 가면서 먹는 모습일 것이다. 따라서 품(品)의 본뜻은 '음식을 한 입씩 먹으며 평가하다'이며, 이로부터 '평가하다'의 뜻이 나왔다. 품평(品評)이나 품정(品定)이 그런 뜻으로 쓰인 것이다. 평가하면 품질(品質)이나 품성(品性)에 따라 등급(等級)이 정해지므로 '등급'의 뜻이 나왔다. 명품(名品), 진품(眞品), 정품(正品), 성품(性品), 품격(品格), 품행(品行), 기품(氣品) 등이 그런 뜻으로 쓰인 것이다. 인간은 비교하여 평가하는 것을 즐기므로, 평가하여 등급을 정할 수 있는 물건(物件)이면 모두 품(品)이라 했다. 상품(商品), 제품(製品), 식품(食品), 부품(部品), 작품(作品), 금품(金品), 의약품(醫藥品), 화장품(化粧品), 장식품(裝飾品), 예술품(藝術品), 필수품(必需品), 골동품(骨董品) 등이 모두 그런 뜻으로 쓰인 것이다. 사람도 물건처럼 평가할수 있다. 인격적으로 훌륭한 사람을 흔히 인품(人品)이 있다고 하지 않는가?

（고울 - 려 ）

麗

려(麗)의 아래쪽에 '사슴-록'(鹿)이 있으므로 사슴과 관련된 뜻이다. 초창기 글꼴을 확인하면 사슴의 머리 위 양쪽으로 아름답게 돋아난 뿔의 모습이니 곧 녹각(鹿角)을 그린 것이다. 귀한 한약재인 녹용(鹿茸)을 연상할 테지만 실은 다르다. 새로 돋은 사슴의 연한 뿔이 녹용이고, 다 자라 딱딱해진 것이 녹각이다. 약용으로는 녹용이 좋다고 하지만 미관상으로는 녹각이 훨씬 아름답다. 따라서 려(麗)의 본뜻은 '다 자란 사슴의 녹각'이며, 이로부터 '아름답다'의 뜻이 나왔다. 사슴의 머리 위쪽 피부나 근육이 뿔로 변했으리라 추측했던 옛 중국인들은 '고기-육'(月＝肉)이 변형된 '저녁-석'(夕) 상단에 짧은 줄을 하나 그어 녹각의 존재와 위치를 표시했다. 두 개의 석(夕) 위쪽에 일(一)을 가로질러 양쪽으로 녹각만 표시한 것이 '고울-려'(丽)이다. 미려(美麗), 화려(華麗), 수려(秀麗), 장려(壯麗), 유려(流麗), 미사여구(美辭麗句) 등이 모두 그런 뜻이다. 물론 고려(高麗), 고구려(高句麗)에도 들어 있다. 경남 통영시의 한산도(閑山島)에서 전남 여수(麗水)에 이르는 아름다운 물길이 한려수도(閑麗水道)다. 지금 중국에서는 려(麗)의 간체자로 려(丽)를 사용한다.

權 權 權 權 权

權

목(木)과 관(雚)이 합했다. 관(雚)은 아래쪽에 '새-추'(隹)가 있는 것으로 보아 맹금류로 짐작된다. 초창기 글꼴을 확인하면, 추(隹) 위쪽으로 부리부리한 두 눈이 있고, 눈 위로는 도가머리인지 벼슬인지 눈썹인지 확실치 않지만 눈매를 덮고 있다. 밑에는 '손톱-조'(爪)가 아래로 삐져나와 날카로운 발톱을 표시했다. 따라서 관(雚)은 솔개나 매 혹은 독수리처럼 날카로운 눈매와 위협적인 발톱을 가진 맹금(猛禽)일 것이다. 이런 맹금이 높은 나뭇가지 혹은 절벽 끝에 앉거나 창공을 유유히 배회하며 아래를 굽어보는 광경을 그려 보시라. 그 모습이 '자세히 볼-관'(觀)이다. 뭇 새는 그 위엄에 절로 오금이 저릴 것이다. 높은 곳에 앉은 지도자나 권력자도 자신의 지팡이 위쪽에 맹금을 새겨 붙였다. 지팡이의 재질은 나무였기에 그런 지팡이를 권(權)이라 한다. 권위(權威), 권세(權勢), 권력(權力)의 뜻은 이로부터 나온 것이다. 큰스님의 주장자(拄杖子)나 육환장(六環杖), 예수의 지팡이, 천주교 교황(敎皇)의 지팡이, 주교의 목장(牧杖) 등은 본디 존엄과 권력의 상징이다. 옛날엔 상갓집에서 상주(喪主)만이 지팡이를 짚었다. 슬픔을 가누기 힘들어 지팡이를 짚는 것이 아니었다. 그 지팡이는 고인과 가장 친밀한 관계를 표시하는 상징이자 그 집안에 새로운 권력이 등장했음을 알리는 선언이었다.

（기-기）

旗

현재 글꼴은 방(方), 인(人), 기(其)가 합한 것처럼 보인다. 그런데 초창기 글꼴을 확인하면, 방(方)은 본디 포크처럼 생긴 나뭇가지 모습이고, 인(人)은 나뭇가지에 매달려 바람에 나부끼는 깃발 모양이었다. 기(其)는 발음 역할을 한다. 그렇다면 기(旗)의 본뜻은 '깃대에 매달려 바람에 나부끼는 깃발'이며, 이로부터 '깃발'의 뜻이 나왔다. 태극기(太極旗), 백기(白旗), 기치(旗幟)가 그 뜻이다. 세월이 흐르며 깃발 아래에 '도끼-근'(斤)이 추가된 글꼴도 보인다. 그렇다면 이 깃발은 군기(軍旗)일 것이다. 도끼 대신에 '화살-시'(矢)가 들어간 한자가 '겨레-족'(族)이다. 동일한 깃발 아래 함께 모여 사냥하거나 출전하는 부족(部族)을 가리켰다. 부족의 구성원은 대개 가까운 혈연관계의 가족(家族)이었을 것이다. 무기 대신에 '사람-인'(人)이 두 개 들어간 한자가 '군대-여'(旅)다. 군기를 앞세우고 멀리 출전하는 군인들, 곧 원정군(遠征軍)을 가리켰다. 여단(旅團)에 군대의 뜻이 남아있다. 생사를 넘나드는 여행(旅行), 즉 전투에 승리한다면 군기를 앞세우고 만족(滿足)스럽게 귀국할 것이다. 이에 '넉넉할-족'(足)을 삽입하여 '되돌아올-선'(旋)으로 표현했다. 개선(凱旋)이 그 뜻이다.

강(降)

보(步)

降

부(阝=阜)와 강(夅)이 합했다. 부(阝)는 '언덕'으로 새기지만 초창기 글꼴은 계단(階段)의 모습이다. 언덕이나 산처럼 높은 곳을 오르내리려면 이런 층계가 있어야 한다. 강(夅)은 '내리다'로 새기는데, 양쪽 발바닥이 아래쪽을 향하고 있기 때문이다. 강(夅)의 초창기 글꼴을 확인하면, 발가락이 위로 향한 '발바닥-지'(止)가 도치되어 아래로 향한 '돌아올-치'(夂)를 두 개 그렸다. 각각 왼발바닥과 오른발바닥을 가리킨다. 따라서 높은 곳에서 계단을 밟으며 내려오는 모습을 표시한 것이 강(降)이다. 하강(下降), 상강(霜降), 강신(降神), 강림(降臨), 강등(降等), 강수량(降水量), 승강(昇降) 등이 그런 뜻으로 쓰인 것이다. 전쟁이나 경기에서 지면 굴복(屈服)하고 내려와야 하기에 '항복하다'의 뜻이 나왔다. 항복(降服), 항복(降伏), 투항(投降) 등이 그런 뜻으로 쓰인 것이다. 발바닥이 도치되어 아래로 향한 모습이 강(夅)이라면, 발바닥이 위쪽을 향한 모습은 어떤 한자일까? 현재 글꼴로는 알아보기 쉽지 않지만 '걸음-보'(步)가 그것으로, '발바닥-지'(止) 두 개가 위쪽을 향하고 있다. 따라서 부(阝)를 추가하면 계단을 올라가는 모습의 '오를-척'(陟)이 된다. 승진하는 것을 진척(進陟)이라 했지만 지금은 일이 진행되어 가는 것을 뜻한다.

爲

현재 글꼴로는 짐작하기 어렵지만 초창기 글꼴을 보면 왼쪽 상단에
'손가락-우'(又)가 있고, 오른쪽에는 앞발을 들고 일어선 코끼리의
모습이 완연하다. 코끼리를 조련하는 모습인 것이다. 세월이 흐르며
우(又)가 '손톱-조'(爪)로 변했고, 코끼리의 모습도 많이 변형되었
다. 그러나 현재 글꼴 위(爲)의 위쪽에는 여전히 조(爪)가 있고, 중간
에 길게 뻗은 사선은 길쭉한 코끼리의 코이며, 아래쪽의 넉 점은 코끼
리의 다리 모습이다. 따라서 위(爲)의 본뜻은 '코끼리를 조련하여 일
을 시키다'이며, 이로부터 '(일)하다'의 뜻이 나왔다. 행위(行爲), 영
위(營爲), 당위(當爲), 무위(無爲), 위정자(爲政者), 인위적(人爲
的), 작위적(作爲的), 무소불위(無所不爲) 등이 그런 뜻으로 쓰인 것
이다. 일을 하면 업무가 이루어지므로 '되다, 이루어지다'의 뜻이 나왔
다. 전화위복(轉禍爲福)은 화가 바뀌어 오히려 복이 된다는 뜻으로,
좋지 않은 일이 계기가 되어 오히려 좋은 일이 생김을 이르는 말이다.
지록위마(指鹿爲馬)에는 얽힌 고사가 있다. 환관인 조고(趙高)가 자
신의 권세를 시험하고자 문무백관이 보는 앞에서 진(秦)나라 2대 황
제 호해(胡亥)에게 사슴을 가리켜 말이라고 했다. 사슴을 사슴이라
지적한 고관대작은 음해를 당했고, 이때부터 모두들 조고의 말대로
사슴을 말이라 했다. 결국 호해를 바보로 만들고 권력을 제 마음대로
휘둘렀던 것이다.

(푸를-청) ①

靑

초창기 글꼴은 '싹 날-철'(屮) 밑에 '우물-정'(井)이 있었다. 싹이 나 듯 우물처럼 생긴 갱도(坑道)에서 무엇이 생산되고 있다는 뜻이다. 정(井)은 물론 발음 역할도 겸하고 있다. 그 뒤로 세월이 흘러 철(屮) 은 '날-생'[生=屮(철)+土(토)]으로 변해 우물처럼 생긴 수직갱(垂直 坑)에서 광석(鑛石)이 생산된다는 점을 분명히 표시했다. 어떤 광석 일까? 훗날 쓰이는 뜻으로 보건대, 틀림없이 청색의 광석일 것이며, 그런 광석을 분말로 만들어 청색 안료로 사용했을 것이다. 따라서 청 (靑)의 본뜻은 '우물 모양의 수직갱에서 생산되는 푸른색의 광석'이 며, 이로부터 '푸르다'의 뜻이 나왔다. 현재 글꼴은 시간이 흐르면서 모양이 약간 변했다. 생(生)의 위쪽에 있던 철(屮)은 양쪽의 U 모양 이 납작하게 펴졌고, 그 아래 정(井)은 '붉을-단'(丹)처럼 변했다가 다시 '달-월'(月)로 바뀌었다. 현재 인쇄체 글꼴은 단(丹)과 비슷한 모양의 '둥글-원'(円)을 쓰고 있으나 필기체에서는 종종 월(月)로 쓰 기도 한다. 푸른색은 파릇파릇한 풀색이므로 어리고 싱싱하고 활력 넘치고 희망차고 당찬 느낌마저 준다. 청소년(靑少年), 청년(靑年), 청춘(靑春), 청과(靑果), 청산(靑山), 청운(靑雲), 독야청청(獨也靑 靑) 등이 모두 그런 뜻을 담고 있다.

青

푸른색은 청신(淸新)하여 '맑고 깨끗한' 느낌을 준다. 이로부터 청(靑)이 들어간 한자는 대개 '맑고 깨끗하다'는 뜻을 담고 있다. 정(情)은 인정 있는 사람에게 존재하는 맑고 깨끗한 마음.[인정(人情), 정감(情感)] 정(精)은 도정(搗精)하여 맑고 깨끗한 쌀.[정화(精華), 정수(精髓)] 정(睛)은 맑고 깨끗한 눈동자.[화룡점정(畵龍點睛)] 청(淸)은 맑고 깨끗한 물.[청소(淸掃), 청결(淸潔)] 청(請)은 부탁드리는 말씀이니 맑고 깨끗한 언어.[초청(招請), 청원(請願)] 청(晴)은 구름이 없어 맑고 깨끗한 태양.[쾌청(快晴), 청천(晴天)] 정(靜)은 마음을 맑고 깨끗하게 하여 차분해지도록 노력함.[정숙(靜肅), 정적(靜寂)] 정(靚)은 맑고 깨끗하게 단장하다. 천(倩)은 용모가 맑고 깨끗한 사람. 정(婧)은 군살이 없고 허리가 가늘어 맑고 깨끗한 여자. 정(聙)은 귀가 밝아 맑고 깨끗하게 잘 들리다. 정(腈)은 비계가 없어 맑고 깨끗한 살코기. 청(凊)은 맑고 깨끗한 얼음처럼 서늘하다. 청(菁)은 맑고 깨끗한 풀잎이 무성하다. 정(靖)은 맑고 깨끗하게 처신하여 직위(職位)가 안전하다. 청(蜻)은 날개와 몸통이 투명하여 맑고 깨끗한 잠자리. 한편 시(猜)는 맑고 깨끗하여 해칠 마음이 전혀 없는 사람도 일단 침입자로 간주하여 짖어대는 '개'(犭=犬)로부터 '미워하다, 혐오하다, 의심하다, 추측하다'의 뜻이 나왔다.[시기(猜忌)]

(터놓을-쾌)

夬

초창기 글꼴을 보면, '손가락-우'(又)가 위아래에 있고 그 사이에 움푹 들어간 U형의 물건이 있다. 특히 움푹 들어간 물건 안쪽에 손가락이 있다. 따라서 물건을 양손으로 다루다가 한쪽 면이 부서진 모습이다. 세월이 흐르며 U형의 물건은 점차 펴지면서 위쪽 손가락과 결합했고, 아래쪽 손가락은 '사람-인'(人)으로 변형되었다. 따라서 쾌(夬)의 본뜻은 '한쪽 면이 부서져 터지다'이며, 이로부터 '터지다'의 뜻이 나왔다. '장군-부'(缶)는 질그릇 항아리의 일종이므로, 결(缺)은 항아리가 깨진 모습에서 '온전하지 못함, 부족함'의 뜻이 나왔다. 결점(缺點), 결핍(缺乏), 결함(缺陷), 결례(缺禮), 결식(缺食) 등이 그러하다. 결(決)은 둑이나 제방이 터져 물이 쏟아지는 모습으로 돌이킬 수 없는 일이나 상황을 표시한다. 결렬(決裂), 결심(決心), 결의(決意), 결단(決斷) 등이 그러하다. 결별(訣別)은 사귐이 깨진 것이다. 영결식(永訣式)은 작고한 분과 영원히 이별하는 예식이다. 쾌(快)는 마음이 터진 것이므로 울분, 스트레스 등이 사라졌다는 뜻이다. 쾌활(快活), 상쾌(爽快), 유쾌(愉快), 명쾌(明快), 통쾌(痛快) 등이 그러하다. '손가락으로 긁어낼-결'(抉)과 '칼로 뼈를 발라낼-척'(剔)이 합한 척결(剔抉)은 비리를 터뜨려 없앤다는 뜻이다. 끝으로 '패옥-결'(玦)이 있다. 홍문지연(鴻門之宴)에서 범증(范增)이 유방(劉邦) 몰래 바로 이 옥패를 들어 여러 번 항우(項羽)에게 보여 주었다. 결(玦)은 U자 형처럼 한쪽이 터진 둥근 옥돌이다. 결단(決斷)하여 당장 유방을 죽이라는 신호였다.

전(戔)은 꽤 오래전부터 현재 글꼴인 '창-과'(戈)가 상하로 포갠 모습이었다. 하지만 초창기 글꼴을 확인하면 앞쪽의 과(戈)는 그대로인데 뒤쪽의 과(戈)는 뒤집힌 모양이다. 창을 들고 격투하다가 한쪽이 무기를 놓친 모습이다. 그렇다면 결과는 대략 짐작될 것이다. 신체가 크게 손상되어 위축될 테니 움직임도 적어질 수밖에 없다. 따라서 전(戔)이 들어간 한자는 '적다' 혹은 '작다'의 뜻을 담고 있다. '실-사'(糸)가 붙은 '실-선'(綫=線)은 짧은 실올이다. '물-수'(水)가 붙은 '얕을-천'(淺)은 적은 물, 즉 얕은 물이다. '발-족'(足)이 붙은 '밟을-천'(踐)은 잰걸음으로 밟다. '조개-패'(貝)가 붙은 '천할-천'(賤)은 재산이 적다. '밥-식'(食)이 붙은 '전별할-전'(餞)은 간단한 송별회. '쇠-금'(金)이 붙은 '돈-전'(錢)은 푼돈이다. 그 외에도 잔(盞)은 작은 접시. 잔(棧)은 짧은 나무토막으로 만든 사다리. 전(箋)은 메모나 간단한 편지지. 전(牋)은 짧은 편지. 잔(琖)은 옥제 소형 술잔. 잔(醆)은 도수가 낮은 술. 잔(賤)은 고기 찌꺼기. 잔(襻)은 작은 포대기. 천(幝)은 작은 방석이다. 끝으로 '살 바른 뼈-알'(歹)이 붙은 잔(殘)은 겨우 뼈만 추려 구사일생으로 살아남았다는 뜻이니 얼마나 흉악(凶惡)하고 잔인(殘忍)한가.

(재주 - 재)

才

초창기 글꼴은 새싹이 지면을 뚫고 움트는 모습이다. 중간의 '한-일'(一)은 땅을 표시했고, 그 아래가 뿌리, 그 위가 새싹을 표시한 것으로 보인다. 따라서 재(才)의 본뜻은 '움트기 시작하는 새싹'이다. 될성부른 나무는 떡잎부터 알아보듯, 하루가 다르게 쑥쑥 자라는 떡잎으로부터 '재주, 재능, 능력'의 뜻이 나왔다. 재질(才質), 재능(才能), 재치(才致), 인재(人才), 영재(英才), 수재(秀才), 천재(天才), 둔재(鈍才) 등이 모두 그런 뜻으로 쓰인 것이다. 쓸 만한 나무를 재목(材木)이라 하고, 쓸 만한 돈을 재산(財産)이라 하는 것도 나무가 자라고 돈이 불어나기 때문이다. 언뜻 봐서는 눈치 채기 어렵지만 존재(存在)에도 각각 재(才)가 들어 있다. '갓난애-자'(子)가 들어간 것이 존(存)이고, '흙-토'(土)가 들어간 것이 재(在)이다. 출생률은 높았지만 생존율이 무척 낮았던 옛날, 갓난애가 새싹처럼 무럭무럭 커 가는 모습을 표시한 것이 존(存)이다. 또한 새싹이 시들지 않고 땅에 살아 있음을 표시한 것이 재(在)이다. 따라서 존재의 본뜻은 '살아 있음'이었다. 한편 현대 중국어에서 재(才 : cái)는 부사로 '이제, 방금, 겨우, 비로소' 등의 뜻으로 사용되는데, 막 싹트기 시작하는 떡잎의 속성으로부터 비롯된 것이다.

（몸-신）

身

초창기 글꼴은 '여자-여'(女)의 배 부위가 앞으로 볼록하게 튀어나온 모습이다. '사람-인'(人)이 여(女)를 대신한 글꼴도 있는데, 배 속에 점을 찍거나 심지어 배를 크게 그리고 그 속에 아예 노골적으로 '갓난 애-자'(子)를 써 놓기도 했다. 세월이 흐르며 배 아래쪽에 짧은 횡선이 새롭게 추가되었다. 이것은 배 속에 있는 태아가 출산이 임박했을 정도로 성장하여 아래쪽으로 내려온 모습을 표시한 것이다. 이 횡선이 훗날 길쭉한 사선으로 변형되어 현재 우리가 보는 글꼴 신(身)이 되었다. 따라서 신(身)의 본뜻은 '여자가 배 속에 태아의 몸을 가지고 있다'이며, 이로부터 '몸'의 뜻이 나왔다. 신체(身體), 육신(肉身), 신분(身分), 자신(自身), 출신(出身), 헌신(獻身), 처신(處身) 등이 모두 그런 뜻으로 쓰인 것이다. 신(身)의 본뜻에 따라 현대 중국어에서 유신(有身 : yǒushēn)은 임신(姙娠)했다는 뜻이다. 그런데 신(身)이 '몸'이란 뜻으로 전용되자 임신의 뜻이 사라졌다. 이에 인(人)의 모양을 변형시켜 여성의 유방을 표시한 내(乃)의 아래쪽에 자(子)를 추가하여 '아이 밸-잉'(孕)을 만들었다. 잉태(孕胎)가 그 뜻이다. 내(乃)는 본디 유방의 모습인데 사람들이 몰라보자 여(女)를 앞에 추가하여 '젖-내'(奶)로 확실히 했다. 중국어로 우내(牛奶 : niúnǎi)는 우유다. 신(身)이 들어간 가장 숭고한 성어는 살신성인(殺身成仁)이 아닐까 싶다.

(훔칠 - 도)

盜

초창기 글꼴은 차(次)와 주(舟)가 합했다. 차(次)는 사람의 벌어진 입에서 침이 튀어나오는 모습이다. 세월이 흐르며 '물-수'(水)를 추가하여 침이 흐르는 모습을 강조했고, 글꼴에 따라서는 심지어 수(水)를 둘씩이나 추가하여 침이 강물처럼 흐르는 모습을 표현했다. 강물을 이룰 정도로 침을 흘린다면 그 탐욕의 부력은 배도 충분히 띄울 수 있을 것이다. '배-주'(舟)는 이런 이유로 추가되었다. 따라서 도(盜)의 본뜻은 '갖고 싶은 탐욕을 억제하지 못하다'이며, 이로부터 '훔치다'의 뜻이 나왔다. 세월이 더욱 흘러 '물-수'(水)가 모두 제거되고 '배-주'(舟)도 비슷한 모양의 '그릇-명'(皿)으로 변했다. 그릇에 담긴 음식을 탐하여 침을 흘리면서 몰래 훔쳐 먹는다는 뜻이 된 것이다. 절도(竊盜), 강도(强盜), 도난(盜難), 도적(盜賊) 등이 모두 '훔치다'의 뜻으로 쓰였다. 훔치는 행위는 '몰래' 하는 짓이므로 '몰래'의 뜻도 나왔다. 도용(盜用), 도청(盜聽), 도벌(盜伐), 도굴(盜掘), 도루(盜壘) 등이 모두 그런 뜻으로 쓰였다. 한편 도(盜)와 적(賊)은 의미상 약간 달랐다. 주인 몰래 훔치는 자를 도(盜), 겁탈하고 살해하는 자를 적(賊)이라 했다. 우리 한자에서는 침방울이 셋인 도(盜)를 정자로 보지만, 중국이나 일본에서는 침방울이 둘인 도(盜)를 쓰고 있다.

(절 - 배)

拜

초창기 글꼴은 '보리-맥'(麥)과 '손-수'(手)가 결합했다. 손으로 보리를 쥔 모습이다. 수(手)와 '머리-혈'(頁)이 결합된 초창기 글꼴도 있는 것으로 보아 손으로 보리를 쥐고 머리를 조아리는 모습일 것이다. 따라서 배(拜)의 본뜻은 '보리가 풍년이 들어 천지신명께 머리를 조아리며 감사하다'이며, '절하다'의 뜻은 이로부터 나왔다. 세월이 흘러 위쪽에 '견줄-비'(比)가 추가되고, 아래쪽은 수(手)가 나란히 두 개 놓였다. 양 손바닥을 나란히 대고 절하는 모습인 것이다. 그 이후에는 위쪽의 비(比)가 사라지고, 아래쪽의 오른손 밑에 '아래-하'(下)가 붙어 현재 우리가 보는 배(拜)가 되었다. 양손을 밑바닥에 대고 절하는 모습이다. 우리의 '큰절'과 흡사하다. 세배(歲拜), 참배(參拜), 예배(禮拜), 숭배(崇拜), 배알(拜謁), 배금주의(拜金主義), 백배사죄(百拜謝罪) 등이 모두 '절하다'의 뜻이다. 옛날의 절은 다양했다. 양손을 모아 머리 위로 올렸다가 내리는 인사가 공(拱), 그렇게 하면서 허리를 굽히는 인사가 읍(揖), 양 손바닥을 바닥에 대고 큰절을 올리는 인사가 배(拜), 머리를 바닥에 찧는 인사가 고(叩)였다. 암허스트 (Lond Amherst, 1773~1857)는 영국 정부가 무역통상 담판을 위해 중국으로 파견한 외교관이었다. 청나라 황제를 알현할 때 3번 무릎을 꿇고 9번 고개를 찧는 삼배구고(三拜九叩)의 예절을 갖추지 않아 북경에 도착한 그날로 추방되었다.

(그늘 - 음)

陰

음(陰)의 초창기 글꼴은 음(侌)만 있었다. 음(侌)은 금(今)과 운(云)
의 결합으로, 금(今)은 '머금을-함'(含)의 생략형이며 운(云)은 구름
의 모양이다. 운(云)이 훗날 '말하다'의 뜻으로 전용되자 '비-우'(雨)
를 추가하여 '구름-운'(雲)으로 만들었다. 따라서 음(侌)의 본뜻은 '하
늘이 구름을 머금어 태양을 가리다'이며, '그늘'의 뜻은 이로부터 나온
것이다. '날-일'(日) 밑에 '구름-운'(云)을 그린 글꼴도 있는데, 햇빛
이 구름에 가렸음을 표시한 것이다. 비록 하늘에 구름이 없더라도 산
이나 언덕의 북쪽은 해가 잘 들지 않아 마치 그늘이 진 것 같다. 그러
므로 음(侌)에 '언덕-부'(阝=阜)를 추가하여 '그늘-음'(陰)으로 쓰기
시작했다. 따라서 음(陰)의 본뜻은 '산이나 언덕의 북쪽 그늘'이며, 이
로부터 '음지, 그늘'의 뜻이 나왔다. 음지(陰地), 음습(陰濕), 녹음(綠
陰) 등이 그러하다. 음지나 그늘은 잘 노출되지 않으므로 '몰래'의 뜻
도 나왔다. 음모(陰謀), 음흉(陰凶), 음해(陰害), 음덕(陰德), 음성적
(陰性的) 등이 그러하다. 낮엔 햇빛이 있어 '빛-광'(光), 밤엔 어두운
그늘이라 '그늘-음'(陰), 이 둘을 합한 광음(光陰)은 곧 낮밤으로서
시간이나 세월을 상징한다. 일촌광음불가경(一寸光陰不可輕)이 무
슨 뜻인지 이제 분명히 아실 것이다. 전통적인 관념에서 달은 음성(陰
性)이었다. 달의 운행을 기준으로 만든 달력이 음력(陰曆)이다.

陽陽陽陽陽

陽

초창기나 지금이나 글꼴에 차이는 없다. 햇빛이 산이나 언덕을 비추는 모습이다. '언덕-부'(阝=阜)의 우측 상단에 '날-일'(日)이 있고, 그 밑으로 '아래-하'(下)와 '터럭-삼'(彡)의 형태가 추가되어 햇볕이 아래쪽으로 내리쬐는 모습을 그린 것이다. 따라서 양(陽)의 본뜻은 '햇빛이 산이나 언덕을 비추다'이며, 이로부터 '햇빛, 양지'의 뜻이 나왔다. 태양(太陽), 양지(陽地), 양광(陽光), 석양(夕陽), 사양(斜陽), 양성화(陽性化) 등이 모두 그런 뜻으로 쓰였다. 중국의 중원 지역은 지구의 북반구에 위치하여 중원 사람들의 눈에는 태양이 동쪽에서 떠올라 남쪽으로 기울어 운행하다가 서쪽으로 사라졌다. 따라서 햇빛이 산이나 언덕을 비추면 북향보다는 남향이 훨씬 환하고 따뜻하다. 햇살이 잘 드는 산 혹은 언덕의 남쪽을 양(陽)이라 하고, 북쪽은 그늘이 졌다 하여 음(陰)이라 했던 것도 이 때문이다. 한편 중국의 지형은 서북부가 높고 동남부가 낮다. 황하(黃河)나 장강(長江)이 동남쪽으로 흐르는 이유다. 그러므로 홍수가 발생하면 상류인 서북쪽이 아니라 하류인 동남쪽에 집중된다. 이에 따라 서북방은 상대적으로 건조하고 동남방은 상대적으로 축축하다. 강의 북쪽을 양(陽)이라 하고 강의 남쪽을 음(陰)이라 한 것은 이 때문이다. 서울의 옛 이름은 한양(漢陽)인데 한강(漢江)의 북쪽이기 때문이다. 전통적인 관념에서 태양은 양성(陽性)이었다. 태양의 운행을 기준으로 만든 달력이 양력(陽曆)이다.

(의사 - 의)

醫 醫 醫 醫

醫

초창기나 지금이나 글꼴에 차이는 없다. 한쪽 귀퉁이가 열린 '상자-
방'(匚) 안에 '화살-시'(矢)가 있고, 그 옆에 '창-수'(殳)가 있으며,
그 아래로는 '닭-유'(酉)가 있다. 유(酉)의 초창기 글꼴은 술독의 모
양이다. '물-수'(水)가 붙어 '술-주'(酒)가 된 것을 보면 금세 이해할
수 있다. 술은 알코올이므로 상처를 소독할 수 있고, 또한 외과 수술
을 시행하려면 마취제 대용으로 사용했다. 게다가 적당량의 술은 예
나 지금이나 보약으로 여겨 약으로 마시기도 했다. 다만 중국은 송나
라 이후에 비로소 중앙아시아의 증류 기술을 배워 도수가 높은 고량
주를 만들었다. 따라서 의(醫)라는 한자가 만들어질 당시의 술은 대
개 우리의 막걸리처럼 도수가 낮아 소독용으로 보기는 어려울 것이
다. 한편 의(醫)에 보이는 '화살'이나 '창'은 살상용 무기이다. 그런 무
기에 다쳐서 내는 앓는 소리를 '앓는 소리-예'(殹)로 새긴다. 그렇다
면 의(醫)의 본뜻은 '술로 마취시키고 몸에서 화살과 창을 뽑아내 상
처를 치료하다'이며, 이로부터 '치료, 치료하는 자'의 뜻이 나왔을 것
이다. 의사(醫師), 의료(醫療), 의술(醫術), 의원(醫院), 의약(醫藥)
등이 모두 그런 뜻으로 쓰였다. 초창기 글꼴 중에는 술독 대신에 '무
당-무'(巫)가 들어간 것도 있다. 최면을 건다거나 주술(呪術)로 치료
했던 오랜 옛날의 요법(療法)을 보여 주고 있다.

(죽을 - 사)

死

몇 달째 행방(行方)이 묘연(渺然·杳然)했던 유병언 씨가 변사체(變死體)로 발견되어 세인을 경악(驚愕)시켰다. 발견 당시 시신이 심하게 부패(腐敗)되어 거의 백골(白骨) 상태였다고 보도했다. 이에 관련된 한자가 뇌리를 스쳤다. 백골로부터 '뼈-골'(骨)이 생각났다. 골(骨)의 아래쪽에 있는 '고기-육'(月=肉)을 없애면 곧 '뼈 발라낼-과'(冎=剮)이다. 뼈만 남은 '과'(冎)가 허물어지면 곧 '부서진 뼈-알'(歺=歹)이다. 이 지경이 되면 그 사람의 형체는 물론이고 신원 확인도 어렵다. 한편 서 있는 '사람-인'(人)이 뒤집히면 '비수-비'(匕)의 모양이 되는데, 이런 과정을 표시한 글자가 바로 '바뀔-화'(化=人+匕)이며, 이는 곧 사람의 상태가 '바뀌었음'을 나타낸다. 따라서 '죽을-사'(死)는 '살아 있던 사람이 부서진 백골로 변했다'는 뜻이며, 이로부터 생명의 종결, 즉 보편적인 육체적 사망을 뜻하게 되었다. 자살(自殺)인지 타살(他殺)인지, 아사(餓死)인지 동사(凍死)인지, 병사(病死)인지 자연사(自然死)인지, 과로사(過勞死)인지 안락사(安樂死)인지, 사체(死體) 부검을 통해 과학적으로 증명된다고는 하나 논란은 지속될 것으로 보인다. 불사조(不死鳥) 같던 그가 그토록 어처구니없이 비명횡사(非命橫死)했다는 사실을 일부 음모론 애호가들은 인정하지 않기 때문이다.

(엄습할 - 습)

襲

초창기 글꼴은 '머리-혈'(頁), '손톱-조'(爪), '도끼-근'(斤), '발바닥-지'(止) 등이 합한 듯하다. 손으로 작은 도끼처럼 보이는 무기를 쥐고 주변을 살피면서 슬그머니 다가가는 사람의 모습을 그린 것이다. 세월이 흘러 작은 도끼가 형구(刑具)의 일종인 '매울-신'(辛)으로 바뀌고 그 아래로 지(止)가 붙었으며, 아울러 조(爪)가 '손가락-우'(又)로 변형되어 마침내 엉뚱하게 용(龍)이 되었다. 맨 아래 '옷-의'(衣)는 아마 넓은 소매 속에 무기를 숨겼다는 뜻을 표시하고자 추가했을 것이다. 따라서 습(襲)의 본뜻은 '소매에 무기를 숨기고 접근하여 습격하다'이며, 이로부터 '습격하다'의 뜻이 나왔다. 엄습(掩襲), 기습(奇襲), 역습(逆襲), 급습(急襲), 피습(被襲) 등이 모두 그런 뜻으로 쓰였다. 죽은 자는 자기도 모르는 사이에 몸이 씻기고 수의(壽衣)가 입혀진 것이 마치 불시에 습격을 당한 것과 같다. 이를 염습(殮襲)한다고 하는데, 소렴 때 입히고 대렴 때 거듭 입힌다. 바로 그 베옷을 습(襲)이라 하며, 단추가 없고 좌임(左袵)이다. 좌임이란 오른쪽 섶을 왼쪽 섶 위로 여미는 것이다. 산 자의 옷은 그 반대다. 죽은 자에게 겹쳐서 입히는 옷으로부터 '겹치다'의 뜻이 나왔다. 인습(因襲)은 구습(舊習)을 그대로 겹치게 따른다는 뜻이다. 답습(踏襲)은 옛사람의 행적이나 주장을 그대로 밟는다는 뜻이다. 세습(世襲)은 세세대대로 그대로 물려받는 것이다.

(장사 지낼 - 장)

葬

초창기 글꼴은 시신이 풀밭 아래 누운 모습도 있고, 관 속에 들어가 매장된 모습도 있다. 또한 시신을 관 속에 넣어 출빈(出殯)하는 모습도 있고, 시신이 침상에 누워 있는 모습도 있다. 고인을 땅에 묻으면 그만일 텐데 왜 그 위에 꼭 풀이 있을까? 그 이유는 풀밭처럼 보이게 하여 도굴을 막으려는 것이었다. 지금처럼 봉분(封墳)을 만들고 비석을 세워 이곳에 고인을 모셨다고 광고하듯 묘지를 조성한 것은 훨씬 훗날의 일이다. 현재 우리가 보는 글꼴은 '풀-초'(艹) 아래에 '죽은이-사'(死)와 '두 손으로 받들-공'(廾)이 있다. 대체로 초창기 글꼴의 뜻을 계승한 셈이다. 고인을 장지(葬地)로 받들어 모시고 그 위에 잔디를 조성했음을 나타냈기 때문이다. 무덤을 분묘(墳墓)라 하는데, '분'과 '묘'는 의미가 약간 다르다. 비석(碑石)을 세우고 명문(銘文)을 넣어 그곳에 모신 분이 누군지 밝힌 무덤을 분(墳)이라 하고, 그런 게 없는 무덤을 묘(墓)라 한다. 제왕이나 귀족의 묘(墓)는 귀한 부장품을 함께 매장하기에 땅 밖으로는 아무런 표시도 하지 않았다. 이 역시 도굴을 방지하기 위한 조치였다.

業

초창기 글꼴을 보면, 아래쪽은 '나무-목'(木)이 분명하고 위쪽은 편종(編鐘), 석경(石磬) 같은 악기를 걸 수 있게끔 홈을 파거나 막대를 세운 나무틀의 널빤지로 보인다. 그 뒤로 나타나는 글꼴은 마치 옷걸이 모양이라 악기를 걸어 두는 나무틀의 널빤지일 가능성이 높다. 글꼴에 따라서는 나무틀이 두 개 나란히 있고, 그 사이에 팔다리를 벌리고 서 있는 사람의 모습인 '큰-대'(大)가 있어 연주하는 사람으로 짐작된다. 따라서 업(業)의 본뜻은 '악기를 걸어 놓는 나무틀의 널빤지'이며, 이로부터 '널빤지'의 뜻이 나왔다. 종이가 발명되기 전에는 보통 널빤지에 글을 썼다. 글을 쓴 널빤지가 많아져 뒤섞이면 곤란하므로 끈으로 엮은 것이 '책-책'(冊)이다. 오랜 옛날, 이런 널빤지에 글을 쓰거나 혹은 쓰인 글을 읽는 일은 아무나 할 수 없었다. 그런 업무(業務)를 직업(職業)으로 삼았던 전문가만이 가능했다. '업무'나 '직업'의 뜻은 이렇게 '널빤지 책'으로부터 나왔다. 따라서 배우는 업무가 학업(學業)이고, 배우는 업무를 마치면 졸업(卒業)이다. 취업(就業), 실업(失業), 파업(罷業), 업적(業績), 사업(事業), 창업(創業), 기업(企業), 공업(工業), 산업(産業) 등이 모두 업무나 직업의 뜻으로 쓰였다. 한편 자업자득(自業自得)의 '업'(業)은 산스크리트어의 카르마(karma)를 한자로 의역한 것인데, 대략 응보(應報)의 뜻이다. 뿌린 대로 거둔다는 의미니 공부도 한 만큼 거두는 것이 아니겠는가. 올해도 저물어 가는 이때, 부디 학업(學業)에 많은 성과 있기를 빈다.

(겨울 - 동)

밤이 가장 긴 날이 동지(冬至)이니 겨울이 깊어 간다. 이에 동(冬)에 대해 살펴보자. 초창기 글꼴은 풀어지거나 꼬이지 않게끔 실타래의 끝을 묶어 준 모습으로 아래쪽에 '얼음-빙'(冫)이 없었다. 이로부터 '실의 끝'을 뜻했는데, 계절의 끝을 표시하고자 그 아래 '얼음-빙'을 붙여 '겨울-동'(冬)을 만든 것이다. 개중에는 '날-일'(日)이 삽입된 글꼴도 있다. 태양은 시간을 상징하므로 일 년 사계(四季)의 종결(終結)로서 겨울을 나타내고자 했을 것이나. '실의 끝'이라는 뜻을 복원하고자 훗날 '실-사'(糸)를 추가하여 '끝-종'(終)을 만들었다. 겨울철을 동계(冬季), 겨울옷을 동복(冬服)이라 한다. 눈 내리는 깊은 겨울의 심한 추위가 엄동설한(嚴冬雪寒)인데, 이때는 먹이를 구하기 힘들어 아예 동면(冬眠)에 들어가는 동물도 있다. 예전에는 동계(冬季)에 싱싱한 채소를 구할 수 없었다. 겨울을 넘기려면 집집마다 김장을 했고, 이는 월동(越冬) 준비 중 무척 중요한 일이었다.

(재앙 - 재)

災

전쟁 못지않게 물과 불도 무섭다. 연전에 일본에서 발생한 해일(海溢), 진도 앞바다에 침몰한 세월호 참사만 봐도 물이 얼마나 위험한지 알 수 있다. 화산 폭발은 물론이고 장성 요양원 화재 사건만 보더라도 불이 얼마나 겁나는지 짐작할 수 있다. 예나 지금이나 물과 불의 위험은 재앙(災殃)이었다. 초창기 글꼴을 보면, 집에 불이 나거나 집이 홍수에 떠내려가는 모습을 그렸다. 시간이 흐르면서 위쪽이 '내-천'(川), 아래쪽이 '불-화'(火)인 현재 우리가 보는 글꼴 재(災)가 되었다. 물과 불의 위험을 합친 것이다. 물로 인한 재앙을 수재(水災), 불로 인한 재앙을 화재(火災)라 한다. 한편 다른 글꼴 '재앙-재'(㶡)는 '불-화'(火)와 '창-과'(戈)가 들어 있어 전쟁의 공포를 표현하기도 했다. 뜻밖에 닥친 불행한 일을 재난(災難), 재앙으로부터 받은 피해를 재해(災害), 지진(地震)·홍수(洪水)·태풍(颱風)처럼 자연 현상으로 발생하는 재앙을 천재지변(天災地變)이라 하며, 그런 재앙을 당한 사람을 일컬어 이재민(罹災民)이라 한다. 사람들이 제대로 대처하지 못해 당하는 자연 재해를 뭐라고 부르면 적당할까? 인재(人災)다. '災'의 중국어 간체자 '灾'(재 : zāi)는 맘대로 만든 것이 아니라 초창기 글꼴 중 '불난 집'을 그린 것이다.

(해칠 - 해)

害

현재 글꼴로 보면, '집-면'(宀), '산란할-개'(丰), '입-구'(口)가 합했다. 집 안에서 말다툼이 벌어져 서로에게 상처를 주는 모습을 표현했으며, 이로부터 '해롭다'는 뜻이 나왔다고 봐도 무방하다. 그런데 초창기 글꼴을 보면, 위쪽이 혀 아래쪽이 입으로, 혀가 입에서 분리되는 모습이다. 시간이 흐르면서 혀의 바깥쪽 가장자리가 '집-면'(宀)의 모양으로 떨어져 나왔다. 역사적으로 봐도 실언하거나 폭언한 자를 잡으면 보복하고 응징하고자 혀를 자르는 경우가 많았다. 그렇다면 해(害)의 본뜻은 '혀를 자르다'이며, 이로부터 '손해, 해롭다, 해치다'의 뜻이 나왔다. 가해(加害), 피해(被害), 자해(自害), 요해(要害), 손해(損害), 저해(沮害), 폐해(弊害), 방해(妨害), 수해(水害), 공해(公害), 해충(害蟲) 등은 물론이고 이해득실(利害得失), 이해타산(利害打算), 백해무익(百害無益) 등으로 쓰인다. '해롭다, 해치다'의 뜻으로 널리 사용되자, 혀를 '자르다'의 뜻이 희미해졌다. 이에 '칼-도'(刀)를 붙여 '벨-할'(割)로 복원했다. 우리 모두가 좋아하는 할인(割引)과 무이자 할부(割付)도 있고, 일본 무사들의 비장한 할복(割腹)도 있다.

囙 庎 㞑 席

席

초창기 글꼴은 네모꼴 '자리'(방석이나 요)의 모습이다. 가운데 'ㅅ' 무늬
는 아마 왕골이나 대나무로 엮은 모습일 것이다. 세월이 흐르면서 임
시 거처를 뜻하는 엄(厂)이나 엄(广)을 추가하고 그 밑에 '자리'나 '헝
겊-건'(巾)을 붙였다. 현재 우리가 보는 석(席)은 네모꼴 자리가 입
(廿) 모양으로 변하여 위로 가고, 그 밑에는 '헝겊-건'(巾)이 붙었다.
따라서 '임시 거처의 바닥이 딱딱할 때 깔고 앉는 자리'가 본뜻이다.
입식 생활은 위진남북조 이후에나 성행했고, 그 이전에는 바닥에서
생활했다. 따라서 잘 때는 물론이고 앉을 때도 무릎을 꿇고 앉았기에
푹신한 '자리'는 필수품이었다. 앉는 곳을 좌석(座席)이라 한다. 일어
나면 자리를 둘둘 말아 놓기에 석권(席卷)이라 한다. 그 자리는 깨끗
이 정리되어 말끔해지는 것이다. 서 있는 자리를 입석(立席), 자리에
출두하는 것을 출석(出席) 혹은 참석(參席), 불참하는 것을 결석(缺
席)이라 한다. 가장 앞자리는 수석(首席)이다. 자리에서 주도적인 자
가 주석(主席)이다. 그 자리에서 하는 것을 즉석(卽席), 비공개적인
자리는 사석(私席)이다. 앉으면 편안한 법인데 마음이 불편하면 자리
도 불편한 것이 곧 좌불안석(坐不安席)이다.

(이불-피)

被

'옷-의'(衣)에 '가죽-피'(皮)를 더했다. 동물의 가죽은 혁(革), 사람의 가죽은 피(皮)다. 그러므로 피(被)는 사람의 피부와 직접 맞닿는 옷인데, 옛날에는 잘 때만 그런 옷을 입었다. 입고 자면 잠옷이고, 덮고 자면 이불이다. 지금은 주로 '이불'의 뜻으로 사용한다. 그러나 잠옷이나 이불은 입거나 덮는 것이므로 '입다, 덮다'의 뜻은 여전히 성어 속에 남아 있다. 중국에서 면방직 기술을 개량하여 전 국민의 의복 문제를 해결했다는 황도파(黃道婆)의 이야기는 영화나 드라마로도 수차례 제작되어 인기를 끌었다. 그 포스터나 광고에 꼭 등장하는 넉 자가 의피천하(衣被天下)다. '옷으로 천하를 덮었다'는 것이니, 곧 '세상 사람들에게 옷을 입혔다'는 뜻이다. 또한 잠옷을 입거나 이불을 덮으면 피부가 잠옷이나 이불에 둘러싸여 당하는 모습이다. 이로부터 남의 힘에 의해 어떤 일을 당하거나 어떤 상황에 처했다는 뜻이 나왔다. 피해(被害), 피격(被擊), 피습(被襲), 피폭(被爆), 피살(被殺), 피랍(被拉) 등은 물론이고 피동(被動), 피고(被告), 피소(被訴), 피의자(被疑者), 피교육자(被敎育者), 피선(被選) 등이 모두 그런 뜻으로 쓰인 것이다.

(따뜻할 - 온)

溫 溫 溫

溫

온(溫)은 '물-수'(水)와 '온화할-온'(昷)이 합했다. 온(昷)은 '날-일'(日)과 '그릇-명'(皿)이 합한 것이지만, 초창기 글꼴은 '날-일'(日)이 아니라 '가둘-수'(囚)였다. 어린이를 씻기려고 큰 그릇에 물을 담아 데우는 모습이다. 물을 데우려면 열이 필요한데, 열기의 상징은 태양이기에 수(囚)와 비슷한 모양의 일(日)로 바꾸어 온(昷)으로 쓰기도 했다. 이것은 훨씬 훗날의 일이다. 물을 데운다는 뜻을 분명히 하고자 왼쪽에 '물-수'(水)를 추가하여 현재 우리가 쓰는 온(溫)이 된 것이다. 따라서 온(溫)의 본뜻은 '물을 따뜻하게 데우다'이며, 이로부터 '따뜻하다, 온화하다'의 뜻이 나왔다. 온화(溫和), 온정(溫情), 온순(溫順), 온유(溫柔), 온실(溫室), 온난(溫暖), 온상(溫床), 온수(溫水), 온천(溫泉), 온기(溫氣), 온면(溫麵) 등 찾아보면 의외로 많다. 따뜻함으로부터 덥고 찬 정도인 '온도'(溫度)의 뜻이 나왔다. 기온(氣溫), 체온(體溫), 수온(水溫), 고온(高溫), 저온(低溫), 상온(常溫), 보온(保溫), 미온적(微溫的) 등이 그러하다. 따뜻함으로부터 '따뜻하게 대하다'는 뜻도 나왔다. 온고지신(溫故知新)의 온(溫)이 곧 그러하다. 지난 것을 냉대하지 않고 따뜻한 마음으로 접근하여 충분히 이해하고, 그것을 바탕으로 새로운 것까지 습득한다는 뜻이다. 전통과의 단절이 아니라 계승하고 발전시키면서 새로운 것과 결합하여 창조적인 작업을 하는 것이기에 무척 훌륭하다. 그렇게 하면 스승의 자격이 있다고 공자가 말했다.

(예-구 ·오랠-구)

舊

며칠 후면 올해도 끝나고 새해를 맞이한다. 묵은해를 보내고 새해를 맞이하니 곧 송구영신(送舊迎新)이다. '새-신'(新)이 본디 '장작'이어서 의외(意外)였듯, '예-구'(舊)는 본디 '부엉이'이기에 역시 뜻밖이다. 맨 아래 '절구-구'(臼)는 둥지를 그린 동시에 발음이기도 하다. 그 위의 '풀 무성할-추'(萑)에서 위쪽의 '풀-초'(卄)는 부엉이의 벼슬을 그린 것이라 원래는 '쌍상투-관'(卝)이었는데 세월이 흐르며 붙어 버렸다. 부엉이는 바위산이나 절벽의 틈새를 둥지로 삼는다. 오래 전부터 혹은 예전부터 있던 바위의 틈새나 동굴을 보금자리로 삼는 것이다. 이로부터 '예전, 오래, 지난'의 뜻이 나왔을 것이다. 오래전부터 가깝게 사귄 벗을 친구(親舊)라 한다. 예전 모양으로 돌려놓는 것이 복구(復舊)다. 구면(舊面)이라면 전부터 알고 지내는 사이다. "산천은 의구하되 인걸은 간 데 없다"에서 의구(依舊)는 '옛 모습 그대로'란 뜻이다. 구태의연(舊態依然)은 옛 모습 그대로 변화가 없음을 비판하는 말이다.

歲

언뜻 봐도 필획이 꽤 복잡한 세(歲). 그러나 초창기 글꼴은 의외로 간단하다. '창-과'(戈) 옆에 움푹 들어간 상처가 보인다. 다른 글꼴은 창날의 위아래로 짧은 선이 있는데, 핏방울을 표시한 것이다. 창날 아래로 '저녁-석'(夕)처럼 보이는 '고기-육'(月=肉)이 있는 글꼴은 살점이 떨어져 나간 모습을 사실적으로 그린 것이다. 더욱 무서운 글꼴은 창날 사이로 '발바닥-지'(止)가 두 개 걸려 있어 양쪽 발을 절단한 모습이다. 현재 글꼴인 세(歲)도 분해하면 의외로 간단하다. 위로부터 지(止), 술(戌), 소(少)가 합했다. 술(戌)은 과(戈)나 월(戉), 수(戍)처럼 본디 도끼 모양의 창이었다. 소(少)는 '걸음-보'(步)의 아래쪽에서 보듯, 오른발바닥이 변형된 것이다. 따라서 세(歲)의 본뜻은 '죄인의 양발을 잘라 처벌하다'이다. 옛 중국인들은 죄인을 처형할 때 만물이 소생하는 봄이나 성장하는 여름을 피하고, 만물이 시들기 시작할 때인 가을에 형을 집행했다. 일 년 중 가을 한 철에 행형(行刑)하는 모습을 그린 세(歲)에서 '한 해, 일 년'의 뜻이 나왔다. 세수(歲首), 세모(歲暮), 세배(歲拜), 세비(歲費), 만세(萬歲), 허송세월(虛送歲月) 등이 '해'의 뜻이다. 일 년 중에 특히 엄혹한 겨울과 대비시켜 훌륭한 지조나 절개를 표현한 숙어로 세한삼우(歲寒三友), 세한고절(歲寒孤節), 세한송백(歲寒松柏) 등이 있다. 표면적으로는 같은 뜻이건만 년(年)을 사용하지 않고 굳이 세(歲)를 사용한 것이 살벌한 처형과 어울린다.

(끝 - 말)

末末末

末

'나무-목'(木)의 끝에 가로로 줄을 그어 그 부분임을 표시했다. 즉 나뭇가지의 끝을 표시한 것이며, 이로부터 모든 사물의 '끝'을 뜻하게 되었다. 한 주의 끝이 주말(週末), 한 달의 끝이 월말(月末), 한 학기의 끝이 기말(期末), 한 해의 끝이 연말(年末)이며 기간(期間)의 끝 부분을 말기(末期)라 한다. 말단(末端), 말미(末尾), 말로(末路), 말석(末席) 등은 물체의 끝부분을 가리킨다. 끝은 대개 가늘기에 작다는 뜻으로도 쓰이는데, 녹말(綠末)이나 분말(粉末)이 그러하다. 일을 잘 못한 사람이 사건을 처음부터 끝까지 자세히 기록한 문서를 일컬어 시말서(始末書)라 한다. 나무의 뿌리는 나뭇가지 끝보다 훨씬 중요하기에 '나무뿌리-본'(本)과 '나뭇가지 끝-말'(末)은 상대적인 개념으로 쓰인다. 본말(本末)이란 사물의 중요한 부분과 중요하지 않은 부분을 비유하며, 이것이 뒤바뀌는 것을 본말전도(本末顚倒)라 한다. 중국의 역사서 중에 사건을 중심으로 그 본말을 자세히 기록한 대표적인 저서가 『통감기사본말』(通鑑記事本末)이다. 이 책은 송나라 사마광의 편년체 역사서 『자치통감』을 사건별로 재구성한 것이다.

(끝날 - 종)

入 終 終

終

오늘로 한 해가 끝나니 '끝날-종'(終)으로 마무리하자. 초창기 글꼴은 풀어지거나 꼬이지 않게끔 실타래의 끝을 묶어 준 모습이었다. 이로부터 '실의 끝'을 뜻했는데, 계절의 끝을 표시하고자 그 아래 '얼음-빙'(冫)을 붙여 '겨울-동'(冬)을 만들었고, '실의 끝'이라는 뜻을 복원하고자 다시 '실-사'(糸)를 붙여 '끝날-종'(終)을 만들었다. 종결(終結)이란 실의 끝을 묶어 마무리하는 것으로 무슨 일을 '끝냈다'의 뜻이다. 종료(終了), 종무식(終務式), 종식(終熄), 종전(終戰), 종언(終焉) 등이 그런 뜻으로 쓰인 것이다. 종일(終日)이란 해가 끝날 때까지이니 하루 내내의 뜻이고, 종신(終身)이란 몸이 다할 때까지이니 평생(平生)의 뜻이다. 초등학교·중학교·고등학교에서는 수업을 다 마치고 대개 종례(終禮)를 한다. 시작부터 끝까지가 곧 자초지종(自初至終)이며, 처음부터 끝까지 한결같기가 어렵기에 시종여일(始終如一)이나 시종일관(始終一貫)을 강조하게 된다. 춘하추동(春夏秋冬)은 순환하기에 한 해의 끝은 그것으로 종말(終末)이 아니라 새로운 한 해가 시작되는 시점이다. 유종(有終)의 미(美)를 거두고 새로운 한 해를 맞이하시기 바란다. 미리 인사드린다. 근하신년(謹賀新年)!

조금 더 구조적인 한자 공부를 위하여

한자를 공부하면 한 번쯤 접하게 되는 용어가 '육서'(六書)이다. 여기서 '서'(書)는 서예(書藝)라고 할 때의 의미인 '글씨(를 쓰다)'의 뜻이다. 그러므로 육서란 한자를 쓰는 여섯 가지 방법을 가리킨다. 한자를 그냥 쓰면 되지 굳이 여섯 가지 방법 중에 하나에 근거하여 써야만 하는가? 물론이다. 언어 문자는 사용자 사이의 약속이자 습관이므로 사전에 서로 약속한 방법으로 써야만 상대방이 이해할 수 있다. 이미 습관이 되어 의식하지 못할 따름이지 우리 모두는 약속된 방법으로 언어 문자를 쓰고 있는 셈이다. 바꿔 말하면, 우리가 어떤 한자를 쓰든 그 한자는 여섯 가지 방법 중에 어느 하나나 둘을 사용하여 만들어진 것이다.

예를 들겠다.

산(山), 수(水), 인(人), 목(木), 일(日) 등은 지금 봐도 해당 사물의 모습을 최대한 간략하게 그 윤곽을 그린 것 같지 않은가? 형체(形體)를 상징(象徵)하는 방법으로 만들었으므로 '상형'(象形)이라 한다.

일(一), 이(二), 삼(三), 상(上), 하(下) 등은 지금 봐도 실물이 아니라 사리(事理)를 가리키는 것 같지 않은가? 손가락으로 가리켜 보여주는 것을 지시(指示)라 하므로 이런 방법을 일컬어 '지사'(指事)라 한다. 사리를 지시하는 방법으로 만들었으므로 '지사'이다.

휴(休), 안(安), 호(好) 등은 언뜻 봐도 서로 다른 뜻의 한자가 모여 새로운 뜻이 나오지 않았는가? 새로운 뜻을 만들고자 서로 다른 뜻을 모았다고 하여 '회의'(會意)이다.

공(空), 공(功), 공(攻), 공(貢), 공(恐) 등은 '회의'처럼 서로 다른 뜻의 한자가 모이긴 했다. 그러나 공통적으로 들어간 공(工)은 주로 소리를 맡고 나머지는 뜻을 맡고 있다. 앞서 '상형'에서 봤듯 뜻은 형체로 파악된다. 따라서 형(形)은 뜻을 가리키고, 발음은 '소리-성'(聲)이므로, 이렇게 쓰는 한자를 '형성'(形聲)이라 한다. 결국 한쪽은 뜻 다른 한쪽은 발음을 표시하여 만든 것이 '형성'이다.

이제 '전주'(轉注)와 '가차'(假借)가 남았다. 이 둘은 한자를 만드는 방법이라기보다는 한자를 활용하는 방법이다. 이미 만들어진 한자를 활용하는 방법은 두 가지뿐이다. 뜻을 활용하는 방법이 '전주'이고, 발음을 활용하는 방법이 '가차'이다. 극단적인 예를 들겠다. '樂'은 본디 '현악기'의 모습이었다. 그러므로 악기(樂器)나 음악(音樂)으로 쓰인다. 악기를 타며 노래하면 즐겁지 않은가? 이로부터 '즐겁다'의 뜻이 나왔다. 쾌락(快樂), 낙관(樂觀), 낙천(樂天), 오락(娛樂) 등으로 쓰인다. 즐거운 일은 누구나 좋아하기에 '좋아하다'라는 뜻이 나왔다. 요산요수(樂山樂水)로 쓰인다. 본뜻으로부터 파생되거나 확장되어 관련된 뜻으로 활용하는 방법이 '전주'이다. 한편 '自'는 본디 '코'의 모습이었다. 자기(自己)를 가리킬 때 손가락으로 코를 가리켜서 '자기'를 뜻하게 되었다고 하나, 코와 자기 사이에 의미상 연관성은 전혀 없어 보인다. 그저 당시 발음이 같거나 비슷하여 빌려 쓴 것이다. 아시아를 아세아(亞細亞), 유럽을 구라파(歐羅巴)로 표기한 것을 보면 쉽게 이해될 것이다. 이렇게 활용하는 방법이 '가차'이다.

'육서'를 몰라도 한자를 공부할 수 있다. 그러나 '육서'를 알고 한자를 접하면 한자의 구조를 비교적 쉽게 파악할 수 있고, 그와 동시에 상형(象形) 한자가 기본임을 알 수 있을 것이다. 한자 214개 부수(部首)가 대부분 상형 한자이니 출현 빈도 상위 랭킹 30개 정도만이라도 확실히 이해한다면 한자 공부에 상당히 유익할 것이다.●

본서에서 한자를 해설할 때 '초창기 글꼴'을 자주 언급했다. 대부분 갑골문(甲骨文)이나 금문(金文)을 가리킨다. '없을-무'(無)를 예로 들면, 왼쪽의 세 개가 갑골문이고, 넷째가 금문, 다섯째가 전서(篆書), 가장 오른쪽이 예서(隸書)이다.

● 출현빈도 상위 랭킹 30개 부수(部首)를 순서대로 나열하면 이와 같다. 水, 人, 心, 手, 木, 言, 口, 糸, 辵(=辶), 艸(=艹), 日, 土, 貝, 女, 刀, 肉, 阜(=阝), 火, 金, 宀, 广, 彳, 攴, 禾, 竹, 力, 田, 示, 頁, 大. 다 아는 것이라면 상위 랭킹 50개, 100개로 확장하여 공부하면 좋을 것이다.

갑골문	금문	전서	예서

거북이의 배 껍질이나 큰 짐승의 어깨 혹은 허벅지 뼈에 새겨진 글꼴이기에 '갑골문'이라 부른다. 대략 기원전 14세기부터 기원전 11세기까지 은(殷) 왕조 시대의 유물이니 지금으로부터 3천여 년 전의 글꼴이다.

그 이후 서주(西周) 왕조 및 춘추 전국 시대까지의 청동기에 주조된 글꼴이 있다. 쇳덩이에 글꼴이 있기에 '금문'이라 부른다. 대략 기원전 3세기까지의 유물이다.

그 이후 진(秦)나라가 동방 여섯 제후국을 멸하고 정치적으로 중국을 통일한 뒤 곧바로 문화적인 통합도 추진했다. 이에 진시황제는 진나라 한자를 정비했는데 이를 '대전'(大篆)이라 하며, 대전을 기준으로 삼아 그 당시 약간씩 차이가 났던 전국의 한자를 통일했다. 이렇게 통일된 한자를 '소전'(小篆)이라 한다. 훗날 전서라 하면 대개 이 소전을 가리키며, 중국 최초의 자전 『설문해자』(說文解字)에도 소전 9,353

자가 수록되었다.

위에 제시한 '없을-무'(無)의 글꼴 변천사를 봐도 알 수 있듯 전서는 의미를 명확히 해 주긴 했으나 글꼴 자체는 상당히 복잡해졌다. 이렇게 복잡해진 서체를 일상생활에서 사용하기란 무척 불편했을 것이다. 그러므로 그 당시 하급 관리나 서민들은 전서를 간략하게 줄여서 사용하기 시작했다. 그렇게 줄인 글꼴이 '예서'이며, 진나라 이후 한나라 때 크게 유행했다. 현재 우리가 쓰는 한자 글꼴이 '예서'와 별 차이가 없다.

'전서'가 '예서'로 변했을 때 장단점은 무엇일까? 획수가 줄어들어 사용하기 편한 것이 장점일 것이다. 하지만 단점도 있다. 무리하게 획수를 줄이다 보니 본뜻을 파악하기 힘들어졌다. '無'를 아무리 뚫어지게 살펴본다 한들 '양팔을 벌리고 선 사람이 양손에 꽃을 들고 흔드는 모습'을 어떻게 떠올릴 것인가.

그러므로 필자가 굳이 초창기 글꼴을 언급하는 이유는 그 한자의 본뜻이 무엇인지 확인하려는 것이다. 일단 본뜻을 확인하면 현재 우리가 사용하는 뜻이 어떻게 나왔는지 비교적 쉽게 이해할 수 있다. 필자는 '없을-무'(無)를 아래와 같이 해설했다.

무(無)의 초창기 글꼴을 보면, 양팔을 벌리고 서 있는 사람이 [큰-대(大)] 양손에 꽃을 들고 흔드는 모습이다. 세월이 흐르면서 변한 글꼴 중에 '죽을-망'(ㅅ=亡)이 추가된 것으로 보건대, 아마도 영예롭게 죽은 자의 혼령을 춤으로 위로하는 모습이 아닐까 싶다. 죽은 자는 이 세상에 없기에 이로부터 '없다'의 뜻이 나왔다. 무시(無視), 무조건(無條件), 무책임(無責任), 무관(無關), 무효(無效), 무능(無能), 무선(無線), 유비무환(有備無患) 등이 모두 그런 뜻으로 쓰였다. '없다'의 뜻이 널리 사용되자, '춤'의 뜻이 사라졌다. 이에 두발이 어긋난 모양의 '어그러질-천'(舛)을 붙여 '춤출-무'(舞)로 복원했다. (후략)

위에서 '초창기 글꼴'은 주로 '갑골문'과 '금문'을 가리킨다. '세월이 흐르면서 변한 글꼴'은 대개 '전서'나 '예서'를 가리킨다.

본서를 읽고 한자에 흥미를 느껴 계속 공부하고 싶다면 『한자의 뿌리』(김언종, 문학동네, 2001)나 『한자어원사전』(하영삼, 도서출판3, 2014)을 참고하기 바란다. 또한 중국어 독해가 가능하다면 『한자원류자전』(汉字源流字典, 谷衍奎, 華夏出版社, 2003)을 한 권 비치하여 수시로 참고해도 좋을 것이다. 물론 인터넷에도 참고할 만한 DB 사이트가 여럿 있다. 중국어 독해 능력이 요구되지만 일단 아래 주소를 '즐겨찾기'에 넣으면 언젠가 유용하게 사용할 것이다.

(1) 소학당 문자학 데이타베이스(小學堂文字學資料庫)

xiaoxue.iis.sinica.edu.tw

대만 정부의 지원을 받아 대만대학교와 중앙연구원이 협력하여 구축한 한자 DB 사이트. 한자의 초창기 글꼴은 물론이고 전국 시대 간백(簡帛)이나 간독(簡牘) 그리고 이체자(異體字)까지 수록했으므로 참고 가치가 대단히 높다. 한자의 다양한 글꼴과 함께 시대별 발음, 방언까지 제시했고, 해당 한자의 뜻도 『한어대자전』(漢語大字典)을 인용하여 풀어 주었다. 유니코드를 지원하므로 한글 윈도우 환경에서 검색창에 원하는 한자를 입력하면 된다.

(2) 고문자 상용글꼴 온라인 검색 시스템(古文字常用字形网上检索系统)

www.wenzi.cn/guwenzizixingjiansuo/guwenzizixingjiansuo.htm

www.wenzi.cn/web/content.aspx?moduleid=21&parentid=20
위 '소학당'과 비슷한 DB 사이트로 중국 상해 화동사범대학 '중국문자 연구 및 응용 센터'가 중국 교육부의 지원으로 구축했다. 아래 '한어자전'처럼 글꼴의 실물을 이미지로 스캔하여 DB로 저장했기에 초창기 글꼴을 실감나게 확인할 수 있다. 한글 윈도우 환경에서 한자를 입력하여 검색할 수 있지만, 간혹 안 될 때는 중국어 간체자로 입력하면 된다.

(3) 한어자전(汉语字典)

www.iguci.cn/dictionary/index.php
갑골문, 금문, 전서, 예서, 초서, 행서는 물론이고 죽간(竹簡), 백서(帛書), 전각(篆刻)까지 수록된 한자 글꼴 DB 사이트다. 서예에 관심이 많은 독자라면 애용하게 될 것이다. 찾고자 하는 한자를 중국어 간체자로 검색창에 입력하면 된다. 한글 윈도우 환경에서 중국어 입력은 '한어병음 입력법'이 비교적 간편하다. 중국어 입력법에 관해서는 웹상에 정보가 많으니 생략한다.

(4) 상형자전(象形字典)

vividict.com

오직 상형(象形)의 원리에 입각하여 한자를 해설한 독특한 사이트다. 대략 3천여 한자를 풀이했다. 중국어 독해 능력이 충분하다면 이 사이트 주인장의 기발한 해설을 흥미롭게 읽을 수 있다. 찾고자 하는 한자를 중국어 간체자로 검색창에 입력하면 된다. 중국어 '한어병음'을 안다면 검색창 아래에 있는 병음검색(拼音檢索)으로 진입하여 찾는 것이 편하다. 물론 분류별로 원하는 한자를 찾으려면 분부검색(分部檢索)을 이용해도 좋다. 이용객들이 촌평한 내용을 읽는 것도 공부가 된다.

(5) 한자어원자전(漢字語源字典)

www.chineseetymology.org

예서 이전의 초창기 글꼴을 상당히 많이 수집하여 정리했다. 서양인이 개인적으로 구축한 DB 사이트이므로 다소 엉성한 것은 미소로 넘어가시기 바란다. 유니코드를 지원하므로 한글 윈도우 환경에서 한자를 입력해도 원활하게 검색된다. 중국어 번체자나 간체자 독해가 힘든 분이 이용할 만하다.

요즘은 스마트폰이 대세이므로 '앱'으로 한자 공부를 하는 것도 나쁘지 않다. 앱스토어나 구글플레이로 접속한 뒤, 초보자는 '재미있는 갑골문자'(한글) 같은 학습 게임을 즐기면 자연스럽게 초창기 한자 글꼴에 익숙해질 것이다.

물론 중국어 독해가 가능한 중급 이상 사용자는 수준을 높이도록 한다. 대만 중앙연구원 정보과학 창의연구센터(Research Center for Information Technology Innovation)가 개발하여 공개한 '매일일자'(每日一字)를 꾸준히 열람하면 한자는 물론이고 한문공부에도 무척 유익할 것이다. 이렇게 좋은 무료 '앱'을 제대로 즐기려면 중국어 번체자를 알아야 한다. 우리가 사용하는 한자가 곧 번체자이다. 중국어를 배우는 독자 중에 간혹 간체자부터 익힌 탓에 혹시 번체자가 낯설다면 길을 잘못 들었으니 속히 고개를 돌리기 바란다. 이 문제에 관해서는 필자의 졸저 『인트로차이나』(천지인, 2008) 실용편 「중국어공부 어떻게 할 것인가」에서 자세히 설명했으니 관심 있는 분들은 참고하기 바란다.

끝으로 덧붙인다. 초창기 한자를 만들면서 이런 뜻으로 제작했노라

밝힌 중국인은 없다. 따라서 후세 학자들이 한자의 본뜻을 해설할 때 의견이 분분한 것은 지극히 당연한 일이다. 필자도 고금의 이런저런 해설을 참고하여 가장 그럴 듯한 주장을 선택하고자 했다. 그러나 아무리 생각해도 이건 아니다 싶으면 간혹 억측이나마 졸견을 피력했다. 그러니 본서를 읽을 때 해설이 만족스럽지 못하다면 그건 일단 필자의 억측이라 생각하고 부디 위에서 언급한 여러 책이나 사이트를 두루 섭렵하여 여러분의 한자 지식과 안목을 넓혀 주시기 부탁드린다. 포전인옥(抛磚引玉), 벽돌을 던져 옥을 끌어들이는 심정으로 졸저를 선보인다. 여러분의 한자 공부에 많은 발전이 있기를 빌며 이만 줄인다.

하루 한자 공부
: 내 삶에 지혜와 통찰을 주는 교양한자 365

2014년 12월 14일   초판 1쇄 발행
2025년 2월 4일   초판 7쇄 발행

지은이
이인호

펴낸이	**펴낸곳**	**등록**
조성웅	도서출판 유유	제406-2010-000032호(2010년 4월 2일)

주소
경기도 파주시 돌곶이길 180-38, 2층 (우편번호 10881)

전화	**팩스**	**홈페이지**	**전자우편**
031-946-6869	0303-3444-4645	uupress.co.kr	uupress@gmail.com

	페이스북	**트위터**	**인스타그램**
	facebook.com	twitter.com	instagram.com
	/uupress	/uu_press	/uupress

편집	**디자인**	**마케팅**
류방승	이기준	전민영

제작	**인쇄**	**제책**	**물류**
제이오	(주)민언프린텍	라정문화사	책과일터

ISBN 979-11-85152-15-8 03720